先秦樂道思想體系研究

田君 著

上海古籍出版社

2015 年度國家社科基金 "先秦樂道思想體系與文獻研究"

（結項號 20220322）項目成果之一

2023 年度四川大學中華文化研究院

"儒學學科叢書" 項目資助部分出版經費

2023 年度四川大學從 0 到 1 創新研究項目

"李鼎祚易學思想整理與研究"（編號 2023CX27）建設成果

目　録

緒　論[①]

（一）研　究　意　義

　　所謂先秦“樂道”，即有關先秦“樂”（舞蹈、聲樂、器樂之綜合體）的哲學思想。《國語・周語下》“夫樂不過以聽耳，而美不過以觀目。若聽樂而震，觀美而眩，患莫甚焉”[②]，“聽樂”“觀美”本是一體，合之徑稱觀樂，《左傳・襄公二十九年》“吳公子札來聘”，“請觀於周樂”[③]，《禮記・樂記》“詩，言其志也；歌，咏其聲也；舞，動其容也。三者本於心，然後樂器從之”[④]，“舞”即舞蹈，可以“觀美”，“詩”與“歌”即聲樂，“樂器從之”即器樂，可以“聽樂”。阮籍《樂論》有“鐘鼓所以節耳，羽旄所以制目，聽之者不傾，視之者不衰；耳目不傾不衰，則風俗移易，故

---

① 本書按語“【按】”，條目衆多，考據疏證存焉。爲行文簡明計，置諸脚注之中，須與正文一體看待。

② 徐元誥集解，王樹民、沈長雲點校：《國語集解・周語下第三・二十三年，王將鑄無射，而爲之大林》，中華書局，2002 年，第 109 頁。

③ ［清］洪亮吉撰，李解民點校：《春秋左傳詁》卷十四《傳・襄公三・二十九年》，中華書局，1987 年，第 609 頁。

④ ［清］孫希旦撰，沈嘯寰、王星賢點校：《禮記集解》卷三十八《樂記第十九之二》，中華書局，1989 年，第 1006 頁。

'移風易俗,莫善於樂'也"①,可見晚至三國魏,仍將"聽樂"與"觀美"綜合視之。《荀子·樂論》"夫樂者,樂也,人情之所必不免也","故人不能不樂,樂則不能無形,形而不爲道,則不能無亂"②,已具"樂道"之涵義,《吕氏春秋·大樂》認爲,得道之人方可與言樂,"務樂有術,必由平出。平出於公,公出於道,故惟得道之人,其可與言樂乎"③。

　　考諸歷史文獻,有所謂"禮樂之道""樂之道""樂道"者。《禮記·樂記》:"故樂也者,動於内者也;禮也者,動於外者也。樂極和,禮極順。内和而外順,則民瞻其顔色而弗與争也,望其容貌而民不生易慢焉。故德輝動於内,而民莫不承聽;理發諸外,而民莫不承順。故曰:'致禮樂之道,舉而錯之天下無難矣。'"④《禮記·祭義》引此作"致禮樂之道,而天下塞焉,舉而錯之無難矣"⑤,《史記·樂書》亦取於此,皆合稱"禮樂之道"⑥。按此"道"爲何?《漢書·禮樂志》"治道非禮樂不成"⑦,"故孔子曰:'安上治民,莫善於禮;移風易俗,莫善於樂。'⑧禮節民心,樂和

---

①　[三國魏] 阮籍著,陳伯君校注:《阮籍集校注》卷上《論·樂論》,中華書局,2012 年,第 85 頁。

②　[清] 王先謙撰,沈嘯寰、王星賢點校:《荀子集解》卷十四《樂論篇第二十》,中華書局,1988 年,第 379 頁。

③　許維遹集釋,梁運華整理:《吕氏春秋集釋》卷五《仲夏紀第五·大樂》,中華書局,2009 年,第 110 頁。

④　《禮記集解》卷二十八《樂記第十九之二》,第 1030 頁。

⑤　《禮記集解》卷四十六《祭義第二十四》,第 1225 頁。

⑥　《史記·樂書》:"知禮樂之道,舉而錯之天下無難矣。"([漢] 司馬遷撰,[南朝宋] 裴駰集解,[唐] 司馬貞索隱,[唐] 張守節正義,中華書局編輯部點校:《史記》卷二十四《樂書第二》,中華書局,1982 年,第 1218 頁)【按】《魏書·樂志五》:"禮樂之道,自古所先,故聖王作樂以和中,制禮以防外。然音聲之用,其致遠矣,所以通感人神,移風易俗。至乃《簫韶》九奏,鳳凰來儀,擊石拊石,百獸率舞。有周之季,斯道崩缺,故夫子忘味於聞《韶》,正樂於返魯。"([北齊] 魏收撰,中華書局編輯部點校:《魏書》卷一百九《樂志五第十四》,中華書局,1974 年,第 2829 頁)

⑦　[漢] 班固撰,[唐] 顔師古注,中華書局編輯部點校:《漢書》卷二十二《禮樂志第二》,中華書局,1962 年,第 1070 頁。

⑧　【按】《孝經·廣要道》:"子曰:'教民親愛,莫善於孝;教民禮順,莫善於悌。移風易俗,莫善於樂;安上治民,莫善於禮。禮者,敬而已矣。故敬其父,則子說;敬其兄,(轉下頁)

民聲,政以行之,刑以防之。禮樂政刑,四達而不悖,則王道備矣①"②,此治道、王道之謂也。而於"禮樂政刑"之中,"禮樂"所恃以爲治,"政刑"所以助治而已。《孝經》所謂"移風易俗,莫善於樂"③,可見就教化而言,"樂"之功用尤其顯著④。此"樂"之社會教化功用,"推而行之","形而上者"⑤爲"樂之道",《禮記·樂記》"是故大人舉禮樂,則天地將

（接上頁）則弟說;敬其君,則臣說。敬一人,而千萬人說,所敬者寡而所說者衆,此之謂要道也。'"（[清]皮錫瑞撰,吴仰湘點校:《孝經鄭注疏》卷下《廣要道章第十二》,中華書局,2016 年,第 100—102 頁）

① 【按】《禮記·樂記》:"禮節民心,樂和民聲,政以行之,刑以防之。禮樂刑政,四達而不悖,則王道備矣。"（《禮記集解》卷三十七《樂記第十九之一》,第 986 頁）

② 《漢書》卷二十二《禮樂志第二》,第 1028 頁。

③ 《孝經鄭注疏》卷下《廣要道章第十二》,第 100 頁。

④ 【按】《漢書·禮樂志》:"王者未作樂之時,因先王之樂以教化百姓,說樂其俗,然後改作,以章功德。《易》曰:'先王以作樂崇德,殷薦之上帝,以配祖考。'昔黄帝作《咸池》,顓頊作《六莖》,帝嚳作《五英》,堯作《大章》,舜作《招》,禹作《夏》,湯作《濩》,武王作《武》,周公作《勺》……自夏以往,其流不可聞已。《殷頌》猶有存者。《周詩》既備,而其器用張陳,《周官》具焉。"（《漢書》卷二十二《禮樂志第二》,第 1038 頁）

⑤ 《周易·繫辭上》:"是故形而上者謂之道,形而下者謂之器,化而裁之謂之變,推而行之謂之通,舉而錯之天下之民謂之事業。"（黄壽祺、張善文:《周易譯注》卷九《繫辭上傳》,中華書局,2016 年,第 504 頁）【按】此"事業"爲何? 上引《禮記·樂記》"故曰:致禮樂之道,舉而錯之天下無難矣",《禮記·祭義》"致禮樂之道,而天下塞焉,舉而錯之無難矣",《史記·樂書》"知禮樂之道,舉而錯之天下無難矣",《漢書·禮樂志》"治道非禮樂不成",則此"事業"即所謂治平之道,《禮記·文王世子》"君子曰德,德成而教尊,教尊而官正,官正而國治,君之謂也"（《禮記集解》卷二十《王世子第八》,第 564 頁）,《禮記·大學》"物格而後知至,知至而後意誠,意誠而後心正,心正而後身修,身修而後家齊,家齊而後國治,國治而後天下平"（[清]朱彬撰,饒欽農點校:《禮記訓纂》卷四十二《大學第四十二》,中華書局,1996 年,第 866 頁）,此渾言之義。又"事業"可析言之,俞正燮曰:"古人學有師,師名出於學。古言'事業',由學道者有虚業。常語官與民,曰職,曰事,曰公功,曰田功,曰婦功,曰不職,曰閑民無職事,曰婦無公事。業,則學道者之職,曰習業,曰舍業。學道者語垂久遠,故業通於官民。子路曰:'何必讀書,然後爲學?'古者背文爲誦,冬讀書,爲春誦夏弦地,亦讀樂書。《周語》召穆公云:'瞍賦矇誦,瞽史教誨。'《檀弓》云:'大功廢業,大功誦。''孔子既祥,彈琴十日而成聲。''子夏除喪而見,予之琴。子張除喪而見,予之琴。'通檢三代以上書,樂之外無所謂學,《内則》學義,亦止如此;漢人所造《王制》《學記》,亦止如此。魏以後,以學給口舌爲道,今人厭其無稽嘩訐,則又以讀書爲學道,其說普通。然弦歌之道,六經之義,合是聖人告子游本義也。"（[清]俞正燮撰,于石等點校:《癸巳存稿》卷二《君子小人學道是弦歌義》,黄山書社,（轉下頁）

爲昭焉。天地訢合,陰陽相得,煦嫗覆育萬物,然後草木茂,區萌達,羽翼奮,角骼生,蟄蟲昭蘇,羽者嫗伏,毛者孕鬻,胎生者不殰,而卵生者不殈,則樂之道歸焉耳",此乃專稱"樂之道"。唐代孔穎達疏"'則樂之道歸焉耳'者,言所以致此,在上諸物,各順其性,由此樂道使然,故云'樂之道歸焉耳',謂歸功於樂也。樂道所以然者,樂之根本,由人心而生,人心調和,則樂音純善。協律吕之體,調陰陽之氣,二氣既調,故萬物得所也"①,此乃"樂道"哲學②之實。至於"樂道"稱謂之名,出現時代則更早,《禮記正義·樂記》篇首,孔穎達疏:"故劉向所校二十三篇,著於《別録》,今《樂記》所斷取十一篇,餘有十二篇,其名猶在……其十二篇之名,案《別録》十一篇,餘③次《奏樂》第十二、《樂器》第十三、《樂作》第十四、《意始》第十五、《樂穆》第十六、《説律》第十七、《季札》第十八、《樂道》第十九、《樂義》第二十、《昭本》第二十一、《招頌》第二十二、《竇公》第二十三是也。案《別録》,《禮記》四十九篇,《樂記》第十九。則《樂記》十一篇入《禮記》也,在劉向前矣。至劉向爲《別録》時,

---

(接上頁)2005 年,第 87—88 頁)可見"事"爲官民之事功,"業"爲弦歌以學道,所謂"常語官與民"云云,又謂"學道者語垂久遠,故業通於官民",《周易·繫辭上》"舉而錯之天下之民謂之事業",則"官民"與"學道者"皆"天下之民","官民"之職事與"學道者"之職業,統稱爲"事業"。

① [清]阮元校刻:《十三經注疏》清嘉慶刊本《禮記正義》卷三十八《樂記》,中華書局,2009 年,第 3332—3333 頁。(本書凡引《十三經注疏》,若無特別指明,皆此清嘉慶刊本,後注從略。)

② 【按】牛龍菲《有關"音樂哲學"》:"《格羅夫音樂詞典》(2001 年新版)撤下'音樂美學'詞條換上'音樂哲學'詞條的意味深長之舉,的確可以成爲反思近半個世紀以來大陸所謂'音樂美學'學科内涵及其'哲學'意藴闕如的契機。通過這種反思,我們將進一步覺悟:'音樂美學'應該升華爲'音樂哲學'。此所謂'音樂哲學',使用中國古典哲學的用語,即'樂道'。""排比音聲,以之爲樂,其中自有深意在。謝莊《宋孝武宣貴妃誄》有言:'游藝彌數,撫律窮機。'中國古典藝術實踐,有極濃的道理即哲學品味。中國古典藝術理論,有成熟的道理即哲學形態。特别是中國古典樂道,更藴含着豐富的哲學寶藏。通過音樂藝術的實踐,通過樂道的研究,特别是通過中國古典樂道的研究,人類將能使自己由音樂而悟道理,升華到一個崇高的哲學境界。"(《星海音樂學院學報》2005 年第 1 期,第 1、10 頁)

③ 據阮元校勘記,"餘"或作"下"。

更載所入《樂記》十一篇，又載餘十二篇，總爲二十三篇也。其二十三篇之目，今總存焉。"①所謂"《樂道》第十九"，於西漢劉向校錄群書②以前，古本《樂記》所包括二十三篇之中，即有以"樂道"名篇者，《別錄》將其編次"第十九"，原文亡佚，篇題存焉，而古本《樂記》諸篇題，又源於先秦傳世專篇之名③，此乃"樂道"之文獻出處。可見"樂道"思想原本出於先秦，且《樂記》論《大武》舞云："是故先鼓以警戒，三步以見方，再始以著往，復亂以飭歸，奮疾而不拔，極幽而不隱，獨樂其志，不厭其道，備舉其道，不私其欲。是故情見而義立，樂終而德尊，君子以好善，小人以聽過。故曰：'生民之道，樂爲大焉。'"④所引古語"生民之道，樂爲大焉"，此乃"樂道"之實；《樂記》下文還有"樂之道歸焉"⑤，此乃"樂道"之名；然則先秦"樂道"思想之名與實，業已蘊涵其中矣。

　　"樂道"是"樂學"的思想體系，"樂學"是"樂道"的實踐載體，欲究明"樂道"，必先辨章"樂學"，方能得門而入。對於"樂學"學術源流，筆者另有考證，詳見下文"學術前史"。對於先秦樂文化，古今學者從不同出發點與視角，都曾有過一些研究，但專門以"樂道"爲對象的研究著作，還沒見到過。"樂文化"重在文化現象的闡釋，"樂學"重在學術結構與内容載體的探討，而"樂道"更是"樂學"背後的思想體系與精神要義，三者應當予以區分。柯林伍德遺稿《歷史哲學綱要》認爲，歷

① 　《禮記正義》卷三十七《樂記第十九》，第 3310 頁。
② 　【按】西漢劉向之子劉歆，亦受家學影響，《移讓太常博士書》曰"周室既微而禮樂不正，道之難全也如此。是故孔子憂道之不行，歷國應聘，自衛反魯，然後樂正，《雅》《頌》乃得其所"（《漢書》卷三十六《楚元王傳第六·劉歆》，第 1968 頁），其間"樂道"之義，甚爲明顯。
③ 　可參田君：《公孫尼子與〈樂記〉新考》，《交響：西安音樂學院學報》2009 年第 3 期。【按】先秦古籍流傳，多以篇卷別行，單篇寫成很早，而彙編成書較晚。欲究其詳，可參考《古書單篇別行之例》（余嘉錫：《古書通例》，上海古籍出版社，1985 年，第 93 頁）與《著述標題論》（張舜徽：《廣校讎略》，中華書局，1963 年，第 16 頁）。
④ 　《禮記集解》卷三十八《樂記第十九之二》，第 1006—1007 頁。
⑤ 　《禮記集解》，第 1011 頁。

史學家"把音樂當成他正嘗試重構的過去生活的一種表達","這種音樂屬於一個過去的世界,而他正努力理解這個世界中人們的精神和文明"①,此乃思想與闡釋角度,所謂"過去生活""過去的世界""這個世界",正是本課題所涉及先秦時代,所謂"嘗試重構""一種表達""理解這個世界中人們的精神和文明",正是本課題研究樂道思想體系的目標所在。萬事開頭難,現在要開展專門性的先秦樂道研究,無所依傍,又要做到言之有物,顯然不是一件容易的事情,肯定會有不够完善乃至有問題的地方,但同時也可以放心地説,内容來源於獨立思考之筆記心得,而不是人云亦云的應景之作。

做學問,首先要求真,搞清事實真相,纔能談得上正確理解含義。"禮""樂"歷代相將,學者大多並稱兼論,而問題在於,禮學已浩繁至極,兼論"禮""樂",多將"樂"作爲附庸②,甚至點綴。"禮"與"樂"雖然聯繫緊密,但如果始終以"禮"攝"樂",樂道哲學研究則難以深入。而樂道哲學研究又必須在樂學文獻研究基礎上進行,關於音樂文獻學的研究價值、學科意義,時彦闡述詳明,論辯之文皆在③,毋庸贅言。先

---

① 〔英〕柯林伍德《歷史哲學綱要·質》,其簡體中文版見何兆武、張文杰原譯,陳新增譯:《歷史的觀念》增補版,北京大學出版社,2010 年,第 430 頁;亦可參考丁耘、陳新主編:《思想史研究(第一卷):思想史的元問題·一切歷史都是思想史》,廣西師範大學出版社,2005 年,第 9—10 頁。【按】陳新增譯本按照《歷史的觀念》原譯本作柯林武德(〔英〕柯林武德著,何兆武、張文杰譯:《歷史的觀念》,商務印書館,1997 年),該文章撰寫於1928 年,爲 Robin George Collingwood: *The Idea of History: With Lectures 1926 – 1928*, Oxford University Press, 1993 增補版新收遺稿之一。

② 【按】錢穆《略論中國音樂》:"中國古代禮樂並重,而樂必附於禮。禮必見於兩人相會,樂則可資獨處。故禮主合,樂可分……或人問孟子'獨樂樂,與人樂樂,孰樂',孟子曰'不若與人',此言與人樂,即禮樂之樂。爲求與人樂,故必附合於禮,不當過分發展,自不當有其獨立地位,而必有其限制。""中國重和合,西方重分别,一切學問亦然。如禮樂,修身齊家治國平天下皆須禮。禮之和合範圍大,故中國人極重禮。樂則附帶於禮而見其功用,故遂連稱禮樂。"(錢穆:《現代中國學術論衡》,生活·讀書·新知三聯書店,2001 年,第 285、292 頁)

③ 【按】關於音樂文獻學的學科定位,代表論文可見:許勇三《音樂文獻學之我見》《建立音樂文獻學學科》、王小盾《音樂文獻學與中國音樂學的學科建設》、郭林《論音(轉下頁)

秦之舞（舞蹈）、歌（聲樂）、樂（器樂）三位一體,其實稱"樂學文獻"比
"音樂文獻"更爲準確,嚴格意義上的"音樂文獻",從思想層面來看,直
到魏晉以降纔真正出現①。由於稱謂相沿成習,爲避免混淆,仍稱作
"音樂文獻學",特此説明。本課題屬於綜合研究與新興交叉學科,既
是中國哲學文獻學與歷史文獻學的重要組成部分,又是中國音樂美學、
音樂文學、音樂史學、舞蹈美學、舞蹈文學、舞蹈史學研究的必備根基,
彼此交叉融匯,可收相互發明之效。遠古夏商,年代邈遠,文典稀疏難
明,龜甲獸骨文字,雖有所涉及,然未成體系,尚處初階②。迨及兩周之
時,禮樂彰明,樂學得以形成,而且顯學於世,論辯往復,堪稱焦點,體系
大備,足資考究。筆者有鑒於此,不揆譾陋,遂發宏願,以文獻學之方
法、學術史之維度、文化學之視角,疏證樂學文獻,力求信而有徵,用以
推究樂道思想,爲重現古樂文化,克盡綿薄之力,筆者之願也。

　　本課題所用"樂學"概念,與前人有所不同,是取中國哲學史、歷史
文獻學、審美文化的角度,將"樂"作爲一個整體來觀照,指關於"樂"的
學問。既然是學問,就不能僅停留在"藝"的層面,更需要建構"道"的
層面,即"樂道",總體而言,包括樂道内涵（"樂"是什麽）、樂道外延
（什麽是"樂"）與樂學文獻（典籍載體）,所以特别强調"樂"的本質精
神、實體範疇與學術載體,著重於"樂道"思想體系層面探討。

（接上頁）樂文獻學》《再論音樂文獻學》、孫曉輝《音樂文獻學的古典與現代》、黄敏學
　《中國音樂文獻學的學科定位及其分類體系探論》等。

① 【按】以"聲"專指音樂,以三國魏嵇康《聲無哀樂論》爲標誌。嵇康於此文中提出:"夫五
　色有好醜,五聲有善惡,此物之自然也。至於愛與不愛,（喜與不喜,）人情之變,統物之
　理,唯止於此,然皆無豫於内,待物而成耳。""由此言之,則外内殊用,彼我異名。聲音自
　當以善惡爲主,則無關於哀樂。哀樂自當以情感,則無係於聲音。名實俱去,則盡然可見
　矣。且季子在魯,采《詩》觀禮,以别《風》《雅》,豈徒任聲以決臧否哉? 又仲尼聞《韶》,
　嘆其一致,是以諮嗟,何必因聲以知虞舜之德,然後嘆美耶?"（戴明揚:《嵇康集校注》卷
　五,人民文學出版社,1962 年,第 204—205、200 頁）

② 【按】劉成紀認爲:"近年來,隨着考古學界夏商周斷代工程的推進,這些王朝原本模糊
　的面目逐漸清晰起來。但是就美學史研究而言,前期的準備仍不够充分。"（王燚:《西
　周禮樂美學考論·序》,中國社會科學出版社,2019 年,第 1—2 頁）

　　"樂道"與"易道"①,性質皆主陽健,傳統經學謂之合乎"天德"②,其哲學屬性相通。而且樂律與易數,皆本於數理(燦爛星空——天德),源自宇宙之律動(自然秩序);樂象與易象,皆繫於意象(道德律令③——

① 【按】廖平《樂經凡例》即主張樂通於《易》,凡例第十九條明確提出"樂通於《易》,按《樂記》自'天高地下'至'一動一靜[者](又按:據《樂記》,"靜"下脱"者"),天地之間也',全用《繫辭》爲説。以別屬禮,以和屬樂,由別而和,和而又別,如《易》之別卦生卦,又由和卦生卦也。《易》中言樂之條,更細考之"(《新訂六譯館叢書》匯刻本,成都存古書局,民國十年刊)。筆者於書稿"文獻考證篇"另撰有《〈樂經凡例〉札記》,可供參考。

② 【按】《周易·乾卦·象》"用九,天德不可爲首也",孔穎達疏"九是天之德也,天德剛健,當以柔和接待於下,不可更懷尊剛爲物之首"(《周易正義》卷一《乾》,第 25 頁),《周易·萃卦·象》"用大牲,吉,利有攸往,順天命也",王弼注"'順以説'而不損剛,'順天命'者也。天德剛而不違中,順天則説,而以剛爲主也"(《周易正義》卷五《萃》,第 119 頁),《周易·中孚卦·象》"中孚以'利貞',乃應乎天也",孔穎達疏"釋中孚所以'利貞'者,天德剛正而氣序不差,是正而信也"(《周易正義》卷六《中孚》,第 146 頁),由此可見,"天德"剛健,性質主陽。又《毛詩序》"《清廟》,祀文王也。周公既成洛邑,朝諸侯,率以祀文王焉",鄭玄箋"清廟者,祭有清明之德者之宮也,謂祭文王也。天德清明,文王象焉,故祭之而歌此詩也。廟之言貌也,死者精神不可得而見,但以生時之居,立宮室象貌爲之耳"(《毛詩正義》卷十九《十九之一·六三·清廟》,第 1256 頁),鄭箋所謂"天德清明",即《禮記·樂記》"清明象天"(《禮記集解》卷三十八《樂記第十九之二》,第 1004 頁),《淮南子·天文》"天道曰圓,地道曰方。方者主幽,圓者主明"(劉文典撰,馮逸、喬華點校:《淮南鴻烈集解》卷三《天文訓》,中華書局,2013 年,第 80 頁),亦天德陽健之義,鄭箋所謂"文王象焉",即合乎天德之義。《詩經·大雅·烝民》"天生烝民,有物有則。民之秉彝,好是懿德"(程俊英、蔣見元:《詩經注析·大雅·烝民》,中華書局,1991 年,第 896 頁),《樂記》"生民之道,樂爲大焉"(《禮記集解》卷三十八《樂記第十九之二》,第 1007 頁),通過文獻比較,生民之道即天道,懿德即天德,樂道合乎天德。《周易·繫辭上》"生生之謂易"(《周易譯注》卷九《繫辭上傳》,第 482 頁),易道合乎天德,天德主陽健,陽主生發,即所謂上天有"好生之德,洽于民心"(《尚書正義》卷四《大禹謨》,第 285 頁),樂道亦主陽,《禮記·郊特牲》"樂由陽來者也,禮由陰作者也,陰陽和而萬物得"(《禮記集解》卷二十五《特牲第十一之一》,第 674 頁),《樂記》"樂,樂其所自生"(《禮記集解》卷三十八《樂記第十九之二》,第 1008 頁),《淮南子·本經》"是以天覆以德,地載以樂",高誘訓"樂,生也"(《淮南鴻烈集解》卷八《本經訓》,第 245 頁),故樂有生德,即樂道合乎天德。

③ 【按】德國哲學家康德(Immanuel Kant)之墓誌銘,出自其《實踐理性批判》(*Kritik der praktischen Vernunft*),德語原文爲:"Zwei Dinge erfüllen das Gemüt mit immer neuer und zunehmender Bewunderung und Ehrfurcht, je öfter und anhaltender sich das Nachdenken damit beschäftigt:Der bestirnte Himmel über mir, und das moralische Gesetz in mir."《大不列顛百科全書》英譯作:"Two things fill me with constantly increasing admiration and awe,(轉下頁)

人德），源自立象以盡意（聖賢秩序）。從中華文化根源看，可謂“茲雖人爲亦天理”（北宋毛滂《元度生日》詩），自然秩序是聖賢秩序的天理依據，人類社會法則成爲宇宙自然法則的人爲摹本①。總述本課題關於樂道的思想體系結構，實則貫穿易學“元、亨、利、貞”②之精神，亦即“本、體、用、止”四個階段：

（1）“元”者始也，始則返本，“樂之本”者“元”也，對應“樂”的哲學起源，古籍常有樂本於“天地”③、樂本於“天道”④、樂本於“情性”⑤

<hr>

（接上頁）the longer and more earnestly I reflect on them: the starry heavens without and the moral law within."李澤厚漢譯作“恒有二者，余畏敬焉。位我上者，燦爛星空；道德律令，在我心中”（李澤厚、劉悅笛：《哲學對談——李澤厚、劉悅笛 2017 年對談録》，《社會科學家》2017 年第 7 期，第 40 頁）。

① 詳論參田君：《論“禮”的字源、起源、屬性與結構》，《四川大學學報（哲學社會科學版）》2014 年第 5 期。

② 【按】《周易·乾卦》：“乾，元、亨、利、貞。”《乾文言》：“元者，善之長也；亨者，嘉之會也；利者，義之和也；貞者，事之幹也。君子體仁，足以長人；嘉會，足以合禮；利物，足以和義；貞固，足以幹事。君子行此四德者，故曰：‘乾，元、亨、利、貞。’”（《周易譯注》卷一《乾卦第一》，第 1、9 頁）此取《左傳·襄公九年》穆姜之説爲解。孔穎達疏“‘元’是物始，於時配春，春爲發生，故下云‘體仁’，仁則春也。‘亨’是通暢萬物，於時配夏，故下云‘合禮’，禮則夏也。‘利’爲和義，於時配秋，秋既物成，各合其宜。‘貞’爲事幹，於時配冬，冬既收藏，事皆幹了也”，“但乾卦象天，故以此‘四德’皆爲天德”（《周易正義》卷一《乾》，第 25—26 頁），“此‘四德’”，即元、亨、利、貞，孔疏認爲“皆爲天德”。又尚秉和《周易尚氏學》卷一注解：“《説卦》：‘乾，健也。’《子夏傳》：‘元，始也；亨，通也；利，和也；貞，正也。’蓋天之德以健爲用，而天之德莫大於四時。元亨利貞，即春夏秋冬，即東南西北。震元、離亨、兌利、坎貞，往來循環，不忒不窮。《周易》之名，即以此也……或曰《彖傳》釋此，純指天道。然《彖》不曰‘春夏秋冬’，必曰‘元亨利貞’者，何也？曰：乾之德無所不統，無所不包，言‘元亨利貞’，則天時人事，盡括於其中。”（尚秉和著，張善文點校：《周易尚氏學》卷一《乾卦第一》，中華書局，2016 年，第 1—2 頁）

③ 【按】《禮記·樂記》：“大樂與天地同和”，“樂者，天地之和也”（《禮記集解》卷三十七《樂記第十九之一》，第 988、990 頁）。

④ 【按】《禮記·樂記》云“樂由天作，禮以地制”（《禮記集解》，第 990 頁），《禮記·禮器》云“天道至教，聖人至德。廟堂之上，罍尊在阼，犧尊在西；廟堂之下，縣鼓在西，應鼓在東。君在阼，夫人在房，大明生於東，月生於西，此陰陽之分，夫婦之位也。君西酌犧象，夫人東酌罍尊，禮交動乎上，樂交應乎下，和之至也”（《禮記集解》卷二十四《禮器第十之二》，第 660 頁）。

⑤ 【按】《禮記·樂記》云“樂也者，情之不可變者也”（《禮記集解》卷三十八《樂記（轉下頁）

等命題,正是"樂"的哲學命題,此乃樂道起源論;(2)"亨"者通也,通則有體,"樂之體"者"亨"也,對應"樂"的内涵體系,既有"樂"的起源,繼而論"樂"的形成和發展,亦即内涵體系之論證,此乃樂道體系論;(3)"利"者和也,和則宜用,"樂之用"者"利"也,對應"樂"的外延應用,既有"樂"的體系,以禮樂教化爲治國理念,必然對其他文化方面産生影響,繼而論"樂"的應用和影響,此乃樂道應用論;(4)"貞"者正也,正則知止,"樂之止"者"貞"也,對應"樂"的道德取向,既有"樂"的應用,其影響無處不在,然而治世之"樂",知其所止,有所不爲,方能"止於至善"①,繼而論"樂"的道德和功能,此乃樂道道德論。

　　關於先秦樂道的思想體系,始乎無端,卒乎無窮,"於是乎道之以中德,咏之以中音,德音不愆,以合神人,神是以寧,民是以聽"②,大樂元音,道侔天地,"大樂與天地同和"③,則由道德取向復歸於哲學起源,以"德音"爲"大樂"④,此乃"貞"下起"元",契合易道("生生之謂

（接上頁）第十九之二》,第 1009 頁),《漢書·禮樂志》云"夫樂本情性,浹肌膚而臧骨髓,雖經乎千載,其遺風餘烈,尚猶不絕"(《漢書》卷二十二《禮樂志第二》,第 1039 頁)。又出土文獻如郭店楚簡《性自命出》與上博藏簡《性情論》,爲同一文獻之不同版本,專論戰國儒家之心、性、情,而心、性、情,正是樂道思想的理論基礎。《性自命出》與《性情論》文中所載兩段樂論,即認爲"樂"源於性、心、情而生。

① 《禮記·大學》:"大學之道,在明明德,在親民,在止於至善。知止而後有定,定而後能靜,靜而後能安,安而後能慮,慮而後能得。物有本末,事有終始,知所先後,則近道矣。"(《禮記訓纂》卷四十二《大學第四十二》,第 866 頁)【按】先秦樂道正與上古教育息息相關,錢穆《略論中國藝術》:"孔子教人曰:'志於道,據於德,依於仁,游於藝'中國人論道皆必據德依仁。德與仁乃人性,即人生藝術所本。未有違於人性而得成爲藝術者……孔門之游於藝,得人性一大自由,亦即人生一大快樂……亦豈有藝術而違於心性又無當於道義者。求快樂而要不得,即此之由。而中國文化大傳統亦即在是。孔顔樂處亦在是。欲罷不能,死而後已,而豈'吾與點也'一意之所能盡。"(《現代中國學術論衡》,第 260—261 頁)

② 《國語集解·周語下第三·二十三年,王將鑄無射,而爲之大林》,第 112 頁。

③ 《禮記集解》卷三十七《樂記第十九之一》,第 988 頁。

④ 【按】《吕氏春秋·仲夏紀》有《大樂》篇,云"音樂之所由來者遠矣,生於度量,本於太一"(《吕氏春秋集釋》卷五《仲夏紀第五·大樂》,第 108 頁),所謂"所由來者"即發生論,探討起源問題。《大樂》下文有"大樂,君臣父子長少之所歡欣而説也",俞樾（轉下頁）

易”①）。諸如此類,綜上四論,在先秦樂道研究的思想體系方面,努力
有所創新。深入研究“樂”之哲學觀（樂道）,不僅能真正處理好中華樂
學的理論或形上問題,而且會同時揭示出中華和諧文化的獨特之處,樂
道哲學的研究價值,庶幾在此。樂道蘊涵於樂學文獻之中,而樂道哲學
正與民族審美文化血脉相連。通過解讀樂學文獻,切實把握樂道學術
内容;通過研究樂道哲學體系,探索中華和諧文化的思想淵源,爲當代
精神文明建設提供歷史借鑒。

　　在中華五千年文明長河裏,存在一個饒有趣味的文化現象：時代
逾古,“樂”雄踞社會主流,發揚蹈厲、犖然大宗;時代逾近,“樂”漸趨支
流,一部分供奉於廟堂,頂禮膜拜、敬而遠之,一部分衍生於民間,世情
百態、亦莊亦諧。中華樂道,審樂知政、中和之德,奠定華夏和諧價值
觀②,以内蘊化的方式,影響民族心理③,持續發揮作用,具有深遠的歷
史意義。“禮樂皆得,謂之有德”④,先秦樂道思想,輔德啓智,陶冶情
性,今日欲倡導和諧文化、構築和諧社會,它誠爲由入之途,仍具有現實
價值。先秦“樂”文化是舞蹈、聲樂、器樂的綜合體,中國音樂美學、音

（接上頁）《諸子平議》曰“‘大’疑‘夫’字之誤”（《吕氏春秋集釋》卷五《仲夏紀第五·大
　　樂》,第 111 頁引）,則屬形近訛誤,與“大樂”之發生論本意無涉。
① 《周易譯注》卷九《繫辭上傳》,第 482 頁。
② 張立文認爲“‘和合’二字……實實在在地是中國文化源遠流長的人文精神,是民族精神的
　　活生生的靈魂”（張立文：《和合學概論：21 世紀文化戰略的構想·自序》,首都師範大學
　　出版社,1996 年,第 3 頁）,張氏另有《和合哲學論》（人民出版社,2004 年）,闡釋和合學的
　　理論體系。【按】和合文化作爲中華文化特徵,“和合”之人文精神,正源於先秦樂道。
③ 錢穆《略論中國藝術》：“但就藝術言,中國人成就更高,非西方可比。換言之,中國人有
　　一套人生理想,即是本於人之自然賦予,而釋回增美,以完成一文化理想人。中國古人在
　　此路向上指導人者,已成爲一套極精美之人生藝術,此亦可謂乃中國文化大傳統之精意
　　所在”,“中國一切通才之學,以心理學爲主,而音樂實爲之基礎。中國之傳統心理學,與
　　西方近代心理學不同,不在此詳論。中國古人重禮樂,未有禮而無樂者。孔子之終日不
　　舍其琴瑟,亦可謂之重樂矣。中國人言知心,亦言知音”（《現代中國學術論衡》,第 265—
　　266、302—303 頁）。
④ 【按】《禮記·樂記》“禮樂皆得,謂之有德”,其後《樂記》自注曰“德者,得也”（《禮記集
　　解》卷三十七《樂記第十九之一》,第 982 頁）。

樂文學、音樂史學、舞蹈美學、舞蹈文學、舞蹈史學既然獨立成科,樂學
專論便有研究之必要,樂道思想體系研究,正是其中的哲學綱領。而樂
道思想體系研究又必須在樂學文獻研究基礎上進行,此項工作,既是先
秦哲學史、歷史文獻學的有機構成,又是民族審美文化與藝術哲學研究
的必備根基,彼此交叉融匯,可收相互發明之效。切實以樂學文獻爲基
礎,研討樂道哲學,把握"樂"的本質精神、實體範疇與學術載體,對於
深入禮樂堂奥,進而分析中華和諧文化,誠有裨益。因此也可以説,先
秦樂道思想體系研究,不僅是探索中華禮樂思想的重要組成部分,而且
是理解和諧文化特質的一把鑰匙。

(二) 學 術 前 史

　　關於"樂學"概念,《樂記》通篇内容,都屬於樂學,只是没有明確提
出。《荀子·樂論》:"且樂也者,和之不可變者也;禮也者,理之不可易
者也。樂合同,禮別異。禮樂之統,管乎人心矣。窮本極變,樂之情也;
著誠去僞,禮之經也。墨子非之,幾遇刑也。明王已没,莫之正也。愚
者學之,危其身也。君子明樂,乃其德也。亂世惡善,不此聽也。於乎
哀哉! 不得成也①。弟子勉學,無所營也。"②其中"君子明樂,乃其德
也",即君子提倡樂的學問,是其重視德行的表現,已經蘊涵"樂學"的
意思,並且與本課題之"樂道道德論"相關;"亂世惡善,不此聽也",
"聽"即分辨,分辨正是學問的根本;"弟子勉學",將"勉學"與"明樂"

---

① 【按】"不得成也",樂不能充分發揮作用;反之,即孔子的"成於樂"(程樹德撰,程俊英、
蔣見元點校:《論語集釋》卷十五《泰伯上》,中華書局,1990 年,第 530 頁),"成於樂",本
質在於成己。樂學,屬於"成人"之行、"爲己"之學(《論語集釋》卷二十八《憲問上》,第
969 頁,《論語集釋》卷二十九《憲問中》,第 1004 頁),修己而成己,因心以會道。
② 《荀子集解》卷十四《樂論篇第二十》,第 382—383 頁。

相結合，“樂學”的概念，就更爲清晰了；“無所營也”，勤勉努力於樂的學問，就不會被迷惑，分辨是學問的根本，分辨清楚纔能够不被迷惑，解惑正是學問的效用。因此荀子此處所論，不僅是“樂”的文化現象，更是明確提出“樂”的學問，即“樂學”的概念，只是未將兩字合在一起説而已。

　　而且將“樂”“學”兩字合在一起説，未必就是指樂的學問。《禮記·學記》：“大學之教也，時教必有正業，退息必有居學。不學操縵①，不能安弦①；不學博依②，不能安詩；不學雜服③，不能安禮；不興其藝，不能樂學。故君子之於學也，藏焉、修焉、息焉、游焉。夫然，故安其學而親其師，樂其友而信其道，是以雖離師輔而不反也。《兑命》曰：‘敬孫務時敏，厥修乃來。’其此之謂乎！”④所謂“不興其藝，不能樂學”，這裏的“藝”是指技藝，雖然其中包括樂的外延，但是這裏的“樂學”，不是指樂的學問，而是樂於學習的意思。孔子本人以“好學”著稱，“十室之邑，必有忠信如丘者焉，不如丘之好學也”⑤，如孔子謂伯魚曰：“鯉乎，吾聞可以與人終日不倦者，其唯學焉。”⑥又如孔子曰：“野哉！君子不可以不學。”⑦此“好學”即“好古，敏以求之者也”⑧，樂於學習的思想，

---

① 【按】“操縵”即調弦諧音，兼及練習指法；“安弦”“安詩”“安禮”者，此處“安”，皆指因熟練而輕鬆自如。
② 【按】“博依”即廣博地譬喻，此乃詩學之基本。
③ 【按】“雜服”，服即服事，雜服即雜事，此指行禮所需灑掃、應對、投壺、盥洗等具體事項，如程顥語録曰“舞射便見人誠。古之教人，莫非使之成己，自灑掃應對上，便可到聖人事”（［宋］程顥、程頤著，王孝魚點校：《二程集·遺書卷第五·二先生語五》，中華書局，2004年，第78頁，《近思録》亦收入此條，見［宋］朱熹、吕祖謙編，嚴佐之導讀：《朱子近思録》卷十一《教學》，上海古籍出版社，2000年，第116頁），是可爲證。
④ 《禮記集解》卷三十六《學記第十八》，第962頁。
⑤ 《論語集釋》卷十《公冶下》，第358頁。
⑥ 楊朝明、宋立林主編：《孔子家語通解》卷二《致思第八》，齊魯書社，2013年，第86頁。
⑦ 方向東：《大戴禮記彙校集解》卷七《勸學第六十四》，中華書局，2008年，第782頁。
⑧ 《論語集釋》卷十四《述而下》，第480頁。

源於孔子"知之者不如好之者,好之者不如樂之者"①,認爲最高境界是自得其樂。這一用法對後世影響很大,如程頤語録曰"教人未見意趣,必不樂學。欲且教之歌舞,如古《詩》三百篇,皆古人作之。如《關雎》之類,正家之始,故用之鄉人,用之邦國,日使人聞之"②,所謂"教人未見意趣,必不樂學","樂學"也是樂於學習的意思,學習的内容,同樣包括樂的外延。

北宋學者沈括的《夢溪筆談》首次明確提出"樂學",所謂"唐人樂學精深,尚有雅律遺法"③,沈括的"樂學"概念,受魏晋以後音樂觀念影響,僅用來指稱有關音樂的學問。後來"樂學"逐漸具備"學科"意味,漢文化圈開始將"樂學"作爲書名,如成俔等撰《樂學軌範》,此乃朝鮮王朝官修樂書,自太祖迄成宗,構架李朝樂制體系。明代學者朱載堉的"樂學"概念,又與沈括、成俔的有所不同,試圖恢復先秦"樂"原有之範疇,指稱有關舞(舞蹈)、歌(聲樂)、樂(器樂)三位一體的學問。朱載堉《樂學新説》,在中國歷史上首次將"樂學"作爲書名,加以提倡強調,學術意義重大。

以上是古代"樂學"概念,古人或取形態學的角度,運用邏輯方法來研究樂音之間的關係,或規定樂的應用場合,或論述有關禮制的樂器排列情況等。總體而言,這些概念近於樂的技術理論之學,較多關注"藝"的層面,"道"的層面的闡發很少。關於"樂"的學問,首先要回答的問題是"樂是什麽"與"什麽是樂",即對於内涵與外延的探討,揭示"樂"的本質精神與現實載體,這正是"道"的層面。前人論"樂道",簡

---

① 《論語集釋》卷十二《雍也下》,第 404 頁。
② 《二程集·遺書卷第二上·二先生語二上·元豐己未吕與叔東見二先生語》,第 21 頁。《近思録》亦收入此條(《朱子近思録》卷十一《教學》,第 116 頁)。
③ 《夢溪筆談》:"唐人樂學精深,尚有雅律遺法。今之燕樂,古聲多亡,而新聲大率皆無法度,樂工自不能言其義,如何得其聲和?"([宋]沈括撰,金良年點校:《夢溪筆談》卷六《樂律二》,中華書局,2015 年,第 55 頁)

散而含糊;明代朱載堉重提"樂學",又不著重闡發,使得中華樂道作爲學術,其哲學體系不够完整。

今人從現代學科體系來看"樂學",將樂學的内涵概念等同於樂理①。黄翔鵬説"先秦並没有'樂學'這個名詞,但是我國的傳統樂律學中確實存在'律學'和'樂學'兩個主要方面……從樂學的角度看來,曾侯乙鐘、磬銘文好比是曾國宫廷中爲樂工們演奏各諸侯國之樂而準備的、有關'樂理'知識的一份'備忘録'"②,是將樂學的内涵等同於樂理③,著重與音樂藝術實踐相聯繫的"樂藝",仍屬於技術理論之學。

今人又或者從功能作用來看"樂學",將樂學的外延範疇等同於樂文化。鄭錦揚説"周代社會中樂的廣泛使用,職業化樂人隊伍的空前壯大、樂教的興起,樂歌與樂舞、樂曲的藝術化,樂器製造業的形成,人們對古樂與今樂的種種思考、討論與記録等,使得周代樂文化累積成碩大的專學"④,是將樂學的外延等同於樂文化,著重與"樂"有關的功能性載體。

對於禮樂文化,古今學者從不同出發點與視角,都曾有過研究,但專門以"樂學"爲學科對象,建構樂學思想體系,即樂道⑤,進而以樂道哲學探討和諧文化的著作,還没見到過。對於先秦樂道研究,迄今未有專論,因此從樂道史料的考證分析,到樂學研究的立論結構,都需要從

① 【按】"樂理"全稱爲"音樂理論基礎",屬於技術理論之學。
② 黄翔鵬:《曾侯乙鐘、磬銘文樂學體系初探》,《音樂研究》1981年第1期,第22—53頁。
③ 【按】童忠良等合著《中國傳統樂學》(福建教育出版社,2004年),也是將樂學的概念等同於樂理,其書實際上就是中國傳統樂理研究,對於學習中國傳統音樂技術理論,頗有助益。
④ 鄭錦揚:《周代樂學:中國古代樂學的第一個高潮》,《黄鐘:武漢音樂學院學報》2005年第1期,第96—102頁。
⑤ 【按】本課題正是取樂道角度,從樂學文獻解讀層面,展開思想體系研究。樂道是樂學的思想體系,樂學是樂道的實踐載體,兩者有表裏之别。對於樂學文獻的整理解讀,可以爲課題研究提供認識基礎,課題的主要工作,是對先秦樂道進行思想體系研究與文獻論證支撑,將思想與文獻融通結合,這是亟須深入探討的核心問題。

頭做起,可供直接參考的著作較少,總的特點是：專書較少,多在通史著作中有所涉及;而其中又以注譯普及爲主,考證解讀比較少;以文化現象闡釋爲主,樂學思想探討比較少,先秦樂道哲學體系研究則付之闕如。所以就先秦樂道整體而言,有待於進一步整理與研究。

一、先秦樂道起源論（樂之本）

　　本章通過探討"樂"之字源、"樂"之發生、"樂"之本體，建構"樂道起源論"。"禮"重秩序而敬順，"樂"倡和諧而宣發，所謂禮主陰而樂主陽，正來源於陰陽和合的哲學傳統。縱觀樂道哲學的歷史演變，看似邊緣化，實則內蘊化，由樂文化升華凝結爲樂教，這一內蘊化進程，關鍵時期正在先秦。遠古夏商，巫風鼎盛，是中華樂教肇興發展階段，"樂"脫胎於原始宗教，溝通天人。兩周時期，在前代基礎上，變革創新，對樂教展開學理思辨，使樂教學術化，終於形成一門重要的學問，本課題稱之爲"樂學"。兩周時還强調"樂"的社會功用，移風易俗，關乎教化，對於樂學的思想體系，本課題稱之爲"樂道"。因此可以説，先秦樂道思想積澱與文獻形成，主要集中在兩周時期。秦漢承其流衍、融匯各族，爲大一統的政治服務。魏晉南北朝以降，"樂"文化讓位於"音樂"文化，開始强調"樂"之審美享受。先秦所謂"鄭衛之音""俗樂"，已存在審美享受傾向，但從思想上强調"樂"之獨立審美價值，魏晋時期纔真正確立①，以三國魏嵇康《聲無哀樂論》爲代表。

---

① 【按】《四庫全書總目·樂類序》："特以宣豫導和，感神人而通天地，厥用至大，厥義至精，故尊其教得配於經，而後代鐘律之書，亦遂得著録於經部，不與藝術同科。顧自漢氏以來，兼陳雅俗，艷歌側調，並隸《雲》《韶》，於是諸史所登，雖細至箏琶，亦附於經末。循是以往，將小説稗官未嘗不記言、記事，亦附之《書》與《春秋》乎？悖理傷教，於斯（轉下頁）

　　今以歷代正史之禮、樂志書觀之：《史記》之《禮書》《樂書》《律書》分立；《漢書》之《禮樂志》合併，樂律入《律曆志》；《後漢書》有《律曆志》《禮儀志》《輿服志》，而無《樂志》；《三國志》無志書；《晉書》之《律曆志》《禮志》《樂志》《輿服志》分立；《宋書》之《律曆志》《禮志》《樂志》分立；《南齊書》之《禮志》《樂志》《輿服志》分立；《梁書》《陳書》皆無志書；《魏書》之《律曆志》《禮志》《樂志》分立；《北齊書》《周書》皆無志書；《隋書》之《禮儀志》《音樂志》《律曆志》分立，且"樂志"始稱"音樂志"；《南史》《北史》皆無志書；《舊唐書》之《禮儀志》《音樂志》《輿服志》分立；《新唐書》之《禮樂志》合併，增《儀衛志》，《輿服志》改《車服志》；《舊五代史》之《禮志》《樂志》分立；《新五代史》僅有《司天考》《職方考》，而無《樂志》；《宋史》之《律曆志》《禮志》《樂志》《儀衛志》《輿服志》分立；《遼史》之《禮志》《樂志》《儀衛志》分立；《金史》之《禮志》《樂志》《儀衛志》《輿服志》分立；《元史》之《禮樂志》合併，增《祭祀志》，而《儀衛》入《輿服志》；《明史》之《禮志》《樂志》《儀衛志》《輿服志》分立；《清史稿》之《禮志》《樂志》《輿服志》分立，《儀衛》亦入《輿服志》。綜上所舉，除《漢書》《新唐書》《元史》之《禮樂志》合併，歷代禮、樂志書大多分設，可見歷代樂學與禮學的對等學術地位；魏晉南北朝以前，"樂志"無稱"音樂"者，《隋書》《舊唐書》始稱"音樂志"，可見魏晉南北朝以降，"樂"文化讓位於"音樂"文化；考隋唐之後樂志，其內容雖已趨向音樂志，歷代仍以《樂志》名之，可見儒學雅樂觀統緒猶存，可謂影響深遠。

　　綜觀"樂"之歷史演變，大致經歷三個階段：宗教—社會—藝術，從

（接上頁）爲甚。"（［清］永瑢等：《四庫全書總目》卷三十八《經部三十八樂類》，中華書局，1965年，第320頁）四庫館臣以尊經教化爲旨，雖持經、子偏見，亦可從反面説明，秦漢以來所謂兼陳雅俗者，與先秦樂道截然不同。經過秦漢兼陳雅俗奠定基礎，魏晉時期纔能真正確立"樂"之獨立審美價值，可謂淵源有自。

宗廟到江湖、從國家到個人，總體呈現由上至下的趨勢，"樂"失去主流地位，"樂學"漸成絕學，"樂道"更湮没無聞矣。儘管如此，"生民之道，樂爲大焉"，"樂者，音之所由生也，其本在人心之感於物也"①，"樂"之所生，本乎情性，心性之學，古出於"樂"，樂道之哲學思想，其實並未淪落，反而變外顯爲内斂，熔鑄成民族品格，浹膚而藏髓，雖曠日彌久，其遺風餘烈，尚猶不絶。

（一）"樂"之字源

考"樂"之字源，甲骨文字形皆作" 𝓥 "②，從"絲"從"木"；早期金文，樂鼎作" 𝓥 "，亦與甲骨文同；晚周金文，增加" 𝓞 "，從" 𝓞 "，如郑公釛鐘作" 𝓥 "、郑公華鐘作" 𝓥 "③，春秋、戰國文字承之，字形遂與《説文》篆文" 𝓥 "同。明末清初周亮工《字觸》卷三"樂"條，云"一人夢兩絲纏白木，占曰：兩絲纏白木，樂字端可卜。樂亦在其中矣，奚必饜粱肉"。《字觸》卷三爲晰部，《字觸凡例》曰"晰以剖析爲名，不外離合近是""晰字多從無心""晰以一字分拆數字也"④，雖屬測字之書，仍可見周氏剖析字形，該字從"兩絲纏白木"。清末民初羅振玉《增訂殷虛書契考釋》認爲"從絲附木上，琴瑟之象也，或增'𝓞'以象調弦之器，猶今彈琵琶、阮咸者之有撥矣"⑤。而甲骨卜辭中的"樂"，並無用作音

---

① 《禮記集解》卷三十八《樂記第十九之二》，第 1007 頁；卷三十七《樂記第十九之一》，第 976 頁。

② 中國科學院考古研究所編：《甲骨文編》，中華書局，1965 年，第 261 頁。

③ 容庚編，張振林、馬國權摹補：《金文編》，中華書局，1985 年，第 398 頁。

④ ［清］周亮工輯：《字觸》卷三《晰部》，《叢書集成初編》本，中華書局，1985 年，據《粵雅堂叢書》本排印，正文第 53 頁、凡例第 1 頁。

⑤ 羅振玉：《殷虛書契考釋三種》下册，《增訂殷虛書契考釋》卷中《文字第五・樂》，中華書局，2006 年，第 463 頁。

樂義之辭例。甲骨文又有從"木"從"樂"之"𣏡"（櫟）①，徐中舒認爲
"𣏡"（櫟）與"𣏡"（樂）實爲一字，從"木"乃踵事增繁，據卜辭用例，
釋義爲地名②。早在 20 世紀 60 年代，水上靜夫《"樂"字考》即以"樂"
爲"櫟"之本字③。20 世紀 70 年代末，加藤常賢《漢字の起原·樂》云：
"契文爲從'絲'從'木'之會意字也，金文則加上'白'之聲符者也"，
"金文之有'白'爲聲符者，則以'櫟'有黑心櫟、白櫟、綿櫟等種類（《六
書故》卷十一），特別區別白櫟，故加上'白'者也。又或'櫟'者乃秦地
之音，通常稱作'柞'（《爾雅疏》引陸璣説），故加聲符亦未可知。總之
又稱之爲木蓼，柞蠶食此木之葉而吐絲，故從'絲''木'二字會意"，
"'櫟'又或地區之木之名也，用爲音樂之義者，乃借用也"④。陳雙新
《"樂"義新探》認爲"柞蠶的飼養方法是把幼蠶放到櫟樹上露天飼養，
養蠶是爲取絲，甲骨文'樂'字以樹上結絲之形作其典型特徵與此正
合"，"'樂'之本義爲櫟樹，櫟葉可飼蠶，因而其字從'絲'。由於常在
櫟林祭祀歌舞而引申有快樂之意。音樂、詩歌、舞蹈逐漸分化之後，
'樂'又可專指音樂"⑤。由此可見，加藤常賢受到水上靜夫啓發，陳雙
新又據加藤考證而加詳焉。

　　上文所論櫟樹，即柞樹，與桑樹皆爲落葉喬木，其葉皆可飼蠶，古有
柞蠶與桑蠶，即所謂野蠶與家蠶，柞蠶以食柞葉爲主，野生又稱天蠶，原
產北方；桑蠶以食桑葉爲主，野桑蠶經馴化，家養又稱家蠶，原產南方。
衆所周知，華夏文明首先發達於北方，野生蠶必遠早於家養蠶，則論

①　郭沫若主編：《甲骨文合集》第 12 册，中華書局，1982 年，第 4574 頁，編號 36746。【按】胡
　　厚宣主編：《甲骨文合集材料來源表》上編，中國社會科學出版社，1999 年，第 938 頁，其原始
　　材料來源於羅振玉編：《殷虚書契前編》，日本永慕園影印本，1912 年，卷 2 第 8 頁編號 1。
②　徐中舒主編：《甲骨文字典·木部》，四川辭書出版社，1989 年，第 650 頁。
③　〔日〕水上靜夫：《"樂"字考》，《日本中國學會報》第十八集，（東京）日本中國學會，
　　1966 年。
④　〔日〕加藤常賢：《漢字の起原》，（東京）角川書店，1970 年，第 196 頁。
⑤　陳雙新：《"樂"義新探》，《故宮博物院院刊》2001 年第 3 期，第 57—60 頁。

"樂"造字之初,取櫟樹而不取桑樹,可謂良有以焉,誠如陳寅恪所論"依照今日訓詁學之標準,凡解釋一字即是作一部文化史"①。《山海經·海內經》載"黄帝妻雷祖,生昌意,昌意降處若水②,生韓流",韓流"取淖子③曰阿女,生帝顓頊"④,《古本竹書紀年·五帝紀》云"昌意降居若水,産帝乾荒"⑤,乾荒即韓流,流通充,乾、韓聲近,荒、充形似。《世本·氏姓篇》:"黄帝娶於西陵氏之子,謂之累祖,産青陽及昌意。昌意生顓頊,顓頊生鯀。顓頊母,濁山氏之子。青陽即少皞,黄帝之子,代黄帝而有天下,號曰金天氏。"⑥(孫馮翼集本)雷祖或累祖,《大戴禮

①　沈兼士著,葛信益、啓功整理:《沈兼士學術論文集》,中華書局,1986年,第202頁,陳寅恪1935年致沈兼士函。
②　【按】《世本·氏姓篇》云"黄帝娶於西陵氏之子,謂之累祖,産青陽及昌意","青陽即少皞,黄帝之子,代黄帝而有天下"([漢]宋衷注,[清]秦嘉謨等輯:《世本八種·孫馮翼集本·氏姓篇》,中華書局,2008年,第23頁),則昌意未繼承黄帝之位,又《山海經·海内經》"昌意降處若水"([晋]郭璞傳,[清]郝懿行箋疏,張鼎三、牟通點校:《山海經箋疏》第十八《海内經》,齊魯書社,2010年,第5020頁),其居於若水,五帝之顓頊或爲黄帝之孫(見《世本·氏姓篇》,亦有可能《世本》記載有所省略,《大戴禮記·帝繫》《史記·五帝本紀》從之),或爲黄帝之曾孫(《山海經·海内經》《古本竹書紀年·五帝紀》),皆出自昌意部落,《大戴禮記·帝繫》云"黄帝居軒轅之丘,娶於西陵氏之子,謂之嫘祖氏,産青陽及昌意。青陽降居泜水,昌意降居若水。昌意娶於蜀山氏,蜀山氏之子謂之昌濮氏,産顓頊"(《大戴禮記彙校集解》卷七《帝繫第六十三》,第737頁),《史記·五帝本紀》云"黄帝居軒轅之丘,而娶於西陵之女,是爲嫘祖。嫘祖爲黄帝正妃,生二子,其後皆有天下:其一曰玄囂,是爲青陽,青陽降居江水;其二曰昌意,降居若水。昌意娶蜀山氏女,曰昌僕,生高陽,高陽有聖德焉。黄帝崩,葬橋山。其孫昌意之子高陽立,是爲帝顓頊也"(《史記》卷一《五帝本紀第一》,第10頁)。
③　【按】《世本·氏姓篇》作"濁山氏之子",《山海經·海内經》作"淖子",《大戴禮記·帝繫》作"蜀山氏之子",《史記·五帝本紀》作"蜀山氏女"。
④　《山海經箋疏》第十八《海内經》,第5020—5021頁。
⑤　[清]郝懿行校證,李念孔點校:《竹書紀年校證》第一卷《五帝紀·黄帝軒轅氏》,齊魯書社,2010年,第3819頁。
⑥　《世本八種·孫馮翼集本·氏姓篇》,第23頁。【按】張之洞《書目答問》已將《山海經》《竹書紀年》《世本》歸入古史類([清]張之洞撰,來新夏、韋力、李慶匯補:《書目答問匯補·史部·古史第四》,中華書局,2011年,第321—326頁)。華夏古史關於黄帝、雷祖之世系記載,與西方《聖經》記載類似,《舊約·律法書·創世紀》所講述亞當、夏娃延及諸亞子孫世系,中西兩相比較,於人類早期有以近之。

記・帝繫》《史記・五帝本紀》稱嫘祖,當以《山海經・海內經》"雷祖"
爲是,《國語・晉語四》云"青陽,方雷氏之甥也"①,則西陵氏本姓方
雷,"累"與"雷"相通,"嫘"又於"累"加"女"旁,以示女性祖先,且
"雷""累""嫘""傫"之上古音相同②,韵部皆屬於微部,聲紐皆屬於來
母,聲調皆屬於平聲字。《黄帝內傳》"黄帝斬蚩尤,蠶神獻絲,乃稱織
維之功"③,雖爲神化叙述,然可見絲織應當溯自黄帝時代,又《路史・
後紀五》黄帝"元妃西陵氏曰傫祖","帝之南游,西陵氏隕於道,式祀於
行,以其始蠶,故又祀先蠶"④,雖屬於傳説,却更接近人事,亦可見絲織
溯自黄帝時代,顧炎武《日知録》"嘉靖更定從祀"條曰"古人每事,必祭
其始之人,耕之祭先農也,桑之祭先蠶也,學之祭先師也,一也"⑤。"先
蠶"祀雷祖,將馴化養蠶歸於黄帝時代,則先民認識野生天蠶,爲時更
早,這也符合"樂"字創始之歷史時代。

　　或有學者以懸鈴之建鼓釋"樂"字來源⑥,考證過程允當,然於造字
歷史時代論之,恐有未愜。其所列證據,最早爲殷墟甲骨卜辭,而殷墟
甲骨卜辭已然爲成熟文字,"樂"造字之源,必遠早於殷商,論"樂"字創
始之歷史時代,當於遠古文化史尋之。且以鼓釋"樂"之説,亦非始於
今日,近代馬叙倫《〈説文解字〉六書疏證》卷十一已主其説⑦,實承繼

---

① 《國語集解・晉語四第十・文公在狄十二年》,第334頁。
② 郭錫良編著:《漢字古音手册(增訂本)》,商務印書館,2010年,第209頁;唐作藩編著:
　《上古音手册(增訂本)》,中華書局,2013年,第90頁。
③ [清]馬驌編,王利器整理:《繹史》卷五《太古第五・黄帝紀》引,中華書局,2002年,第
　35頁。
④ [宋]羅泌:《路史・後紀五》,《四部備要》校刊排印本,上海中華書局,1936年,第
　89頁。
⑤ [清]顧炎武撰,嚴文儒、戴揚本校點:《日知録》卷之十四,《顧炎武全集》第18册,上海
　古籍出版社,2011年,第591頁。
⑥ 林桂榛、王虹霞:《"樂"字形、字義綜考——〈釋"樂"〉系列考論之二》,《南京藝術學院
　學報(音樂與表演版)》2014年第3期。
⑦ 李圃主編:《古文字詁林》第5册,上海教育出版社,2002年,第941頁。

東漢許慎《説文解字·木部·樂》"象鼓鞞，木，虡也"之説①，南唐徐鍇《説文解字繫傳》進而推廣之，曰："樂彌廣，則備鼓鼙，故於文木、**樂**爲樂，**白**象鼓形，**丝**，左右之應棟也，應，和也，棟，引也，小鼓挂在大鼓之旁，爲引爲和也。夏后氏足鼓，殷人楹鼓，周人縣鼓：樹鼓也，**樂**在木上，足之樹之象也。鼓者，器之最大者也，樂主於喜，喜生於仁。鼓，東方之象也，故二月女夷擊鼓以司天和，春分之音也，仁之聲也，萬物之始生也，故樂字象鼓也。"②考《禮記·明堂位》"夏后氏之鼓足，殷楹鼓，周縣鼓"，鄭玄注："足，謂四足也。楹謂之柱，貫中上出也。縣，縣之簨虡也。《殷頌》曰'植我鼗鼓'，《周頌》'應棟縣鼓'。"③所謂"夏后氏之鼓足"，以下文"殷楹鼓，周縣鼓"例之，蓋"足鼓"之倒文，依鄭玄注爲四足之鼓，所謂"殷楹鼓"，以柱貫穿鼓中而上下出頭，可竪立而擊之，所謂"周縣鼓"，"縣"通"懸"，懸挂之義，將鼓懸挂於簨虡而擊之。簨虡即懸挂編鐘編磬之架子，此架子原始以竹木材質，後世以銅架爲之，增飾華美，即《明堂位》所謂"夏后氏之龍簨虡，殷之崇牙，周之璧翣"④，夏代已然刻龍紋爲飾，商代以突出牙狀形體爲飾，周代增飾更甚，以繒爲翣扇，上可繪飾圖案，並載以玉璧，下懸五彩羽毛，挂於簨之兩角。由此可見，純以竹木爲簨虡之質樸者，尚在夏代之前。"足鼓""楹鼓""縣鼓"，三者之共性在於皆非平置⑤，而是竪置之鼓。竪置何爲？方便行軍之用，且竪置之

---

① 王平、李建廷編著：《説文解字》標點整理本《弟六·木部》，上海書店出版社，2016年，第150頁。
② ［南唐］徐鍇：《説文解字繫傳·通論·下卷》，據清道光年間祁寯藻刻本影印，中華書局，1987年，第314頁。
③ 《禮記正義》卷三十一《明堂位第十四》，第3230頁。
④ 《禮記正義》，第3231頁。
⑤ 【按】四足鼓形制，今有平置者，於鼓上擊之，2008年北京奧運會開幕式上，所謂"奧運缶"，實爲四足鼓之平置者；亦有竪置者，於鼓兩側擊之，更便於行軍配置，後世衙門所謂擊鼓鳴冤之堂鼓，聲咽以聚衆，皆此形制，若鳴冤直訴於皇帝，則有登聞鼓，北宋甚至專設鼓司，主管其事，宋真宗景德四年改稱登聞鼓院。且今傳本《管子·桓公問》有"禹立諫鼓於朝，而備訊也"（姜濤：《管子新注·桓公問第五十六》，齊魯書社，2009年，第398頁；黎翔鳳撰，梁運華整理的《管子校注》卷十八《桓公問第五十六》作"禹立（轉下頁）

鼓,鼓腔音箱位置居上,兩人相對敲擊,其聲聞範圍更廣,此軍鼓配置,以供示威傳令之用,且《禮記·明堂位》"夏后氏之鼓足,殷楹鼓,周縣鼓",緊接上文"越棘、大弓,天子之戎器也"①,戎器即軍械,兵器之謂也,則"足鼓""楹鼓""縣鼓",原本當屬軍鼓。《周禮·地官司徒·鼓人》曰"掌教六鼓四金之音聲,以節聲樂,以和軍旅,以正田役"②,西漢劉向《五經要義》曰"鼓所以檢樂,爲群音之長也"③,如今軍事檢閱,軍樂團仍以打擊樂與管樂爲主。所謂"足"者,四足而立,所謂"楹"者,貫柱而立,所謂"縣"者,懸挂而立,豎立即"樹"也,是以上引徐鍇《説文解字繋傳》統稱爲"樹鼓也,𣠽在木上,足之樹之之象也"。

商代"楹鼓"之形制,以柱植而貫之,後世又謂之"晋鼓""建鼓""植鼓"。"建""植",皆樹立之義,《隋書·音樂志下》:"革之屬五:一曰建鼓,夏后氏加四足,謂之足鼓。殷人柱貫之,謂之楹鼓。周人懸之,謂之懸鼓。近代相承,植而貫之,謂之建鼓。蓋殷所作也。"④《舊唐書·音樂志二》:"鼓,動也,冬至之音⑤,萬物皆含陽氣而動。雷鼓八面

(接上頁)建鼓於朝,而備訊唉",中華書局,2004年,第1047頁),而《三國志·魏書·文帝紀》裴松之注所引《管子》作"禹立建鼓於朝,而備訴訟也"([晋]陳壽撰,[南朝宋]裴松之注,中華書局編輯部點校:《三國志》卷二《魏書二·文帝紀第二》,中華書局,1982年,第60頁),此與上海博物館藏戰國楚竹書《容成氏》簡22李零整理本"禹乃建鼓於廷,以爲民之有訟告者鼓焉"(馬承源主編:《上海博物館藏戰國楚竹書(二)·釋文考釋》,上海古籍出版社,2002年,第267頁)文獻相合,此"諫鼓"當作"建鼓",或名詞、或動賓結構,皆後世登聞鼓之源頭。

① 《禮記正義》卷三十一《明堂位第十四》,第3230頁。
② [清]孫詒讓撰,王文錦、陳玉霞點校:《周禮正義·地官司徒第二·鼓人》,中華書局,2013年,第898頁。
③ [宋]李昉等編:《太平御覽》第三册,卷五八二《樂部二十·鼓》引,據上海商務印書館涵芬樓影宋本複製縮印,中華書局,1960年,第2624頁。【按】劉向《五經要義》原書已佚,清代有洪頤煊輯佚本,見於[清]洪頤煊輯:《經典集林》卷六,海寧陳氏慎初堂據嘉慶《問經堂叢書》原刻本影印,1926年。
④ [唐]魏徵、令狐德棻撰,中華書局編輯部點校:《隋書》卷十五《志第十·音樂下》,中華書局,1973年,第376頁。
⑤ 【按】後晋趙瑩、張昭遠、劉昫先後主持《舊唐書》編纂,其《音樂志二》以鼓爲"冬至之音,萬物皆含陽氣而動",於同時代稍後者,上引南唐徐鍇《説文解字繋傳·通論·（轉下頁）

以祀天,靈鼓六面以祀地,路鼓四面以祀鬼神①。夏后加之以足,謂之足鼓。殷人貫之以柱,謂之楹鼓。周人縣之,謂之縣鼓。後世從殷制建之,謂之建鼓。晋鼓六尺六寸,金奏則鼓之。傍有鼓謂之應鼓,以和大鼓。小鼓有柄曰鞞,搖之以和鼓,大曰鼗。"②《新唐書·禮樂志》:"樹雷鼓於北縣之内、道之左右,植建鼓於四隅。"③此建鼓之由來。觀出土先秦建鼓鼓座實物,有銘文自名爲"隽鼓"者④,考"隽""晋"之上古音,聲紐同爲精母、"隽"爲文部、"晋"爲真部,據王力上古韵部擬音,文部爲ən,真部爲en,韵部亦相近,則"隽""晋"音近可通,"隽鼓"即"晋鼓";而"建"之上古音,爲精母元部,聲紐與"隽""晋"相同,據王力上古韵部擬音,元部爲an,與文部、真部亦相近,則"隽""晋"與"建"皆音近可通,"隽鼓""晋鼓"即"建鼓",建者,植也,樹立之義,如今還有建樹、建立之辭例。以上所論,皆樹鼓之屬,其器用起源於軍事,後來融入禮樂制度⑤,考其歷史時代,皆出於三代文明時期;而先民認識野生柞

（接上頁）下卷》以鼓爲"春分之音也","萬物之始生也"。所論分至有別,冬至早而春分晚,然"萬物皆含陽氣而動"與"萬物之始生也",可謂同出一轍,萌動而始生,所蘊涵哲理實近之。

① 【按】《周禮·地官司徒·鼓人》:"鼓人掌教六鼓、四金之音聲,以節聲樂,以和軍旅,以正田役。教爲鼓而辨其聲用,以雷鼓鼓神祀,以靈鼓鼓社祭,以路鼓鼓鬼享,以鼖鼓鼓軍事,以鼛鼓鼓役事,以晋鼓鼓金奏……"(《周禮正義·地官司徒第二·鼓人》,第898—902頁)《周禮·春官宗伯·大司樂》:"雷鼓雷鼗,孤竹之管,雲和之琴瑟","靈鼓靈鼗,孫竹之管,空桑之琴瑟","路鼓路鼗,陰竹之管,龍門之琴瑟"。(《周禮正義·春官宗伯第三·大司樂》,第1757頁)

② ［後晋］劉昫等撰,中華書局編輯部點校:《舊唐書》卷二十九《志第九·音樂二》,中華書局,1975年,第1078—1079頁。

③ ［宋］歐陽修、宋祁撰,中華書局編輯部點校:《新唐書》卷二十一《志第十一·禮樂十一》,中華書局,1975年,第462頁。

④ 孫機:《記保利藝術博物館所藏青銅鼓座》,《文物》1999年第9期。

⑤ 【按】《周禮·春官宗伯·鎛師》"掌金奏之鼓。凡祭祀,鼓其金奏之樂,饗食、賓射亦如之。軍大獻,則鼓其愷樂。凡軍之夜三鼜,皆鼓之,守鼜亦如之",鄭玄注"謂主擊晋鼓,以奏其鐘鎛也,然則擊鎛者亦視瞭"(《周禮正義·春官宗伯第三·鎛師》,第1900頁),《周禮·夏官司馬·大司馬》"軍將執晋鼓,師帥執提,旅帥執鼙",孫詒讓案"'軍將'即將軍也,韋注引此經亦作'將軍執晋鼓'","或此經舊本如是,不必與'師帥'（轉下頁）

蠶,則起於原始蒙昧時期,當時衣不蔽體,養蠶繅絲,抽絲剥繭,逐漸具備衣裳,後世細化增繁,形成冠服制度,歷代正史《輿服志》之"服",即源於此。《周易·繫辭下》所謂"黄帝、堯、舜垂衣裳而天下治"①,紡織製衣,使民知恥,可謂禮樂文明之物質基礎,其歷史時代遠早於樹鼓類樂器,然則更符合造字初心。漢字之本義,即其所代表的詞在造字時代的原始意念,是如今所能追溯之最古意義。綜上考論,所謂"樂"造字之源,遠在夏代之前,斷可知矣。

又時代晚至《尚書·禹貢》,"濟、河惟兗州……桑土既蠶","海、岱惟青州……厥篚檿絲"②。牟庭《同文尚書》:"以今目驗東齊之地,海、岱之間,柞櫟滿山,飼蠶收繭,衣被數百里,意古以柞櫟爲檿桑乎?今俗謂柞繭曰山繭,紡之曰山綫,織之曰山紬,此非山桑之遺名尚存者乎?《鹽鐵論》:'散不足曰繭紬、縑練者,婚姻之嘉飾也。'蓋今山紬,漢時人謂之繭紬,《禹貢》謂之'檿絲'。"③所謂"檿絲",即柞蠶所吐之絲,出産於青州地區,而所謂"桑土既蠶",出産於兗州地區,則晚至《禹貢》時代,柞蠶與桑蠶作爲特産,皆已出現於北方。所謂《禹貢》時代,即《禹貢》文獻所反映的歷史時代,近代以來,聚訟紛紜。《禹貢》首尾如"禹敷土,隨山刊木,奠高山大川"④,"禹錫玄圭,告厥成功"⑤,當是後世史

(接上頁)'旅帥'等同也"(《周禮正義·夏官司馬第四·大司馬》,第2301、2305頁),"晋鼓"即"建鼓",《國語·吴語》"十旌一將軍,載常建鼓,挾經秉枹",韋昭注"日月爲常。鼓,晋鼓也。《周禮》:'將軍執晋鼓。'建,謂爲之柲而樹之"(《國語集解·吴語第十九·吴王昏乃戒》,第549頁),亦樹鼓之屬,且周代業已軍旅、祭祀兼用之,皆爲國家重大場合,即《左傳·成公十三年》所謂"國之大事,在祀與戎"(《春秋左傳詁》卷十一《傳·成公·十三年》,第467頁)。

① 《周易譯注》卷九《繫辭下傳》,第510頁。
② [清]孫星衍撰,陳抗、盛冬鈴點校:《尚書今古文注疏》卷三《虞夏書三·禹貢第三·上》,中華書局,2004年,第145、148、151、153頁。
③ 顧頡剛、劉起釪:《尚書校釋譯論·〔虞夏書〕·禹貢·校釋》引,中華書局,2005年,第590頁。
④ 《尚書今古文注疏》卷三《虞夏書三·禹貢第三·上》,第136—137頁。
⑤ 《尚書今古文注疏》卷三《虞夏書三·禹貢第三·下》,第207頁。

官所録,而中間正文所叙九州疆域、開發歷程、土壤種類、田賦等級、特産貢物、輸賦貢道、民族情況、治山導河、五服制度等,當屬親歷者實地勘察所得,經夏商周三代史官積累整理而成。近代疑古學派大興,顧頡剛《論今文〈尚書〉著作時代書》《詢〈禹貢〉僞證書》①,認爲《禹貢》爲戰國至秦漢間僞作,所舉證據,在今天看來,多有局限存疑者。現今學界早已走出疑古時代,如高師第詳辨疑古之非,以《禹貢》"九州""五服"爲例,認爲"九州"爲治理地方之行政管理制度,而"五服"爲鞏固王畿之經濟管理制度,兩者共存,並無矛盾②,從多方論證《禹貢》撰成於唐堯以後、春秋中期以前③。《禹貢》文獻之形成,必經過漫長歷史時期,是以筆者認爲,《禹貢》係夏商周三代史官積累整理而成,其原始素材④來源於堯、舜、禹時代實地勘察所得,並經過夏朝史官搜集初編,且今文、古文《尚書》皆録有《禹貢》,則春秋末孔子删《書》之時,《禹貢》已編入儒家百篇選本之中,非戰國以後人所能僞造。

胡適曾言道"做學問的人……當存一個'爲真理而求真理'的態度。研究學術史的人更當用'爲真理而求真理'的標準去批評各家的學術。學問是平等的,發明一個字的古義,與發現一顆恒星,都是一大功績"⑤,李學勤認爲"研究古文字,最困難的是探索一個字的'本義'。

---

① 顧頡剛編:《古史辨》第一册,上海古籍出版社,1982年,第202、206頁。
② 高師第:《〈禹貢〉研究論集》,上海古籍出版社,2006年,第73頁。
③ 《〈禹貢〉研究論集》,第50頁。
④ 徐旭生《我們怎樣來治傳説時代的歷史》:"如果已經有了當時人的記録,現代的歷史工作人總還可以根據當時的環境狀況推測他所記録的可靠的程度。至於錯簡、訛誤、省奪、衍文、歧義,以及其他文字方面的問題,細心的工作人總還比較容易地把它們找出。總括一句話説,就是一件史實一經用文字記録下來,可以説已經固定化,此後受時間的變化就比口耳相傳的史實小得多。"(徐旭生:《中國古史的傳説時代(增訂本)》,科學出版社,1960年,第20頁)
⑤ 許嘯天編:《國故學討論集》第一集,上海群學社,1927年,第133頁,胡適於1919年8月16日就整理國故答毛子水。

現在能接觸到的古文字,大多數是已經過長時期發展的,想通過這些文字的結構認識古人創造時的意念,殊非易事"①。關於"樂"之字源,前人多從字形論之,少有考察造字初始心意。若以歷史主義觀之,結合遠古文化史分析,既然《禹貢》原始素材來源於實地勘察所得,並經過夏朝史官搜集初編,則上引"濟、河惟兖州……桑土既蠶""海、岱惟青州……厥篚檿絲"表明,在《禹貢》時代,柞蠶與桑蠶作爲特產,皆已出現於北方。歷史更往後發展,至夏商周三代時期,隨着絲織行業不斷普及,家養桑蠶取代野生柞蠶,與"樂"造字來源相關之櫟樹作爲社樹,又逐漸演化爲"桑林""桑中""桑間"。

"桑中"與"桑間",後世典故雖有地名特指,然究其取義來源,皆與"桑林"相關,原指桑林之中、桑林之間。《墨子·明鬼下》:"燕之有祖,當齊之[有]社稷,宋之有桑林,楚之有雲夢也,此男女之所屬而觀也。"②"屬"即接連不斷,"男女之所屬而觀",即男女相約共往觀社,群聚接連不斷。又如《莊子·至樂》"《咸池》《九韶》之樂,張之洞庭之野","人卒聞之,相與還而觀之"③,所謂"祖[澤]""社稷""桑林""雲夢",與"張之洞庭之野"同類,所謂"男女之所屬而觀",即"相與還而觀之"。何謂"觀社"?"觀社"本與社稷有關,所謂"民爲貴,社稷次之,君爲輕。是故得乎丘民而爲天子,得乎天子爲諸侯,得乎諸侯爲大夫。諸侯危社稷,則變置。犧牲既成,粢盛既絜,祭祀以時,然而旱乾水溢,則變置社稷"④,孟子之社稷,業已用來代指國家,適可見社稷祭祀之重要性。又《莊子·人間世》有"櫟社樹",成玄英疏"櫟,木名也。

---

① 李學勤:《古文字學十二講》,第十講"方法與戒律",《文史知識》1984 年第 10 期。
② [清]孫詒讓撰,孫啓治點校:《墨子閒詁》卷八《明鬼下第三十一》,中華書局,2001 年,第 227 頁。
③ [清]郭慶藩撰,王孝魚點校:《莊子集釋》卷六下《至樂第十八》,中華書局,1961 年,第 621 頁。
④ [清]焦循撰,沈文倬點校:《孟子正義》卷二十八《盡心章句下·十四章》,中華書局,1987 年,第 973—974 頁。

社,土神也。祀封土曰社。社,吐也,言能吐生萬物,故謂之社也"①。
成氏此解來自《説文》聲訓法,"土,地之吐生物者也。二象地之下、地
之中,物出形也。凡土之屬皆從土"②,只是許慎亦析形不確,"土"甲
骨字形作∆,象地上堆土之形,"社"之"示"部僅分別大類爲祭祀之
屬,而於"土"部取義,則"社"之本義即聚土以爲社之神主,而成氏所謂
"社,土神也。祀封土曰社",所論近是。《説文》謂之"社,地主也。從
示、土。《春秋傳》曰:'共工之子句龍爲社神。'《周禮》:'二十五家爲
社,各樹其土所宜之木。' 𥛛,古文社③,古文"𥛛",即"樹其土所宜之
木"之形。《周禮·鼓人》"以靈鼓鼓社祭","凡祭祀百物之神,鼓兵舞
帗舞者",鄭玄注"靈鼓,六面鼓也。社祭,祭地祇也"④[社祭,林語堂
《當代漢英詞典》譯作"sacrifice to the god of land",德范克(John
Defrancis)《ABC 漢英大詞典》譯作"offer sacrifices to the god of the
soil",即供奉土地之神],則社祭活動本有音樂舞蹈可以"觀"。又《春
秋·莊公二十三年》"夏,公如齊觀社",《左傳》"二十三年,夏,公如齊
觀社,非禮也",楊伯峻注"社,祀社神也"⑤,觀祀社神,即觀看土地神祭
典,何以"非禮"?《公羊傳》:"何以書?譏。何譏爾?諸侯越竟觀社,非
禮也。"社神職掌各有所主,祭典分屬不同層級貴族,《周禮·大司樂》"乃
奏大蔟,歌應鐘,舞《咸池》,以祭地示"⑥,此天子社稷之祭,《周禮·舞
師》"教帗舞,帥而舞社稷之祭祀"⑦,此諸侯以下社稷之祭。《禮記·
王制》"天子社稷皆大牢,諸侯社稷皆少牢"⑧,《禮記·祭法》"王爲群

---

① ［晋］郭象注,［唐］成玄英疏,曹礎基、黃蘭發點校:《南華真經注疏·内篇》卷二《人間
　　世第四》,中華書局,1998 年,第 92 頁。
② 《説文解字》標點整理本《弟十三·土部》,第 357 頁。
③ 《説文解字》標點整理本《弟一·示部》,第 4 頁。
④ 《周禮正義·地官司徒第二上·鼓人》,第 900、905 頁。
⑤ 楊伯峻編著:《春秋左傳注(修訂本)》,中華書局,1990 年,第 225—226 頁。
⑥ 《周禮正義·春官宗伯第三下·大司樂》,第 1747 頁。
⑦ 《周禮正義·地官司徒第二上·舞師》,第 911 頁。
⑧ 《禮記集解》卷十三《王制第五之二》,第 352 頁。

姓立社,曰大社;王自爲立社,曰王社。諸侯爲百姓立社,曰國社;諸侯自爲立社,曰侯社。大夫以下,成群立社,曰置社",孫希旦曰"今按天子之社,祭畿内之土神也。諸侯之社,祭一國之土神也。州社,祭一州之土神也。所載有廣狹,故其神有尊卑,其祭之之禮有隆殺"①,頗似後世《西游記》土地山神之屬,各有司掌領地,不可越界行事。魯莊公越國境赴齊觀社,《國語·魯語上》稱作"齊社而旅往觀,非先王之訓也",俞樾《春秋外傳國語平議》訓爲"齊社而魯往觀"②,誠可謂"非禮"。

然《墨子》"男女之所屬而觀"無所解誼,陳立《公羊義疏》引惠士奇《春秋說》:"蓋燕祖、齊社,國之男女皆聚族而往觀,與楚、宋之雲夢、桑林同爲一時之盛。猶鄭之三月上巳,士與女合會於溱、洧之瀕。'觀社'者,志不在社也,志在女而已。"③而清代惠士奇《春秋說》之論,其實來源於東晋范甯《春秋穀梁傳集解》。《穀梁傳》"夏,公如齊觀社。常事曰視,非常曰觀。觀,無事之辭也。以是爲尸女也,無事不出竟",范甯注"尸,主也。主爲女往爾,以觀社爲辭",鍾文烝補注:"經著'無事之辭'者,'以是爲尸女'故也。意主於女,謂之'尸女'。《莊子》曰'是其言也,猶時女也',處女爲時所求,謂之'時女',古人語如此。《六經奧論》說以《墨子》曰'燕有祖,齊有社,宋有桑林,楚有雲夢,此男女之所屬而觀也'。家鉉翁(《春秋集傳詳說》)曰:'尸女云者,盛其車服,炫惑婦人,要其從己也。'文烝案:《左氏》說以爲齊因祭社'蒐軍實'(《左傳·襄公二十四年》),《國語》曹劌曰'齊棄太公之法而觀民於社','臣不聞諸侯相會祀也,祀又不法'(《國語·魯語上》)。'蒐軍實'而曰'觀民'、曰'不法',足與《墨子》相證也。"④至清代鍾文烝方澄

---

① 《禮記集解》卷四十五《祭法第二十三》,第 1201、1202 頁。
② 《國語集解·魯語上第四·莊公如齊觀社》引,第 145 頁。
③ 〔清〕陳立撰,劉尚慈點校:《公羊義疏》卷二十三《莊二十二年冬盡二十四年》,中華書局,2017 年,第 859 頁。
④ 〔清〕鍾文烝撰,駢宇騫、郝淑慧點校:《春秋穀梁經傳補注》第七《莊公閔公經傳第三·二十三年》,中華書局,2009 年,第 198—199 頁。

清事實，所謂"祀又不法"，即"觀民於社"，由此可見，"觀社"背後確有隱情。《詩經·桑中》："云誰之思？美孟姜矣。期我乎桑中，要我乎上宮，送我乎淇之上矣。"①《左傳·成公二年》："巫臣聘諸鄭②，鄭伯許之……巫臣盡室以行，申叔跪從其父，將適郢，遇之，曰：'異哉！夫子有三軍之懼，而又有桑中之喜，宜將竊妻以逃者也。'"③又如《禮記·樂記》"鄭、衛之音，亂世之音也，比於慢矣。桑間、濮上之音，亡國之音也，其政散，其民流，誣上行私而不可止也"④，《漢書·地理志》"衛地有桑間濮上之阻，男女亦亟聚會，聲色生焉，故俗稱鄭衛之音"⑤。因此，"桑中"與"桑間"，往往又與"桑中之會""桑間濮上"等男女淫奔之事相聯繫。

宋國所謂"桑林"，與燕國之祖澤、齊國之社稷、楚國之雲夢澤同爲社祭場所，皆"男女之所屬而觀也"，然"宋之有桑林"，其來源更爲古老。先民之所以選取山林藪澤作爲社祭場所，原與高禖崇拜有關。《周禮·媒氏》："媒氏掌萬民之判"，"中春之月，令會男女，於是時也，奔者不禁，若無故而不用令者，罰之"，"凡男女之陰訟，聽之於勝國之社"⑥。所謂"男女之陰訟"，即男女情愛所生爭執，如《左傳·成公八年》"凡諸侯嫁女，同姓媵之，異姓則否"，杜預注"必以同姓者，參骨肉至親，所以息陰訟"⑦。可見男女情事爭訟，仍在社祭場所調解，正因爲社祭活動是"男女之所屬而觀也"。所謂"聽之於勝國之社"，即在亡國之社聽斷，《論衡·別通》"亡國之社，屋其上、柴其下者，示絕於天

---

① 《詩經注析·鄘風·桑中》，第132頁。
② 【按】巫臣在鄭國聘娶夏姬爲妻。
③ 《春秋左傳詁》卷十一《傳·成公二年》，第444頁。
④ 《禮記集解》卷三十七《樂記第十九之一》，第981頁。
⑤ 《漢書》卷二十八下《地理志第八下》，第1665頁。
⑥ 《周禮正義·地官司徒第二下·媒氏》，第1038、1040—1045、1051頁。
⑦ 《春秋左傳正義》卷二十六《成公八年》，第4136頁。

地"①,先民以爲萬物有靈,諸多神靈並非客觀主宰,而是原始宗教之信仰寄托,亡國之社既絶於天地,男女陰訟往聽之,有不欲宣露於外之義。媒氏即掌管男女婚配之媒官,而媒官之神即高禖,《禮記·月令》"仲春之月……是月也,玄鳥至。至之日,以大牢祠於高禖,天子親往,后妃帥九嬪御。乃禮天子所御,帶以弓韣,授以弓矢,於高禖之前"②,可見高禖祭祀具有生殖崇拜的典型特徵。《周禮·媒氏》"中春之月"、《禮記·月令》"仲春之月",皆爲春社時節,《國語·魯語上》"土發而社,助時也",韋昭注"土發,春分也。《周語》曰'土乃脉發',社者,助時祈福爲農始也"③。中華文明作爲農耕文明,社祭是國之大祀,既獻祭土地神,也配祀四方之神以及山川神靈,《周禮·大司樂》"乃奏大蔟,歌應鐘,舞《咸池》,以祭地示。乃奏姑洗,歌南吕,舞《大磬》,以祀四望。乃奏蕤賓,歌函鐘,舞《大夏》,以祭山川"④,《周禮·舞師》"掌教兵舞,帥而舞山川之祭祀;教帗舞,帥而舞社稷之祭祀;教羽舞,帥而舞四方之祭祀;教皇舞,帥而舞旱暵之事"⑤,萬物生於地,土地爲先民生計之所出,土地、四方、山川神靈,爲先民農事所仰賴,所以社祭皆獻禮之,其祭品或瘞埋或灌注。上引《墨子》"燕之有祖,當齊之[有]社稷,宋之有桑林,楚之有雲夢也,此男女之所屬而觀也",原始社祭既行此男女群體情愛之事,燕國之祖澤、齊國之社稷、楚國之雲夢澤,先民所選均爲山林藪澤僻遠之處。《漢書·地理志》"衛地有桑間濮上之阻",顔師古注"阻者,言其隱陀得肆淫僻之情也"⑥,所謂"阻"者,即與山林藪澤僻遠之處同理,結合考察,良有以焉。而且,生殖崇拜又關聯"雲雨"意象

---

① ［漢］王充著,黄暉校釋:《論衡校釋》卷十三《别通篇》,中華書局,1990年,第594頁。
② 《禮記集解》卷十五《月令第六之一》,第421、425頁。
③ 《國語集解·魯語上第四·莊公如齊觀社》,第145頁。
④ 《周禮正義·春官宗伯第三下·大司樂》,第1747—1748頁。
⑤ 《周禮正義·地官司徒第二上·舞師》,第911頁。
⑥ 《漢書》卷二十八下《地理志第八下》,第1665頁。

（如宋玉《高唐賦》等），先秦社祭活動也從原始生殖崇拜向祈雨功能轉變。

　　"旱暵之事"更爲農事所忌，商、周社祭亦祈禱之。《淮南子·主術》："湯之時，七年旱，以身禱於桑林之際，而四海之雲凑，千里之雨至。"①《淮南子·修務》"湯旱，以身禱於桑山之林"，高誘注"桑山之林能興雲致雨，故禱之"②，《論衡·明雩》"而世又稱湯以五過禱於桑林，時立得雨"③，此非商湯偶然爲之，乃自古相承之社祭傳統，《太平御覽》引《帝王世紀》："湯時大旱，殷（吏）[史]卜曰：'當以人禱。'湯曰：'吾所爲，（謂）[請]自當。'遂齋戒，剪髮斷爪，己爲牲，禱於桑林之野，告於上天，已而雨大至。"④《後漢書·鍾離意傳》《張衡傳》李賢等注引《帝王紀》曰"成湯大旱七年，齋戒剪髮斷爪，以己爲犧牲，禱於桑林之社，以六事自責"⑤，"湯時大旱七年，殷史卜曰：'當以人禱。'湯曰：'必以人禱，吾請自當。'遂齋戒，剪髮斷爪，以己爲牲，禱於桑林之社，果大雨"⑥，可見於商代夏之前，早有桑林之地，並且立社於此，是以商湯方能"禱於桑林之社"。而《吕氏春秋·慎大覽》"武王勝殷，入殷……下輦，命封夏后之後於杞，立成湯之後於宋，以奉桑林。武王乃恐懼，太息流涕，命周公旦進殷之遺老，而問殷之亡故，又問衆之所説、民之所欲。殷之遺老對曰：'欲復盤庚之政。'武王於是復盤庚之政"，高誘注"桑山之林，湯所禱也，故使奉之"⑦，此則宋國承殷商之祀，所謂"以奉桑

---

① 何寧集釋：《淮南子集釋》卷九《主術訓》，中華書局，1998 年，第 620 頁。
② 《淮南子集釋》卷十九《修務訓》，第 1317—1318 頁。
③ 《論衡校釋》卷十五《明雩篇》，第 670 頁。
④ 《太平御覽》卷五十五《地部二十》，第 269 頁。又見[晋] 皇甫謐撰，徐宗元輯：《帝王世紀輯存·殷商第三》，中華書局，1964 年，第 65 頁。徐宗元案："殷吏"當作"殷史"，"謂自當"乃"請自當"之誤。
⑤ [南朝宋] 范曄撰，[唐] 李賢等注，中華書局編輯部點校：《後漢書》卷四十一《第五鍾離宋寒列傳第三十一·鍾離意》，中華書局，1965 年，第 1408 頁。
⑥ 《後漢書》卷五十九《張衡列傳第四十九》，第 1928 頁。
⑦ 《吕氏春秋集釋》卷十五《慎大覽第三·慎大覽》，第 356—357 頁。

林", 即以奉社稷, 桑林已經成爲社稷專名, 可見桑林於殷商政治文化
體系中之重要地位。《周禮·舞師》"凡小祭祀, 則不興舞"①, 桑林社
祭作爲國之大祀, 而且有盛大樂舞傳世, 至周代後期尚存,《左傳·襄
公十年》:"宋公享晋侯於楚丘, 請以《桑林》, 荀罃辭。荀偃、士匄曰:
'諸侯宋、魯於是觀禮。魯有禘樂, 賓祭用之。宋以《桑林》享君, 不亦
可乎?'舞, 師題以旌夏。晋侯懼而退入於房。去旌, 卒享而還。及著
雍, 疾。卜, 桑林見。荀偃、士匄欲奔請禱焉, 荀罃不可, 曰:'我辭禮
矣, 彼則以之。猶有鬼神, 於彼加之。'"②尤其舞隊旌旗圖案, 生殖崇拜
意味濃厚, 以至於作爲姬周同姓諸侯的"晋侯懼而退入於房", 可見宋
國《桑林》之舞保留有商代社祭之原始性。《左傳·昭公二十一年》"華
氏居盧門, 以南里叛。六月庚午, 宋城舊鄘及桑林之門而守之"③, 此亦
宋國承殷商之祀, 桑林之社當在宋都郊外, 桑林所在僻遠之處, 建社祠於
其上, 便成爲國家重地, 築城圍之, 作爲外城, 與宋都成掎角之勢, 可據點
以守之, "桑林之門"即此城之門。《莊子·養生主》:"庖丁爲文惠君解
牛, 手之所觸, 肩之所倚, 足之所履, 膝之所踦, 砉然嚮然, 奏刀騞然, 莫
不中音, 合於《桑林》之舞, 乃中《經首》之會。"關於"《桑林》之舞",《經
典釋文》引司馬彪《莊子注》"湯樂名", 又引崔譔《莊子注》"宋舞樂
名"④。然則宋國所謂"桑林", 即源自商湯桑林社祭,《吕氏春秋·誠
廉》:"(周武王)又使保召公就微子開(即微子啓)於共頭之下, 而與之
盟曰:'世爲長侯, 守殷常祀, 相奉桑林, 宜私孟諸。'"⑤所謂"相奉桑
林", 即使奉社稷, 亦周武王"復盤庚之政"之初衷⑥, 此與英國文藝復

---

① 《周禮正義·地官司徒第二上·舞師》, 第 914 頁。
② 《春秋左傳詁》卷十二《傳·襄公十年》, 第 517 頁。
③ 《春秋左傳詁》卷十七《傳·昭公二十一年》, 第 750 頁。
④ 《莊子集釋》卷二上《養生主第三》, 第 117—118 頁。
⑤ 《吕氏春秋集釋》卷十二《季冬紀第十二·誠廉》, 第 267—268 頁。
⑥ 【按】周初分封商紂王之庶兄微子啓, 安置殷商遺民於宋國,《墨子》所謂"宋之有桑林",
　　即殷商社祭場所。關於周初優待先代王嗣以穩定政局,《禮記·樂記》孔子有（轉下頁）

興時期哲學家弗朗西斯·培根(Francis Bacon)所謂"取勝又能自制,就是雙重勝利"(He conquers twice, who upon victory overcomes himself.)①,可謂同出一轍。商代社祭祈雨之傳統,周代亦繼承之,如《詩經·小雅·甫田》"以我齊明,與我犧羊,以社以方。我田既臧,農夫之慶。琴瑟擊鼓,以御田祖,以祈甘雨,以介我稷黍,以穀我士女"②,所謂"以社以方",即祭祀土地與四方之神。所謂"以御田祖,以祈甘雨","田祖"又稱田主,亦即社樹,《周禮·大司徒》"而辨其邦國都鄙之數,制其畿疆而溝封之,設其社稷之壝而樹之田主,各以其野之所宜木,遂以名其社與其野"③,此即迎祭土地神與農神(合稱社稷),祈禱甘霖滋養作物。可見周代社祭活動的原始生殖崇拜意味已退化,而祈雨傳統得以加強,社祭動機與農業生產緊密結合。考《論語·先進》曾皙曰"莫春者,春服既成,冠者五六人,童子六七人,浴乎沂,風乎舞雩,咏而歸"④,又《論語·顏淵》記載"樊遲從游於舞雩之下",何晏《論語集解》引包咸曰"舞雩之處,有壇墠樹木,故其下可游焉"⑤,可見先秦社祭祈雨活動已然成爲社會習俗,是以舞雩場所亦可供民衆士女游觀焉。

　　上引"以奉桑林"即以奉社稷,"相奉桑林"即使奉社稷,可見桑林爲殷商社稷,雖爲亡國之社,亦不可"斬祀",此《論語·堯曰》所謂"興

（接上頁）論曰"武王克殷反商,未及下車而封黃帝之後於薊,封帝堯之後於祝,封帝舜之後於陳;下車而封夏后氏之後於杞,投殷之後於宋,封王子比干之墓,釋箕子之囚,使之行商容而復其位。庶民弛政,庶士倍祿"(《禮記集解》卷三十八《樂記第十九之二》,第1025頁),此舉既顯示周人取得正統地位,亦表明周人施行多層次安撫政策,分封先代王嗣,安撫歷代没落貴族,尤其所謂"庶民弛政,庶士倍祿",其範圍更加廣泛,可謂普惠全體士民。

① 【按】考 Francis Bacon 此處行文,當爲化用蓋烏斯·尤利烏斯·凱撒(Gaius Julius Caesar)名言"He conquers twice, who shows mercy to the conquered."(https://www.azquotes.com/quote/1368406)而來。

② 《詩經注析·小雅·甫田》,第670頁。

③ 《周禮正義·地官司徒第二上·大司徒》,第692頁。

④ 《論語集釋》卷二十三《先進下》,第806頁。

⑤ 《論語集釋》卷二十五《顏淵下》,第870—871頁。

滅國,繼絕世,舉逸民,天下之民歸心焉"①。何謂"斬祀"?《禮記·檀弓下》:"吳侵陳,斬祀殺厲。師還出竟,陳大宰嚭使於師,夫差謂行人儀②曰:'是夫也多言。盍嘗問焉?師必有名,人之稱斯師也者,則謂之何?'大宰嚭曰:'古之侵伐者,不斬祀,不殺厲,不獲二毛。今斯師也,殺厲與?其不謂之殺厲之師與?'曰:'反爾地,歸爾子,則謂之何?'曰:'君王討敝邑之罪,又矜而赦之,師與有無名乎?'"③鄭玄注:"'祀',神位有屋樹者。'厲',疫病。'吳侵陳',以魯哀元年秋。"④又《禮記·檀弓下》:"子路去魯,謂顏淵曰:'何以贈我?'曰:'吾聞之也:去國則哭於墓而後行,反其國不哭,展墓而入。'謂子路曰:'何以處我?'子路曰:'吾聞之也:過墓則式,過祀則下。'"⑤孔穎達疏:"曰⑥'墓',謂他家墳壟。'祀',謂'神位有屋樹者'。居無事,主於恭敬,故或'式'或'下'也。他墳尚'式',則己先祖墳墓當'下'也。"⑦可見"祀"即社,以巨大樹木標識之,以神祠建築祭祀之,即鄭玄所謂"神位有屋樹者",此"屋"載神位而非社樹,《帝王世紀》載商紂王之時,"天下大風雨,飄牛馬,壞屋樹,天火燒其宮"⑧,即神祠與社樹爲風雨損壞,然則所謂"斬祀",即砍伐神祠近旁之社樹,社樹作爲領土主權象徵,不可以"屋"覆之,否則爲亡國之社,上文已論及之。《白虎通·社稷》:"社無屋何?達天地氣。故《郊特牲》曰:'天子大社,必受霜露風雨,以達天地之氣。'社稷

---

① 《論語集釋》卷三十九《堯曰》,第 1362 頁。
② 洪邁曰:"嚭乃夫差之宰,陳遣使者,止用行人,則儀乃陳人也。記《禮》者簡册錯互,當云'陳行人儀使於師,夫差使大宰嚭問之'。"孫希旦謂:"此章言'行人儀'者一,言'大宰嚭'者二。上言'大宰嚭使於師,夫差謂行人儀',可言簡册錯互。至下文又言'大宰嚭',則非簡册錯互矣。蓋嚭實吳人,儀實陳人,洪氏之説得之。然其所以互易者,則由記者傳聞之誤耳。"(《禮記集解》卷十《檀弓下第四之一》,第 273 頁引)
③ 《禮記集解》卷十《檀弓下第四之一》,第 272—273 頁。
④ 《禮記正義》卷九《檀弓下第四》,第 2825 頁。
⑤ 《禮記集解》卷十一《檀弓下第四之二》,第 283 頁。
⑥ 據《七經孟子考文補遺》引宋板,"曰"字爲《十三經注疏》清嘉慶刊本衍文,當删。
⑦ 《禮記正義》卷十《檀弓下》,第 2838—2839 頁。
⑧ 《帝王世紀輯存·殷商第三》,第 74 頁。

所以有樹何？尊而識之，使民望見即敬之，又所以表功也。故《周官》曰：‘司徒班社而樹之，各以土地所宜。’《尚書》逸篇曰：‘大社唯松，東社唯柏，南社唯梓，西社唯栗，北社唯槐。’”①又俞正燮《癸巳類稿》：“案社自有樹，《周官·大司徒》職云：‘邦國都鄙設社稷之壝，樹之田主，各以其野之所宜木。’《封人》職云：‘設王社壝，爲畿樹而封之。’《白虎通》云‘社所以有樹者，使人望見即敬之，又所以表功’，推其意以封國時所樹，故曰‘表功’。《檀弓》云：‘古之侵伐者不斬祀。’注云：‘祀，神位有屋樹者。’《左傳》云‘陳侵鄭，木伐井堙’，是近神皆有樹，不獨社然也。”②既然“使人望見即敬之，又所以表功”，“以封國時所樹”，由此可見，立國愈長久，所樹之木愈大，《韓非子·外儲説右上》“君亦見夫爲社者乎？樹木而塗之”③，即《説苑·奉使》所謂“江漢之魚吞舟，大國之樹必巨”④。而且，社樹在封邦建國過程中具有領土主權的象徵意義，《淮南子·説林》：“故侮人之鬼者，過社而搖其枝。”⑤《孟子·梁惠王下》：“孟子見齊宣王曰：‘所謂故國者，非謂有喬木之謂也，有世臣之謂也。王無親臣矣！昔者所進，今日不知其亡也。’”⑥所謂“喬木”，即社樹之屬，樹木以爲社主，孟子雖譏時人徒以“喬木”爲“故國”，然結合上論“斬祀”，從中亦可見，社樹具有族群認同的特殊功能，近代出版界元老張元濟所謂“睹喬木而思故家，考文獻而愛舊邦”，以筆者所論觀之，此名言背後蘊涵社樹文化基因。

　　通過以上論證，我們再回到與“樂”造字來源相關之柞櫟，進行整

---

①　《白虎通疏證》卷三《社稷·論社無屋有樹》，第89—90頁。

②　［清］俞正燮撰，于石等點校：《癸巳類稿》卷三《〈論語〉“社主”義》，黃山書社，2005年，第154頁。

③　［清］王先慎撰，鍾哲點校：《韓非子集解》卷十三《外儲説右上第三十四》，中華書局，1998年，第322頁。

④　［漢］劉向撰，向宗魯校證：《説苑校證》卷十二《奉使》，中華書局，1987年，第307頁。

⑤　《淮南鴻烈集解》卷十七《説林訓》，第584頁。【按】人鬼，即祖先崇拜。

⑥　《孟子正義》卷五《梁惠王章句下·七章》，第142—143頁。

體考察,則涣然冰釋,怡然而理順。櫟樹原本可作爲社樹,莊子謂之"櫟社樹",《莊子·人間世》"匠石之齊,至於曲轅,見櫟社樹,其大蔽數千牛,絜之百圍,其高臨山十仞而後有枝,其可以爲舟者旁十數,觀者如市"①,此即齊國之社樹,仍保留上古傳統,以柞櫟爲之,無怪乎"其大蔽數千牛","高臨山十仞而後有枝",而所謂"觀者如市",並非單純的文學修飾,背後深涵"此男女之所屬而觀"。上文已論,夏商周三代時期,隨着絲織行業不斷普及,家養桑蠶取代野生柞蠶,櫟葉雖可飼蠶,但其生産效果不及桑葉,先民轉用桑葉飼蠶,又對桑樹産生神性崇拜,則桑樹也取代柞櫟作爲社祭神樹,所以"櫟社樹"又演化爲"桑林""桑中""桑間",皆起源於在桑林中舉行社祭宴樂、歌舞合歡等活動,逐漸成爲放縱淫樂的隱喻典故。而後世慣用語之來源,多有與此相關者,如"社會"源於社祭群體集會,與"廟會"取義類似;又如"結社"源於社祭釀金薦新之集體活動,即社員集資以時鮮食物獻祭,社祭結束以後,分配祭品給參與者(與胙肉賜福類似),或者舉行集體會餐活動,因"社"而"會",此乃先民群體交往的重要方式,顧炎武指出"後人聚徒結會亦謂之社"②,亦即上引"所屬而觀也",後世有所謂"義社",即聚徒結會之團體組織,並且形成結會宗旨,專門章程稱爲"社約",此乃結會之"義",此"社"已非社祭,而是以"義"自願結會(與黨派組織類似),後世又有所謂"結義",其源頭亦與"結社"密切相關。由此可見,社祭作爲文化母體,具有根源性質。

今觀桑蠶之生命循環歷程,仲春社祭前後,桑樹發芽長葉,蠶卵孵化爲蠶,蠶以桑葉爲食,五至六天蜕皮一次,蜕皮期間,既不動亦不食,猶如休眠,如此四眠之後,體内絲腺發育成熟,開始吐絲結繭,待作繭完成,蠶化爲蛹,蛹在繭内十餘天,破繭而出,羽化爲蛾,雌雄之蛾,不經取

① 《莊子集釋》卷二中《人間世第四》,第 170 頁。
② 《日知録》卷之二十二"社"條,第 856 頁。

食即行交配,交配完成後,雌蛾産卵而死,雄蛾不久亦死。所産蠶卵,又孵化爲蠶。從春至秋,桑蠶由生而化,由化而死,經死復生,如此周而復始,黄河流域可四次輪回,長江流域可五次輪回,每次生死輪回,蠶吃桑吐絲結繭,人們方能取繭抽絲織布。遠古先民從自身主體出發,比照客體世界,使客體世界沾染主體色彩,此乃巫術思維,主客互滲,從而産生"萬物有靈"觀念,又以"萬物有靈"觀念進行心理投射。蠶吃桑吐絲之生命歷程,從卵生蠶,蠶而作繭,由蠶化蛹,破繭重生,羽化爲蛾,交配而死,産卵復生,可謂循環往復,生生不已,先民從中感受到神奇莫名的自我生殖能力,而通過感性觀察,蠶之生殖能力又源自以桑葉爲食,是以桑葉、桑樹、桑林之類,天然成爲先民心目中生殖力量的崇拜對象,這也是柞櫟、桑樹成爲原始社祭之神主的心理依據。桑林成爲遠古先民的社稷神木,桑林區域成爲遠古先民的社祭聖地,至遲在夏商之際,桑林社祭已然定型,如《吕氏春秋·順民》"昔者湯克夏而正天下,天大旱,五年不收,湯乃以身禱於桑林,曰:'余一人有罪,無及萬夫。萬夫有罪,在余一人。無以一人之不敏,使上帝鬼神傷民之命。'於是翦其髮,酈其手,以身爲犧牲,用祈福於上帝。民乃甚説,雨乃大至"①,則桑林社祭傳統之形成,應當遠遠早於夏商之際,具有更爲古老的源頭。關於桑林社祭傳統,後世甲骨卜辭也多有印證,如"惟桑田省,無灾","虞舞二田桑,盂有大雨","癸巳王……桑貞……無禍","在桑貞…… 衣……無灾"②等,白川静認爲"甲骨文的桑字是象形( ),這個系統的字中有在其枝間加上許多祝告器"③,因此可知,柞櫟與桑林,本有原始宗教背景,"樂"造字之始,當與社祭神主之來源息息相關。

據現有出土文字資料,如"□未,貞……在樂","丙午卜,在商,貞今日步於樂亡灾"(亡通無),"己酉卜,在樂,貞今日王步於喪亡灾",

① 《吕氏春秋集釋》卷九《季秋紀第九·順民》,第200—201頁。
② 《甲骨文合集》第9、10、12册,編號28341、30044、35584、37562。
③ 〔日〕白川静著,何乃英譯:《中國古代民俗》,陝西人民美術出版社,1988年,第178頁。

"癸亥王卜,[在]樂,貞旬亡畎。王固曰: 吉"(畎通禍),"戊□[卜],[在]樂,[貞王]今夕[亡畎]","□□王卜,在,貞……於樂亡灾","癸亥卜,在樂,貞王旬亡畎"(此條兩見),"乙未卜,在櫟,貞王步亡灾"①,綜上可見,甲骨文"樂"()字皆爲地名,可借用爲樹名,無用作樂器及音樂之辭例,此正與上論"樂"字創始之歷史性相符,且所有辭例皆與占卜相關,"樂"爲"櫟"之本字,而"櫟"又爲"樂"之本義,亦可證殷商王族確實於柞櫟桑林社祭場所進行占卜活動。而兩周金文之"樂"字,多有快樂義,如徐王子旃鐘"以樂嘉賓",楚余義鐘"樂我父兄"②,戰國簡牘之"樂",快樂與音樂兩義並存,如郭店楚簡《尊德義》"不和不安,不安不樂",《五行》"不安則不樂,不樂則亡德","聖,智(知)、豊(禮)、藥(樂)之所豰(由)生也"③,信陽長臺關二號楚墓 18 號簡"樂人之器"④,此"樂人"之"樂",即音樂事宜,《儀禮·燕禮》"膳宰具官饌於寢東,樂人縣⑤",胡培翬正義"是縣樂諸官,皆有其事,故總言樂人"⑥,《禮記·少儀》"問大夫之子長幼,長,則曰: 能從樂人之事矣;幼,則曰: 能正於樂人、未能正於樂人"⑦,《史記·滑稽列傳》"優孟,故楚之樂人也"⑧。由此可見,快樂之"樂"早於音樂之"樂",音樂之"樂"借用了快樂之"樂"。

今人馮潔軒提出""爲形聲字,從木幺聲,源於先民圍着樹木舞

---

① 胡厚宣主編:《甲骨文合集釋文》,中國社會科學出版社,1999 年,編號 33153、36501(2)、36501(3)、36556(3)、36900(1)、36902、36904(1)、36905(2)、36746(2)。

② 中國社會科學院考古研究所編:《殷周金文集成釋文》第一卷,香港中文大學出版社,2001 年,第 142、145 頁。

③ 荆門市博物館編:《郭店楚墓竹簡》,文物出版社,1998 年,第 174、149、150 頁。

④ 河南省文物研究所編:《信陽楚墓》,文物出版社,1986 年,第 129 頁。

⑤ 【按】"縣"通"懸",下同。

⑥ [清] 胡培翬撰,段熙仲點校:《儀禮正義》,卷十一《燕禮一》,江蘇古籍出版社,1993 年,第 669 頁。

⑦ 《禮記正義》卷三十五《少儀第十七》,第 3279 頁。

⑧ 《史記》卷一百二十六《滑稽列傳第六十六》,第 3200 頁。

蹈,口中發出吆吆的歡呼聲①。又修海林提出“”爲象形字,象穀物成熟之形,“‘樂’字在遠古人心目中的地位,已不單單是表面上獲得一種穀物成熟的視覺印象,而是對耕種、收穫的不易自然而然産生出來的一種喜悦心情”②。如今在少數民族地區,此類舞蹈仍可見到,所圍樹木即社祭神樹,猶如《莊子·人間世》“見櫟社樹,其大蔽數千牛,絜之百圍,其高臨山十仞而後有枝,其可以爲舟者旁十數,觀者如市”(近鄰日本深受中華文化圈影響,如今日本神道之自然崇拜,仍保留神社與神木,神社内皆供奉“神木”,還有所謂“神籬”,將整片原始森林作爲“鎮守之森”來崇拜,將最高大之巨樹稱爲“神木”,作爲神靈附體之物進行供奉,此乃原始社祭、“櫟社樹”與“桑林”之文化遺存),禮失而求諸野,此類歌舞活動,即《墨子》所謂“男女之所屬而觀”、《莊子》所謂“觀者如市”,究其文化原生形態,正屬於《桑林》之舞類型。馮、修兩説未必完全符合文字學原則,然皆從人類情感發生層面解讀,於文始心理視角,亦可謂遠見卓識。是以得知,“樂”之根本功效,在於使人快樂,此即《樂記》“樂(yuè)者,樂(lè)也”③之思想來源。

(二)“樂”之發生

對於“樂”之起源發生,劉再生《中國古代音樂史簡述》歸納爲:異性求愛説(達爾文)、勞動起源説(瓦勒謝克、布赫)、語言抑揚説(盧梭、史賓塞、瓦格納)、模仿自然説(德謨克利特、克羅威斯特)、交流信號説(修頓普佛)、巫術起源説(孔百流、王國維)④。若考究“樂”之實在源

① 馮潔軒:《“樂”字析疑》,《音樂研究》1986年第1期。
② 修海林:《“樂”之初義及其歷史沿革》,《人民音樂》1986年第3期。
③ 《禮記集解》卷三十八《樂記第十九之二》,第1005頁。
④ 劉再生:《中國古代音樂史簡述》,人民音樂出版社,1989年,第3—7頁。

頭,所謂節奏、旋律、和聲爲音樂三要素,此皆屬於形態論,以節奏最爲基礎①,而舞蹈、聲樂、器樂皆有節奏,至於何領域之節奏直接産生"樂",見仁見智,要之皆與節奏相關。

關於"樂"之發生,誠如上節所論"樂"字創始之歷史性,"樂"作爲原始性研究對象,必須符合自身歷史性,立論基礎方能穩固。從聲樂發生狀態層面,"非語義性的哼鳴吶喊……其在形態上具備音樂構成的完全條件(音高起伏、長短伸縮);時間序列上早於其他發聲形式,且具有潛在永恒、普適性的應用範圍"②。從發生學角度,所謂"非語義性的哼鳴吶喊",即《樂記》"情動於中,故形於聲"③,所謂"其在形態上具備音樂構成的完全條件",即《樂記》"聲成文,謂之音"④,所謂"音高起伏、長短伸縮",即以節奏最爲基礎,至於《樂記》"比音而樂之,及干戚、羽旄,謂之樂"⑤,則屬於後世成熟形態。我們從原始構成形態上,結合格式塔心理學⑥,考究"樂"之實在源頭,不僅適用於空間性之"形"(更何況舞蹈本有形),而且同樣適用於時間性之"樂"(聲樂與器樂),節奏正是其完形條件。

節奏作爲"樂"之外在完形條件,《樂記》稱其爲"文采節奏",是我們下文討論的出發點。"樂者,心之動也。聲者,樂之象也。文采節奏,聲之飾也。君子動其本,樂其象,然後治其飾。"⑦然而,進一步探究

① 可參看〔美〕格羅夫納·庫珀(Grosvenor Cooper)、倫納德·邁耶(Leonard Meyers)著,張巍、姜蕾譯:《音樂的節奏結構》(*The Rhythmic Structure of Music*),上海音樂學院出版社,2019 年。

② 蒲亨建:《循聲説——音樂起源新論》,《華南師範大學學報(社會科學版)》2007 年第 5 期,第 76 頁。

③ 《禮記集解》卷三十七《樂記第十九之一》,第 978 頁。

④ 《禮記集解》,第 978 頁。

⑤ 《禮記集解》,第 976 頁。

⑥ 【按】"格式塔"爲德語 Gestalt 音譯,本義爲外形、形態,此指整體、完形。格式塔心理學發端於德國,發展於美國,影響遍布世界,其哲學基礎來源於康德先驗邏輯與胡塞爾現象學。

⑦ 《禮記集解》卷三十八《樂記第十九之二》,第 1006 頁。

其内在動因，所謂"樂者，心之動也"與"聲者，樂之象也"，則是出於原始情緒衝動，此乃"樂"之心理與生理來源，即《毛詩大傳》"情動於中而形於言，言之不足，故嗟嘆之，嗟嘆之不足，故永歌之，永歌之不足，不知手之舞之、足之蹈之也"①。所謂"情動於中"，情緒不僅發動於語言表達之先，更發生於語言產生之前，偶遇外界高山大海，面對内心喜怒哀樂，莫名呐喊，手舞足蹈，皆出於情不自禁。《樂記》云"凡音之起，由人心生也。人心之動，物使之然也，感於物而動，故形於聲。聲相應，故生變，變成方，謂之音。比音而樂之，及干戚、羽旄，謂之樂。樂者，音之所由生也，其本在人心之感於物也"，"凡音者，生〔於〕人心者也。情動於中，故形於聲，聲成文，謂之音"②，原始情緒衝動正是"情動於中，故形於聲"第一階段的内在動因，"東海西海，心理攸同"③，此乃人類共性。若用現代心理學理論解釋："情緒更多是與生理需要滿足與否相聯繫的心理活動"，"情緒是原始的，是人和動物（尤其是高級動物）所共有的"，"情緒表現有明顯的衝動性和外部特徵"。"美國心理學家詹姆斯（W. James）和丹麥生理學家蘭格（C. Lange）認爲'情緒，只是一種身體狀態的感覺，其原因純粹是身體的'，'先有機體的生理變化，而後纔有情緒'，'當一個情緒刺激物作用於感官時，引起個體生理上的某種變化和反應，並引起神經衝動；神經衝動傳至中樞神經系統產生一定的情緒'。""利柏認爲情緒起着動機的作用，它在大多數時間裏處於溫和的激活狀態，在無意識的情況下控制着主體的行爲，指示着行爲的方向"，"情緒的動機功能的基礎是生理性動機"，"'情緒機制'像反射一

---

① 《毛詩正義》卷一《國風·周南·關雎》，第 563 頁。
② 《禮記集解》卷三十七《樂記第十九之一》，第 976、978 頁。
③ 〔清〕黄宗炎撰，鄭萬耕點校：《周易尋門餘論·卷下》，附見於〔清〕黄宗羲撰，鄭萬耕點校：《易學象數論（外二種）》，中華書局，2010 年，第 404 頁。【按】今人多謂此錢鍾書中西比較語，實則明末清初黄宗羲之胞弟黄宗炎已言及，錢氏博覽群書，當據《周易尋門餘論》而引用之。

樣進行活動"①。綜上可見,"樂"之發生,更有其内在動機可循,所謂原始情緒衝動,具有無意識、非理性特徵,其實是基於人類肢體與發聲器官原本具有的生理功能,當遭遇外界各種刺激時,爲宣泄内心莫名激情,作爲發聲的情感傳達方式之呐喊,與作爲肢體的情感傳達方式之舞蹈,兩者同爲非語義性(得意忘象,感性只需靈性與情緒,感性必與人性水乳交融),皆早於語言産生,也無須借助語言表達(得象忘言,理性依靠邏輯與語言,理性會脱離人性而存在),其起源發生同樣古老,可謂伴隨人類誕生而出現。

　　情緒與興致,本爲一體,關係密切。以《世説新語·任誕》中的故事爲例:"王子猷(王徽之)居山陰,夜大雪,眠覺,開室,命酌酒,四望皎然。因起仿偟,咏左思《招隱》詩。忽憶戴安道(戴逵)。時戴在剡,即便夜乘小船就之。經宿方至,造門不前而返。人問其故,王曰:'吾本乘興而行,興盡而返,何必見戴?'"②王羲之第五子王徽之,作爲靈性個體(所謂魏晉名士,人類群體之禀賦靈性者),不囿於禮(理性動機),獨鐘於情(情緒動機),"夜大雪,眠覺,開室,命酌酒,四望皎然",即外界情緒刺激物("夜大雪""四望皎然""酌酒")作用於人類感官,引起靈性個體生理變化與反應("眠覺"、酒醉),即情緒動機功能之基礎是生理性動機,生理性動機引起神經衝動,神經衝動傳至中樞神經系統産生情緒衝動("因起仿偟",仿偟即彷徨),此乃《樂記》"情動於中";所謂"開室""咏左思《招隱》詩""忽憶戴安道""即便夜乘小船就之",即情緒發揮動機作用,在無意識情況下控制主體行爲,指示行爲方向;而"經宿方至,造門不前而返",即情緒動機逐漸平復所致。因此可見,"興"之所至,"乘興而行,興盡而返",古人所謂"興"者,即源於情緒機

---

① 葉奕乾、何存道、梁寧建主編:《普通心理學》(修訂二版),華東師範大學出版社,2004年,第 245、257、258 頁。

② [南朝宋]劉義慶著,[南朝梁]劉孝標注,余嘉錫箋疏,周祖謨、余淑宜、周士琦整理:《世説新語箋疏·卷下之上·任誕第二十三》,中華書局,2007 年,第 893 頁。

制,讀來絲絲入扣,古今中外,概莫能外,此亦人類心理共性。

　　王徽之所謂不囿於禮,獨鐘於情,還涉及情緒動機與理性動機之關係問題。《禮記·檀弓》:"有子與子游立,見孺子慕者。有子謂子游曰:'予壹不知夫喪之踊也,予欲去之久矣。情在於斯,其是也夫!'子游曰:'禮有微情者,有以故興物者。有直情而徑行者,戎狄之道也。禮道則不然。人喜則斯陶,陶斯咏,咏斯猶,猶斯舞(舞斯愠①);愠斯戚,戚斯嘆,嘆斯辟,辟斯踊矣。品節斯,斯之謂禮。'"②有子主張情緒動機,謂之"樂之道"③,以爲喪致乎哀而已,而不必爲之節文,即所謂"直情而徑行","情在於斯,其是也夫";而子游主張理性動機,此謂之"禮道",以爲人情不可齊一,或哀毁傷生,情過而滅性,或朝死夕忘,情不及而忘親,而禮之節有定,因人情而立制,調節使之有度,無過亦無不及,即所謂"禮有微情者,有以故興物者","品節斯,斯之謂禮"。然而,有子與子游之觀點,看似對立,實則統一。《樂記》云"樂也者,情之不可變者也。禮也者,理之不可易者也。樂統同,禮辨異。禮樂之説,管乎人情矣"④,所謂"樂也者,情之不可變者也",即情緒動機;所謂"禮也者,理之不可易者也",即理性動機。所謂"樂統同"者,即情緒動機之和諧性,情緒宣發以疏導和諧(詳見下文考證);所謂"禮辨異"者,即理性動機之秩序性,理性調節以維繫秩序。所以"禮樂之説,管乎人情矣",即情緒動機與理性動機之結合。《樂記》所謂"樂行而民鄉方,可以觀德矣。德者,性之端也。樂者,德之華也","故樂也者,動於内者也。禮也者,動於外者也。樂極和,禮極順,内和而外順,則民瞻其顏色而弗與爭也,望其容貌而民不生易慢焉。故德輝動於内,而民莫不承

---

① 【按】據陸德明《經典釋文》,"舞斯愠"三字爲衍文,當删。
② 《禮記集解》卷十《檀弓下第四之一》,第270—271頁。
③ 《禮記集解》卷三十八《樂記第十九之二》,第1011頁。
④ 《禮記集解》,第1009頁。

聽;理發諸外,而民莫不承順"①,亦即和諧性與秩序性之統一,此乃後世"禮道"與"樂道"治理人情之思想路徑。

《樂記》引古語"生民之道,樂爲大焉"②,筆者以爲,"樂道"較之於"禮道",更具有原始性質。康德(Immanuel Kant)《純粹理性批判》有所謂"感性及智性"③,鄧曉芒解釋:"所謂'智性的'(intellektuell)一般來說在康德那裏相當於'知性方面的',但是比知性更加强調其超感官性及與感官世界的異質性,而'知性'則在某種程度上還保留有在認識中與感官世界的親和性和不可分性。"④康德《未來形而上學導論》作爲《純粹理性批判》之精要與補充,其中又對直觀與思維、感覺與知覺、知覺判斷與經驗判斷作出區分,感覺不可用語言表達,而知覺可用判斷表達,是感覺材料的綜合⑤。關於康德所謂"知覺"(Wahrnehmung),胡塞爾(Edmund Husserl)現象學强調"直覺",其《邏輯研究》將"直覺"(Intuition)等同於"直觀"(Anschauung),是由"想像"(Imagination)與"感知"(Perzeption)所構成⑥,則"知覺"相當於"感知"。返觀《禮記·樂記》:"樂也者,情之不可變者也。禮也者,理之不可易者也。"⑦"故樂也者,動於内者也;禮也者,動於外者也。樂極和,禮極順……故德輝動於内,而民莫不承聽;理發諸外,而民莫不承順。故曰:'致禮、樂之道,舉而錯之天下無難矣。'"⑧又《禮記·祭義》:"故樂也者,動於内者也;禮也者,動於外者也。樂極和,禮極順……故德輝動乎内,而民莫不

① 《禮記集解》卷三十八《樂記第十九之二》,第 1006、1030 頁。
② 《禮記集解》,第 1007 頁。
③ 〔德〕康德著,藍公武譯:《純粹理性批判》第二版序,商務印書館,1960 年,第 20 頁。
④ 鄧曉芒:《〈純粹理性批判〉句讀》上卷,人民出版社,2018 年,第 60 頁。
⑤ 〔德〕康德著,龐景仁譯:《任何一種能够作爲科學出現的未來形而上學導論》第 18—22 節,商務印書館,1978 年,第 63—72 頁。
⑥ 〔德〕胡塞爾著,倪梁康譯:《邏輯研究》第二卷(第二部分)第 23 節,上海譯文出版社,1999 年,第 79 頁。
⑦ 《禮記集解》卷三十八《樂記第十九之二》,第 1009 頁。
⑧ 《禮記集解》,第 1030 頁。

承聽;理發乎外,而衆莫不承順。故曰:'致禮、樂之道,而天下塞焉,舉而錯之無難矣。'"①由此可見,"樂道"源自情緒與感覺,出於感性,通過知覺判斷,具有主觀有效性,重視主體情態個性,歸於知性直覺(所謂"情之不可變者也""樂極和""德輝動於内",亦可證感性與人性水乳交融②);"禮道"源自知覺與經驗,出於智性直觀,通過經驗判斷,具有客觀有效性,重視客體普遍共性,歸於理性(所謂"理之不可易者也""禮極順""理發乎外",亦可證理性可脱離人性而存在③)。人類認識能力是由感性到知性(智性),再由智性到理性,從直觀感知(直接性)到概念思維(間接性),由内向外擴展,因此"樂道"較之於"禮道",從認識論層面,更具有原始性質。

　　"樂"之發生,以原始情緒衝動作爲内在動因,情緒宣泄作爲外在表徵,出於人情之不自禁。"夫樂者,樂也,人情之所不能免也。樂必發於聲音,形於動静,人之道也。聲音動静,性術之變盡於此矣"④,所

①　《禮記集解》卷四十六《祭義第二十四》,第 1225 頁。
②　【按】《禮記·樂記》:"凡音者,生於人心者也;樂者,通倫理者也。是故知聲而不知音者,禽獸是也;知音而不知樂者,衆庶是也;唯君子爲能知樂。是故審聲以知音,審音以知樂,審樂以知政,而治道備矣。是故不知聲者不可與言音,不知音者不可與言樂,知樂則幾於禮矣。禮、樂皆得,謂之有德;德者,得也。"(《禮記集解》卷三十七《樂記第十九之一》,第 982 頁)所謂"凡音者,生於人心者也",即源自情緒與感覺,出於感性;所謂"樂者,通倫理者也。是故知聲而不知音者,禽獸是也;知音而不知樂者,衆庶是也;唯君子爲能知樂",即歸於知性直覺,則感性必與人性水乳交融;所謂"不知聲者不可與言音,不知音者不可與言樂,知樂則幾於禮矣","知樂則幾於禮"即由知覺判斷到經驗判斷,可參康德《未來形而上學導論》相關分析(《任何一種能够作爲科學出現的未來形而上學導論》19 節,第 65—66 頁)。
③　【按】程頤《入關語録》云"視、聽、言、動,非理不爲,即是禮,禮即是理也。不是天理,便是私欲。人雖有意於爲善,亦是非禮。無人欲即皆天理"([宋]程顥、程頤著,王孝魚點校:《二程集·遺書卷第十五》,《伊川先生語一·入關語録》,中華書局,2004 年,第 144 頁),所謂"視、聽、言、動,非理不爲",即源自知覺與經驗,出於智性直觀,所謂"禮即是理",即歸於理性。又戴震《與某書》所謂"後儒以理殺人","乃别有一物焉與生俱生而制夫事","其繩以理,嚴於商、韓之法,故學成而民情不知"([清]戴震著,何文光整理:《孟子字義疏證》,中華書局,1982 年,第 174 頁),即理性可脱離人性而存在。
④　《禮記集解》卷三十八《樂記第十九之二》,第 1032 頁。

謂"樂必發於聲音",即聲樂、器樂,所謂"形於動静",即舞蹈。"是故情深而文明,氣盛而化神,和順①積中而英華發外,唯樂不可以爲僞"②,全任"興"(上文已論)之所至。起初勢必既無規律,亦無美感,隨着人類智識發展完善,在情緒宣泄過程中,逐漸體會到形式美感,進而選擇性調節速度與重複再現,這便是"文采節奏"③的完形狀態,也是"樂"之知性與形式來源。捕捉形式美感的人類靈性(知性),訴諸肢體器官之運動功能,舞蹈從動作姿態中發生,訴諸發聲器官之調音功能,聲樂從哼鳴呐喊中發生,訴諸外界物質之振動共鳴,器樂從自然音響中發生。"詩,言其志也;歌,咏其聲也;舞,動其容也。三者本於心,然後樂器從之"④,所謂"三者本於心",此即捕捉形式美感的人類靈性(知性)。舞蹈、聲樂、器樂之原始發生,都是人類智識自在選擇的經驗結果,人類在無意識、無目的狀態下,逐漸捕捉到形式美感,形式美感一旦確定,自在選擇的審美經驗,通過長期積累,開始從非理性宣泄走向理性選擇,後被抽象概括爲形式美法則。節奏與韵律,正是形式美法則在"樂"領域的認識基礎。

(三)"樂"之本體

關於"本體"含義,不妨中西比較之。西方哲學之"本體",其義當

---

① 【按】據《樂記》下文,有"樂極和,禮極順"(《禮記集解》卷三十八《樂記第十九之二》,第1030頁),重見於《禮記·祭義》(《禮記集解》卷四十六《祭義第二十四》,第1225頁)。

② 《禮記集解》卷三十八《樂記第十九之二》,第1006頁。【按】所謂"唯樂不可以爲僞",則情緒宣泄不自禁者,皆出於"中心"之"誠",即《詩經》所謂"中心好之"(《詩經注析·唐風·有杕之杜》,第327頁),皆其類證。

③ 《樂記》:"樂者,心之動也。聲者,樂之象也。文采節奏,聲之飾也。君子動其本,樂其象,然後治其飾。"(《禮記集解》卷三十八《樂記第十九之二》,第1006頁)

④ 《禮記集解》,第1006頁。

爲"精髓"(essence),並非"主體"(body),亦非"實體"(substance),康德《純粹理性批判》作"noumenon",即"物自體"(thing-in-itself),與"現象"(phenomenon)相對。而中國哲學之"本體",原與"功用"相對,合稱爲"體用",林語堂《當代漢英詞典》譯作"substance and function",即實體與效用,吳光華《漢英大詞典》(第三版)譯作"body and function",即主體與功能,然則中國哲學之"本體",當兼有主體與實體之義。

　　"本體"作爲漢語複合詞,其於中華文化之基本含義,既有實指,亦有虛指。如《荀子·富國》"萬物同宇而異體,無宜而有用爲人,數也。人倫並處,同求而異道,同欲而異知,生也"①,萬物同生宇内而"形體"有異,雖無常定之宜,皆有可"用"於人之理,而且《荀子》已將萬物之本體與人類之本性("生")相聯繫,皆受生之質,此爲主體(body)義之實指;而劉勰《文心雕龍·諸子》論魏晉以後的子書,"然繁辭雖積,而本體易總,述道言治,枝條五經"②,此爲主體(body)義之虛指,以人喻書者也,且"本"之字義,屬於指事字,本義爲樹根,此與"枝條"合說,以物喻書者也。又如《莊子·駢拇》"駢拇枝指,出乎性哉!而侈於德。附贅縣疣,出乎形哉!而侈於性",《經典釋文》引西晉司馬彪《莊子注》云"性,人之本體也。駢拇、枝指、附贅、縣疣,此四者各出於形性,而非形性之正,於衆人爲侈耳。於形爲侈,於性爲多,故在手爲莫用之肉,於足

---

① 《荀子集解》卷六《富國篇第十》,第175頁。【按】王念孫《讀書雜志》:"'無宜而有用爲人'爲一句,'數也'爲一句。'爲'讀曰'於'('爲''於'二字,古同聲而通用,說見《釋詞》'爲'字下。)言萬物於人雖無一定之宜,而皆有用於人,數也。'數也'云者,猶言道固然也(《吕氏春秋·壅塞篇》'寡不勝衆,數也',高注:'數,道數也。'),'數也'與下文'生也'對文。楊(倞)以'爲人數也'四字連讀,而下屬爲義,故失之。""'生'讀爲'性',故楊注云'此人之性也'。'生也'二字,本在楊注'倫,類也'之上,今本誤在楊注下,與下文相連。"([清]王念孫:《讀書雜志》八《荀子第三》,江蘇古籍出版社,據王氏家刻本影印,1985年,第677頁)又梁啓雄引《管子·法法》注"數,理也"(梁啓雄:《荀子簡釋》第十篇《富國》,中華書局,1983年,第118頁)。

② [南朝梁]劉勰著,黄叔琳注,李詳補注,楊明照校注拾遺:《增訂文心雕龍校注》卷四《諸子第十七》,中華書局,2012年,第228頁。

爲無施之指也"①,此爲實體(substance)義之實指;阮籍《樂論》"故八音有本體,五聲有自然,其同物者以大小相君。有自然,故不可亂;大小相君,故可得而平也",陳伯君注"'本體',謂金、石、土、革、絲、木、匏、竹諸樂器。'有自然',謂五聲之象法自然。'君',尊也"②,此爲實體(substance)義之虚指,以人喻器者也。是以可知,"本體"於中華文化之基本含義,指人類事物的本身主體(body)與根本來源(root)。"本"者,本義爲草木之根,合乎"root";"體"者,本義爲肢體之形,合乎"body"。此處"樂"之"本體",即取自身根源(roots in itself)之義。

　　上節已論,節奏與韵律(rhythm in sound and movements)是形式美法則在"樂"領域的認識基礎。而節奏的本質又是什麽?可謂之律動化(rhythmized),無論自然律動(客觀性)還是人爲律動(主觀性),皆爲節拍速度與重複再現③,而節拍速度與重複再現,又各有客觀與主觀之分。若以樂道哲學觀之,乃客觀物理共振("樂"本體之協同論)與主觀心理共鳴("樂"本體之和合論),下文將分别論之。

　　所謂客觀物理共振,《莊子·徐無鬼》"於是爲之調瑟,廢一於堂,廢一於室,鼓宫宫動,鼓角角動,音律同矣。夫或改調一弦,於五音無當也;鼓之,二十五弦皆動,未始異於聲,而音之君已"④,這是共振之物理

① 《莊子集釋》卷四上《駢拇第八》,第 311、312 頁。俞樾按:"'性'之言'生'也。'駢拇枝指',生而已然者也,故曰'出乎性'。'附贅縣疣',成形之後而始有者也,故曰'出乎形'。'德'者,所以'生'者也,《天地》篇曰'物得以生謂之德'是也。'駢拇枝指出乎性',而以'德'言之則'侈'矣;'附贅縣疣出乎形',而以'性'言之則'侈'矣。"([清]俞樾著:《諸子平議》卷十八《莊子二》,中華書局,1954 年,第 345 頁)【按】司馬彪《莊子注》之説,見於《經典釋文》卷二十七《莊子音義中》引,影印國家圖書館藏宋刻宋元遞修本,第 1459 頁。
② 《阮籍集校注》卷上《論·樂論》,第 85、86 頁。
③ 【按】形式美法則所包括對稱與均衡、齊一與參差、調和與對比、比例與尺度、變化與統一,皆與節奏韵律相關聯,節奏是"樂"之形式美感的核心要素與認識基礎。
④ 《莊子集解》卷六《徐無鬼第二十四》,第 214 頁。【按】從物理聲學角度看,弦樂不是單一頻率發聲,而是複合頻率發聲,弦基音裏蘊含高八度、純五度等泛音列,可與對應弦樂聲波頻率叠加而産生共振。

聲學原理。以共振經驗爲出發點，《尚書·舜典》"協時月正日，同律度量衡"①，將黃鐘律管作爲承載器，兼容度、量、衡三種標準體系，此統一性方纔有可能。又在"同律度量衡"基礎上，結合候氣實踐②，以律管定節氣，《呂氏春秋·察傳》"夔於是正六律，和五聲，以通八風，而天下大服"③，《呂氏春秋·音律》"大聖至理之世，天地之氣，合而生風。日至則月鐘其風，以生十二律。仲冬日短至，則生黃鐘；季冬生大吕；孟春生太蔟；仲春生夾鐘；季春生姑洗；孟夏生仲吕；仲夏日長至，則生蕤賓；季夏生林鐘；孟秋生夷則；仲秋生南吕；季秋生無射；孟冬生應鐘。天地之風氣正，則十二律定矣"④，可見此十二律來自先民曆法經驗，所以歷代正史具有律、曆合志之傳統⑤。《淮南子·主術》"樂生於音，音生於

① 《尚書今古文注疏》卷一《虞夏書一·堯典第一·下》，第43頁。
② 【按】《呂氏春秋》："天地之氣，合而生風，日至則月鐘其風，以生十二律。"(《呂氏春秋集釋》卷六《季夏紀第六·音律》，第136頁。考之孫詒讓《周禮正義》卷五十一《春官·保章氏》引作"鍾其風"，鍾有聚集義，《左傳·昭公二十一年》"天子省風以作樂，器以鍾之"，杜預注"鍾，聚也。以器聚音"，可見黃鐘、林鐘、應鐘、夾鐘，皆當作鍾，後世混用。)此乃《淮南子·主術》"律生於風"(《淮南鴻烈集解》卷九《主術訓》，第296頁)。所謂吹律候氣説，即以律候氣，此乃"律生於風"反向推之，通過律管標準器吹出管基音之諧音，以和聲關係候察月令節氣。《呂氏春秋》又云"昔黃帝令伶倫爲律。伶倫自大夏之西，乃之阮隃之陰，取竹於嶰溪之谷，以生空竅厚鈞者，斷兩節間，其長三寸九分，而吹之以爲黃鐘之宫，吹曰舍少。次製十二筒，以之阮隃之下，聽鳳皇之鳴，以別十二律……黃帝又命伶倫與榮將鑄十二鐘，以和五音，以施《英韶》……惟天之合，正風乃行"(《呂氏春秋集釋》卷五《仲夏紀第五·古樂》，第120—124頁)，所謂"黃鐘之宫，吹曰舍少"，清代畢沅校曰"又'舍'作'含'……其'舍'字亦訛……考《晋志》及《御覽》五百六十五並作'含少'"(《呂氏春秋集釋》卷五《仲夏紀第五·古樂》，第122頁引)，而今人認爲即曾侯乙編鐘銘文"少宫"(孫克仁、應有勤：《中國十二律的最初狀態》，《中國音樂學》1992年第2期)。所謂"黃鐘少宫"，《禮記·月令》"律中黃鐘之宫"，孔穎達疏"蔡氏及熊氏以爲黃鐘之宫，謂黃鐘少宫也，半黃鐘九寸之數，管長四寸五分，六月用爲候氣"(《禮記正義》卷十六《月令》，第2970頁)，"半黃鐘"較黃鐘高八度，可諧音再現，即"黃鐘少宫"，二者隔八度程，振動頻率屬於整數倍關係，其和聲最爲和諧，《周易·乾文言》子曰"同聲相應，同氣相求"(《周易譯注》卷一《乾卦第一》，第13頁)，亦其經驗之談。
③ 《呂氏春秋集釋》卷二十二《慎行論第二·察傳》，第618頁。
④ 《呂氏春秋集釋》卷六《季夏紀第六·音律》，第136頁。
⑤ 【按】關於律、曆合志之傳統，參見"樂道起源論"章首舉證。

律,律生於風,此聲之宗也"①,"樂"既源於"律",而"律生於風",即上引《尚書·舜典》之"協時月正日"。換言之,樂律觀念來源於原始曆法劃分節氣,這是自然法則與人類法則的統一,可謂"樂"本體之協同論。

所謂主觀心理共鳴,關鍵在"和",筆者以爲,和者宣也。何以見得?《禮記·中庸》"喜怒哀樂之未發,謂之中;發而皆中節,謂之和。中也者,天下之大本也;和也者,天下之達道也。致中和,天地位焉,萬物育焉"②,所謂"發而皆中節,謂之和",則"和"本有宣發之義,何謂宣發? 宣者,慮之於心而宣之使言,發者,成而行之也,《國語·周語上》"防民之口,甚於防川,川壅而潰,傷人必多;民亦如之。是故爲川者決之使導,爲民者宣之使言","口之宣言也,善敗於是乎興","夫民慮之於心而宣之於口,成而行之"③。又《吕氏春秋·孟春紀》"命相布德和令",高誘注"布陽德和柔之令"④,《經義述聞》王引之案:"《月令》'命相布德和令','和',亦當讀爲'宣',謂布其德教,宣其禁令也。以六書之例求之,'宣''桓'皆以亘爲聲,'宣'之爲'和',猶'桓'之爲'和'也。(《檀弓》"曹桓公卒於會",鄭注曰"曹伯廬謚宣。言桓,聲之誤也"。《魏策》"魏桓子",《韓子·説林》篇作"魏宣子"。)《禹貢》'和夷底績',鄭注讀'和'爲'桓'。如淳注《漢書·酷吏傳》曰:'大板貫柱四出,名曰桓表。陳宋之俗言桓聲如和,今猶謂之和表。'是其例矣。凡《大司徒》《大司馬》《大司寇》言'始和布'者,準此。"⑤又辨正曰:"'和'當讀爲'宣',謂布其德教,宣其禁令也。《大宰》職曰'始和布治於邦國都鄙','和'亦讀爲'宣',謂宣布其治於邦國都鄙也。古聲

---

① 《淮南鴻烈集解》卷九《主術訓》,第296頁。
② 《禮記訓纂》卷三十一《中庸第三十一》,第772頁。
③ 《國語集解·周語上第一·厲王虐,國人謗王》,第11、13頁。
④ 《吕氏春秋集釋》卷一《孟春紀第一·孟春紀》,第8—9頁。
⑤ 〔清〕王引之撰,錢文忠等整理,朱維錚審閲:《經義述聞》卷八《周官上·和布》,上海書店出版社,2012年,第201頁。

‘宣’與‘和’相近,故‘宣’字通作‘和’。高誘注《呂氏春秋·孟春紀》,
謂布陽德和柔之令,失之。”①王氏所論甚辨,晚清俞樾《春秋外傳國語
平議》解《國語·周語下》“四間林鐘,和展百事”,亦承其説,曰:“‘展’
與‘布’同義,故《小爾雅·廣言》曰:‘布,展也。’然則‘展’亦‘布’也。
‘和’當讀爲‘宣’,《尚書·禹貢篇》:‘和夷底績。’《水經·桓水篇》注
引鄭注,‘和’讀曰‘桓’。‘桓’與‘宣’並從亘聲,‘和’之讀爲‘宣’,猶
‘和’之讀爲‘桓’也。‘和展百事’者,宣布百事也。《周官·小司寇》
職曰:‘正歲帥其屬而觀刑象,乃宣布於四方。’《布憲》職曰:‘執旌節以
宣布於四方。’是其義也。韋(昭)讀‘和’如本字,而訓‘展’爲‘審’,則
‘和’與‘展’義不相屬矣。”②綜上所論,和者宣也,可謂定讞。且早在
《尚書·盤庚》已有“女不和吉言于百姓”③,“和”有宣布、宣發之義,更
爲明顯,亦可爲證。且和風即協風,皆指春風,春景又稱和景,春季風
起,亦主發生,如《爾雅·釋天》“春爲發生”④;又如《黃帝内經》論春季
生風,“東方生風,風生木,木生酸,酸生肝,肝生筋,筋生心,肝主目。
其在天爲玄,在人爲道,在地爲化,化生五味。道生智,玄生神,神在天
爲風,在地爲木,在體爲筋,在藏爲肝,在色爲蒼,在音爲角,在聲爲呼,
在變動爲握,在竅爲目,在味爲酸,在志爲怒”⑤,“春三月,此謂發陳,天
地俱生,萬物以榮。夜卧早起,廣步於庭,被髮緩形,以使志生。生而勿
殺,予而勿奪,賞而勿罰。此春氣之應,養生之道也”⑥,則從中醫哲學
角度可見,春風和煦,其中本有宣發生長之義。

①　《經義述聞》卷十四《禮記上·布德和令》,第 343 頁。
②　《國語集解·周語下第三·王將鑄無射,問律於伶州鳩》,第 120—121 頁引。
③　[清]吴汝綸撰,徐壽凱校點:《尚書故》卷二《盤庚》,黃山書社,2002 年,第 556 頁。
④　[清]郝懿行撰,吴慶峰、張金霞、叢培卿、王其和點校:《爾雅義疏》中之四《釋天弟八·四時》,齊魯書社,2010 年,第 3296 頁。
⑤　龍伯堅、龍式昭:《黃帝内經集解·素問·陰陽應象大論》,天津科學技術出版社,2004 年,第 85 頁。
⑥　《黃帝内經集解·素問·四氣調神大論》,第 33 頁。

　　在真正意義上的"歌"出現之前,可將聲樂起源定位爲非語義性呐喊,非語義性呐喊作爲發聲的情感傳達方式,與作爲肢體的情感傳達方式之"舞",兩者起源發生可謂同樣古老。子游所謂"人喜則斯陶,陶斯咏,咏斯猶,猶斯舞","愠斯戚,戚斯嘆,嘆斯辟,辟斯踊矣"①,正説明"舞"之發生與"歌"之源頭,兩者相輔相成,皆順乎人情宣發之本然。宣發本身具有兩面性,既有宣發之和平("廣博、易良,《樂》教也"),亦有宣發之妨害("《樂》之失奢")②,如《國語·周語下》記載單穆公與伶州鳩勸諫周景王,兩人皆從正反兩方面闡述"樂"本體之和合論。

　　先看單穆公論説,他作爲周王室卿士,從理論層面闡述樂道哲學。所謂"夫耳目,心之樞機也,故必聽和而視正。聽和則聰,視正則明,聰則言聽,明則德昭,聽言昭德,則能思慮純固。以言德於民,民歆而德之,則歸心焉。上得民心,以殖義方,是以作無不濟,求無不獲,然則能樂。夫耳内和聲,而口出美言,以爲憲令,而布諸民,正之以度量"③,即上文所論"宣"者,此慮之於心而宣之於口,乃正面闡述。所謂"民以心力,從之不倦,成事不貳,樂之至也。口内味而耳内聲,聲味生氣。氣在口爲言,在目爲明,言以信名,明以時動,名以成政,動以殖生,政成生殖,樂之至也"④,即上文所論"發"者,此成而行之,亦正面闡述。這是單穆公對宣發之和合的論證支撑。又所謂"夫樂不過以聽耳,而美不過以觀目,若聽樂而震,觀美而眩,患莫甚焉","若視聽不和,而有震眩,則味入不精,不精則氣佚,氣佚則不和,於是乎有狂悖之言,有眩惑

---

① 《禮記集解》卷十《檀弓下第四之一》,第 271 頁。
② 《禮記·經解》:"孔子曰:'入其國,其教可知也……廣博、易良,《樂》教也……《樂》之失奢……廣博、易良而不奢,則深於《樂》者也。'"(《禮記集解》卷四十八《經解第二十六》,第 1254—1255 頁)【按】其中關於《樂》教論説者,所謂"廣博、易良,《樂》教也",即宣發之和平性質;所謂"《樂》之失奢",即宣發之妨害因素。所謂"廣博、易良而不奢,則深於《樂》者也",則發揚宣發之和平性質,規避宣發之妨害因素,此亦可見"樂"本體之和合論。
③ 《國語集解·周語下第三·二十三年,王將鑄無射,而爲之大林》,第 109 頁。
④ 《國語集解》,第 109—110 頁。

之明,有轉易之名,有過慝之度"①,即上文所論"宣"者,此亦慮之於心
而宣之於口,乃反面闡述。所謂"出令不信,刑政紛放,動不順時,民無
據依,不知所力,各有離心。上失其民,作則不濟,求則不獲,其何以能
樂"②,即上文所論"發"者,此非成而行之,亦反面闡述。這是單穆公
對宣發之狂悖的防範告誡。

　　我們再看伶州鳩論說,他作爲周王室樂官(屬於宗伯之所司),從
技術層面闡述樂道哲學。所謂"夫政象樂,樂從和,和從平。聲以和
樂,律以平聲。金石以動之,絲竹以行之,詩以道之,歌以咏之,匏以宣
之,瓦以贊之,革木以節之。物得其常曰樂極,極之所集曰聲,聲應相保
曰和,細大不逾曰平。如是,而鑄之金、磨之石、繫之絲木、越之匏竹、節
之鼓而行之,以遂八風","於是乎道之以中德,咏之以中音,德音不愆,
以合神人,神是以寧,民是以聽"③,即上文所論"宣"者,此慮之於心而
宣之於器,即沈括所謂"後之爲樂者,文備而實不足,樂師之志,主於中
節奏、諧聲律而已。古之樂師皆能通天下之志,故其哀樂成於心,然後
宣於聲,則必有形容以表之,故樂有志、聲有容,其所以感人深者,不獨
出於器而已"④,進而合乎節氣曆法,正如上引《淮南子》"律生於風,此
聲之宗也",乃正面闡述。所謂"於是乎氣無滯陰,亦無散陽,陰陽序
次,風雨時至,嘉生繁祉,人民和利,物備而樂成,上下不罷,故曰樂
正","上作器,民備樂之,則爲和"⑤,即上文所論"發"者,此成而行之,
亦正面闡述。這是伶州鳩對宣發之和平的論證支撐。又所謂"今細過
其主妨於正,用物過度妨於財,正害財匱妨於樂。細抑大陵,不容於耳,

---

①　《國語集解·周語下第三·二十三年,王將鑄無射,而爲之大林》,第109、110頁。
②　《國語集解》,第110頁。
③　《國語集解》,第111、112頁。
④　《夢溪筆談·筆談卷五·樂律一》,第46—47頁。
⑤　《國語集解·周語下第三·二十三年,王將鑄無射,而爲之大林》,第111、112頁。

非和也。聽聲越遠,非平也。妨正匱財,聲不和平,非宗官之所司也"①,即上文所論"宣"者,此亦慮之於心而宣之於器,乃反面闡述。所謂"若夫匱財用,罷民力,以逞淫心,聽之不和,比之不度,無益於教,而離民怒神,非臣之所聞也","今財亡民罷,莫不怨恨,臣不知其和也"②,即上文所論"發"者,此非成而行之,亦反面闡述。這是伶州鳩對宣發之妨害的防範告誡。

爰迨漢魏,阮籍《樂論》云"歌咏詩曲,將以宣平和,著不逮也",陳伯君注"'逮',及也。'著不逮',謂使不及於'平和'者顯露出來而導正之"③。所謂心理共鳴,同感之謂也,《吕氏春秋》從正面申明"精通"的境界,君子誠此而諭彼,感己而發人,兩精若能相得,異處可以相通④,上引《國語·周語下》也從反面告誡"口内味而耳内聲,聲味生氣。氣在口爲言,在目爲明","若視聽不和,而有震眩,則味入不精,不精則氣佚,氣佚則不和"。而阮籍所謂"宣平和,著不逮",正是主觀心理共鳴由宣發到和合的演化過程,在此演化過程中,發揚宣發之和平性質,規避宣發之妨害因素,這是孔子所謂"廣博、易良而不奢,則深於《樂》者也"的實現路徑,可謂"樂"本體之和合論。

所謂主觀心理共鳴由宣發到和合的演化過程,"演化"本義並非進化,而是推廣教化,如駱賓王《上兖州崔長史啓》"是以佐甄陶而演化,務肅百城"⑤,王勃《常州刺史平原郡開國公行狀》"分宣演化,卧理切於宸襟;易俗遷訛,行吟伫於人望"⑥。"樂道"即以推廣教化爲主旨

① 《國語集解·周語下第三·二十三年,王將鑄無射,而爲之大林》,第111—112頁。
② 《國語集解》,第112頁。
③ 《阮籍集校注》卷上《論·樂論》,第85、86頁。
④ 【按】詳細論證,見"樂道體系論"之"和"與"性"。
⑤ [唐]駱賓王著,[清]陳熙晋箋注:《駱臨海集箋注》卷七,中華書局上海編輯所,1961年,第245頁。
⑥ [唐]王勃著,楊曉彩點校:《王勃集》卷之十六《行狀·常州刺史平原郡開國公行狀》,三晋出版社,2017年,第184頁。

（所謂"深於《樂》者也"），宣發之和平性質，是樂教之心理可能性（"廣博、易良"），而宣發之妨害因素，則是樂教之社會必要性（"而不奢"）。此處所言"樂教"，是"樂學"理論的實踐基礎，其本體（roots in itself）脫胎於原始宗教活動。王國維《宋元戲曲史》開篇曰："歌舞之興，其始於古之巫乎？巫之興也，蓋在上古之世，《楚語》'古者民神不雜，民之精爽不携貳者，而又能齊肅衷正……如此則明神降之。在男曰覡，在女曰巫……及少皞之衰，九黎亂德，民神雜糅，不可方物。夫人作享，家爲巫史'，然則巫覡之興，在少皞之前，蓋此事與文化俱生矣。巫之事神，必用歌舞，《説文解字》'巫，祝也。女能事無形，以舞降神者也。象人兩褎舞形，與工同意'，故《商書》言'恒舞於宮，酣歌於室，時謂巫風'。"①王國維所論"巫之事神，必用歌舞"，亦即"樂教"本原。此與"樂"之本體問題相較，觀兩者内涵，既有所區別，又緊密相關，"樂"之本體，屬於現象根源（起源學），"樂教"之興，亦即"樂"之發生，屬於觀念發生（發生學），現象根源是觀念發生的必要條件，而觀念發生又是現象根源的充分條件，可謂互爲因果關係。"樂教"爲"樂學"前身②，課題取材範圍皆以"樂學"爲界，而研討對象則以"樂道"爲準。哲學本身起源於宗教，中國哲學思想發生的源頭是夏商周三代宗教③，而先秦樂道本體即發端於原始宗教樂舞應用④。《國語·周語下》載，周景王作爲音樂"發燒友"，想要鑄造大鐘，"鑄無射而爲之大林"，以追求極致享受，伶州鳩勸諫周景王，曰"若夫匱財用，罷民力，以逞淫心，聽之不和，比之

---

① 王國維撰，馬美信疏證：《宋元戲曲史疏證》第一章"上古至五代之戲劇"，復旦大學出版社，2004年，第1頁。【按】王國維《宋元戲曲史》原書，商務印書館1915年有單行本。
② 【按】"儒家樂教"乃教化之義，並非宗教性質，屬於"樂學"成果，又與原始"樂教"不同，見前引孔子曰"入其國，其教可知也"云云（《禮記集解》卷四十八《經解第二十六》，第1254頁）。
③ 余敦康：《中國宗教與中國文化（卷二）：宗教·哲學·倫理》上篇"中國宗教與哲學"，中國社會科學出版社，2005年，第3—11頁。
④ 【按】可參見"樂道應用論"之"樂舞源流及其系統"。

不度,無益於教,而離民怒神,非臣之所聞也"①,所謂"無益於教,而離民怒神",可見明顯的宗教意味,而尤其是周代宗教,背後又以社會教化爲實用目的。既然哲學本身起源於宗教,先秦樂道作爲哲學思想體系,其本體根源當然也與原始宗教活動息息相關②。

因此,以樂道哲學觀之,可以說"樂"源於律動化(rhythmized),物理共振與心理共鳴,即"樂"本體之協同論與和合論,或客觀律動(頻率共振),或主觀律動(同感共鳴),在先秦樂道視域,則將其概括爲"合同"。考《禮記·樂記》"樂者爲同,禮者爲異。同則相親,異則相敬。樂勝則流,禮勝則離。合情飾貌者,禮樂之事也。禮義立,則貴賤等矣。樂文同,則上下和矣"③,《荀子·樂論》"且樂也者,和之不可變者也;禮也者,理之不可易者也。樂合同,禮別異。禮樂之統,管乎人心矣"④。與禮道相較,樂道性質"爲同",從社會學角度看,"相親"而"合情","則上下和矣";從哲學角度看,禮道與樂道,皆"管⑤乎人心","樂合同",爲"和之不可變者也"。然則論"樂"之本體,必與"合同"相繫。

至夫"合同",即協同和合。《樂記》曰"流而不息,合同而化,而樂興焉","地氣上齊,天氣下降,陰陽相摩,天地相蕩,鼓之以雷霆,奮之以風雨,動之以四時,煖之以日月,而百化興焉,如此,則樂者,天地之和也"⑥。所謂"地氣上齊,天氣下降,陰陽相摩,天地相蕩",此乃自然協同論,講的是天地陰陽之異質協同(摩蕩);所謂"鼓之以雷霆,奮之以風雨,動之以四時,煖之以日月,而百化興焉,如此,則樂者,天地之和也",此乃自然和合論。還有"天地之道,寒暑不時則疾,風雨不節則

---

① 《國語集解·周語下第三·二十三年,王將鑄無射,而爲之大林》,第112頁。

② 【按】可與"樂道應用論"之"'舞''歌''樂'之統一"互見。

③ 《禮記集解》卷三十七《樂記第十九之一》,第986—987頁。

④ 《荀子集解》卷十四《樂論篇第二十》,第382頁。

⑤ 《樂記》鄭玄注"管猶包也",《史記》"管"作"貫"(見《荀子簡釋·樂論》,第282頁)。

⑥ 《禮記集解》卷三十七《樂記第十九之一》,第992,993頁。

饑”①,講的是雷霆、風雨、日月、四時、百物之多維和合（化生）。

　　所謂“樂合同”,即自然協同論與自然和合論之統一,以此作爲自然法則,而人類法則來源於自然法則。“禮者,天地之別也”,“樂者,天地之和也”,此自然之禮樂,“化不時則不生,男女無辨則亂升,天地之情也。及夫禮樂之極乎天而蟠乎地,行乎陰陽而通乎鬼神,窮高極遠而測深厚。樂著大始,而禮居成物。著不息者天也,著不動者地也,一動一靜者,天地之間也。故聖人曰‘禮樂’云”②,此“聖人曰”者,則社會之禮樂。社會之禮樂來源於自然之禮樂,《樂記》“天地之道,寒暑不時則疾,風雨不節則饑。教者,民之寒暑也,教不時則傷世;事者,民之風雨也,事不節則無功。然則先王之爲樂也,以法治也,善則行象德矣”,鄭玄注“‘教’謂樂也”③,孫希旦曰“‘教不時則傷世’,故必有樂以教民;‘事不節則無功’,故必有禮以節事”④,可見自然秩序是社會秩序的依據,社會秩序成爲自然秩序的摹本⑤。而所謂“禮樂之統,管乎人心矣”,“統”者本也,即“本體”,如《禮記·祭統》用例⑥,則禮道與樂道之自身根源,從根本上看,其實現路徑皆由自然哲學走向社會倫理。

---

①　《禮記集解》卷三十七《樂記第十九之一》,第996頁。

②　《禮記集解》,第993、994頁。

③　《禮記正義》卷三十八《樂記》,第3326頁。【按】《禮記·文王世子》“君子曰德,德成而教尊,教尊而官正,官正而國治,君之謂也”（《禮記集解》卷二十《文王世子第八》,第564頁）,此“教”亦可謂樂,《禮記·樂記》“故天子之爲樂也,以賞諸侯之有德者也。德盛而教尊,五穀時孰,然後賞之以樂。故其治民勞者,其舞行綴遠,其治民逸者,其舞行綴短。故觀其舞,知其德;聞其謚,知其行也。《大章》,章之也。《咸池》,備矣。《韶》,繼也。《夏》,大也。殷周之樂盡矣”（《禮記集解》卷三十七《樂記第十九之一》,第995頁）,則所謂“德成而教尊”,即“德盛而教尊”。且上古樂官即教官,俞正燮曰“通檢三代以上書,樂之外無所謂學”（《癸巳存稿》卷二《君子小人學道是弦歌義》,第88頁）。

④　《禮記集解》卷三十七《樂記第十九之一》,第997頁。

⑤　論證可參筆者《論“禮”的字源、起源、屬性與結構》,《四川大學學報（哲學社會科學版）》2014年第5期。

⑥　陸德明《經典釋文》引鄭玄題注云“‘統’猶本也,以其記祭祀之本,故名《祭統》”（《禮記正義》卷四十九《祭統第二十五》,第3478頁;亦見於《經典釋文》卷十三《禮記音義之三》引,影印國家圖書館藏宋刻宋元遞修本,第803頁）。

最後,既然現象根源是觀念發生的必要條件,而觀念發生又是現象根源的充分條件,論"樂"之本體(roots in itself),也應該探討觀念發生。《樂記》行文所引古語四條,猶可見《樂記》解"經"痕迹,亦可證樂道哲學之思想端緒。

> 然後立之學等,廣其節奏,省其文采,以繩德厚,律小大之稱,比終始之序,以象事行,使親疏、貴賤、長幼、男女之理皆形見於樂,故曰:"樂觀其深矣。"①

> 是故先鼓以警戒,三步以見方,再始以著往,復亂以飭歸,奮疾而不拔,極幽而不隱,獨樂其志,不厭其道,備舉其道,不私其欲。是故情見而義立,樂終而德尊,君子以好善,小人以聽過。故曰:"生民之道,樂爲大焉。"②

此兩引皆樂道外延之樂舞應用,何謂"樂觀其深"?上古樂舞可以發思古之幽情,子夏曰"君子於是語,於是道古,修身及家,平均天下,此古樂之發也"③,此乃樂道應用論(上古樂舞)通向樂道道德論(古樂之發)。"德者,性之端也。樂者,德之華也"④,則"樂觀其深"即"樂章德"⑤,即以樂舞觀其德性。既然"樂觀其深","樂"之所"觀",其義深奧,並非止於表象,奧義趨於"道",則此"樂"之所"觀",已具哲學性質。

> 故曰:"樂者,樂也。"君子樂得其道,小人樂得其欲。以道制

---

① 《禮記集解》卷三十七《樂記第十九之一》,第 1000 頁。
② 《禮記集解》卷三十八《樂記第十九之二》,第 1007 頁。
③ 《禮記集解》,第 1013 頁。
④ 《禮記集解》,第 1006 頁。
⑤ 《禮記集解》,第 1008 頁。

欲,則樂而不亂;以欲忘道,則惑而不樂。①

　　故德輝動於內,而民莫不承聽;理發諸外,而民莫不承順。故曰:"致禮樂之道,舉而錯之天下無難矣。"②

　　此兩引皆樂道功能之道德取向,何謂"樂者,樂也"? 即"以道制欲","君子樂得其道"。誠如是,"德輝動於內",則"樂之道"方可"致";"而民莫不承聽",則"舉而錯之天下無難矣"。此乃樂道道德論("以道制欲""德輝動於內")回歸樂道應用論("致禮樂之道""舉而錯之天下"),即以德性灌注樂道。

　　而且,先秦典籍有"記"則有"經"③,無"經","記"從何來?《樂記》當有所承係、有所依憑,古本《樂記》存在解讀《樂經》之內容。以上《樂記》所引古語四條,"故曰"諸所引述,當屬《樂經》遺文④,則"樂道"論說之實,可追溯至《樂經》時代⑤,其影響所及,歷代學者更有補作⑥。綜上四條所論,於《樂經》時代,樂道哲學已趨成熟,則"樂"之現象根源與觀念發生,無疑更爲古遠⑦。

---

① 《禮記集解》卷三十八《樂記第十九之二》,第 1005 頁。
② 《禮記集解》,第 1030 頁。
③ 可參田君:《周秦儒學文獻史稿》,光明日報出版社,2022 年,第 183—187 頁。
④ 可參田君:《歷代〈樂經〉論說流派考》,《中國音樂學》2010 年第 4 期;《國學名家〈樂經〉論說匯考》,《交響:西安音樂學院學報》2012 年第 1 期;專著《古〈樂〉七考》,齊魯書社,2017 年。
⑤ 可參田君:《〈樂經〉的性質與亡佚新探》,《南京藝術學院學報(音樂與表演版)》2010 年第 1 期;《〈樂經〉考疑》,《北方論叢》2013 年第 2 期;《〈樂經〉年代學研究》,《南京藝術學院學報(音樂與表演版)》2013 年第 3 期。
⑥ 可參田君:《〈樂經〉補作史考》,《黃鐘:武漢音樂學院學報》2009 年第 4 期。
⑦ 【按】詳見上文"樂道起源論"之"'樂'之發生"。

二、先秦樂道體系論（樂之體）

　　研究先秦樂道，首先有必要講清"樂"的內涵體系，這是一切論説的起點。"樂"的本質與精神是什麼？ 筆者問過不少音樂與歷史學者，回答各異，很難有統一的説法。但是，如果從哲學與審美心理視角看，先秦樂道之內涵體系，的然可見。其本質特徵之內在結構，可總結爲"中""和""仁""性"四個層面："中"處於審美心理的形式表層，"和"處於審美心理的傳導中層，"仁"處於審美心理的內核深層，"性"是聲音得以發揮心理作用的傳遞介質。而人的審美心理又受到所處社會環境的影響，這屬於審美心理的物質外殼。內外互動，表裏聯繫，融通一體，交相輔成，形成獨具特色的"審美鏈"。

　　"中"與"和"，人們大多連言並舉，《荀子·勸學》云"故《書》者，政事之紀也；《詩》者，中聲之所止也；《禮》者，法之大分，類之綱紀也，故學至乎《禮》而止矣。夫是之謂道德之極。《禮》之敬文也，《樂》之中和也，《詩》《書》之博也，《春秋》之微也，在天地之間者畢矣"①，《禮記·中庸》開篇也講"致中和"②。其實"中"與"和"是有區別的，何以見之？《國語·周語下》記載伶州鳩答周景王如下：

---

① 《荀子集解》卷一《勸學篇第一》，第 11—12 頁。
② 《禮記訓纂》卷三十一《中庸第三十一》，第 772 頁。

臣聞之，琴瑟尚宮，鐘尚羽，石尚角。匏、竹利制，大不逾宮，細不過羽。夫宮，音之主也，第以及羽。聖人保樂而愛財，財以備器，樂以殖財，故樂器重者從細，輕者從大。是以金尚羽，石尚角，瓦、絲尚宮，匏、竹尚議，革、木一聲。夫政象樂，樂從和，和從平。聲以和樂，律以平聲。金、石以動之，絲、竹以行之，詩以道之，歌以咏之，匏以宣之，瓦以贊之，革、木以節之。物得其常曰樂極，極之所集曰聲，聲應相保曰和，細大不逾曰平。如是而鑄之金，磨之石，繫之絲、木，越之匏、竹，節之鼓，而行之以遂八風。於是乎氣無滯陰，亦無散陽。陰陽序次，風雨時至，嘉生繁祉，人民和利，物備而樂成，上下不罷，故曰樂正。今細過其主，妨於正；用物過度，妨於財；正害財匱，妨於樂。細抑大陵，不容於耳，非和也。聽聲越遠，非平也。妨正匱財，聲不和平①，非宗官之所司也。夫有和平之聲，則有蕃殖之財。於是乎道之以中德，咏之以中音，德音不愆，以合神人，神是以寧，民是以聽。若夫匱財用，罷民力，以逞淫心，聽之不和，比之不度，無益於教，而離民怒神，非臣之所聞也。②

　　我們所説的“中”，在這裏稱作“平”，“中和”也就是“和平”。“聲以和樂，律以平聲”，“和”與“平”具有審美形態特徵。“於是乎道之以中德，咏之以中音，德音不愆，以合神人，神是以寧，民是以聽。若夫匱財用，罷民力，以逞淫心，聽之不和，比之不度，無益於教，而離民怒神”，“夫政象樂，樂從和，和從平”，只有“平”纔能“和”，平→和→樂→政，這一理論邏輯，至關重要，可以説是先秦樂道的綱領性條目。“中”“和”（“平”“和”）到底指什麽？下文將分別加以説明。

　　先秦樂道內涵體系，還包括“仁”與“性”，“仁”是樂的真精神，

① 【按】《呂氏春秋·音律》亦有“寬裕和平，行德去刑”（《呂氏春秋集釋》卷六《季夏紀第六·音律》，第137頁），寬裕，即寬容；和平，即中和。
② 《國語集解·周語下第三·王將鑄無射，而爲之大林》，第110—112頁。

"性"是樂的真品格。《禮記·儒行》云"溫良者,仁之本也;敬慎者,仁之地也;寬裕者,仁之作也;孫接者,仁之能也;禮節者,仁之貌也;言談者,仁之文也;歌樂者,仁之和也;分散者,仁之施也"①,先秦之"樂",以"中和""和平"爲載體,其核心内容是"仁"。因此"樂"之"和",不僅僅是"中正""協和",這些都是審美形態,"仁和"纔是内在精神。而"樂"何以能夠達到"仁"的境界,這種精神實現的可能性,就在於"性"是樂的真品格,如《吕氏春秋·適音》:

> 耳之情欲聲,心不樂,五音在前弗聽;目之情欲色,心弗樂,五色在前弗視;鼻之情欲芬香,心弗樂,芬香在前弗嗅;口之情欲滋味,心弗樂,五味在前弗食。欲之者,耳目鼻口也;樂之弗樂者,心也。心必和平,然後樂。心必樂,然後耳目鼻口有以欲之。故樂之務在於和心,和心在於行適。夫樂有適,心亦有適。人之情:欲壽而惡夭,欲安而惡危,欲榮而惡辱,欲逸而惡勞。四欲得,四惡除,則心適矣。四欲之得也,在於勝理。勝理以治身,則生全以②;生全則壽長矣。勝理以治國,則法立;法立則天下服矣。故適心之務在於勝理。③

"性"是什麼?解釋五花八門,但可以歸結爲"固然"二字。"性"就是本來如此,物之固然,即物性,人之固然,即人性。"耳之情欲聲",耳朵的天性是想要聽樂音,這就是人之固然。"樂"能夠達到"仁"的境界,這種精神實現的可能性,是因爲"樂"符合人的天性,《孟子·盡心上》也説"仁言,不如仁聲之入人深也"④,"樂"具有直指人心的力量。

---

① 《禮記集解》卷五十七《儒行第四十一》,第 1408 頁。
② 【按】此處"以"通"矣",與下文相呼應。
③ 《吕氏春秋集釋》卷五《仲夏紀第五·適音》,第 114—115 頁。
④ 《孟子正義》卷二十六《盡心章句上·十四章》,第 897 頁。

既然"樂"源於人的天性,與人的其他天性一樣,要注重自身節度與涵養。《禮記·樂記》:"凡奸聲感人而逆氣應之,逆氣成象而淫樂興焉。正聲感人而順氣應之,順氣成象而和樂興焉。倡和有應,回邪曲直各歸其分,而萬物之理各以類相動也。是故君子反情以和其志,比類以成其行。奸聲、亂色不留聰明,淫樂、慝禮不接心術,惰慢、邪辟之氣不設於身體,使耳、目、鼻、口、心知、百體,皆由順正以行其義。"①"奸聲"與"正聲",其辨別標準就是"和平"的審美形態,但先秦樂道之真諦,還在審美形態的背後,所以上引《吕氏春秋·適音》説"心不樂,五音在前弗聽","欲之者,耳目鼻口也;樂之弗樂者,心也"。"樂之弗樂者","之"在這裏當"與"講,有各種欲望的是耳目鼻口,而決定愉快或不愉快的是心情。《適音》又云"心必和平,然後樂。心必樂,然後耳目鼻口有以欲之",心境必須平和,然後纔能心情愉快。心情必須愉快,然後耳目鼻口纔凸顯出各種欲望。《適音》還説"故樂之務在於和心,和心在於行適","故適心之務在於勝理","適心",即上文所謂"心必和平""和心";"勝理",應當訓爲任理②,依循事物的情理規律,行爲合宜適中,即上文所謂"行適"。因此這一邏輯爲:"勝理"("行適")→"適心"(心和平、"和心")→心樂(lè)→"耳目鼻口有以欲之"(包括"耳之情欲聲")。依循事物的情理,行爲合宜適中,則心境平和,心境平和則心情愉快,心情愉快則感官凸顯各種欲望,其中耳朵想要聽樂音的天性,纔能得到合理的滿足。強調行爲的"中"與心境的"和",這與審

---

① 《禮記集解》卷三十八《樂記第十九之二》,第1003頁。【按】《史記·樂書》所録古本《樂記》"故君子不可須臾離禮,須臾離禮則暴慢之行窮外;不可須臾離樂,須臾離樂則奸邪之行窮内"(《史記》卷二十四《樂書第二》,第1237頁),今本《樂記》有"君子曰:禮樂不可斯須去身","心中斯須不和不樂,而鄙詐之心入之矣;外貌斯須不莊不敬,而易慢之心入之矣。故樂也者,動於内者也;禮也者,動於外者也"(《禮記集解》卷三十八《樂記第十九之二》,第1029、1030頁),可以相互參證。

② 【按】《吕氏春秋》云"故爲師之務,在於勝理,在於行義,理勝義立則位尊矣"(《吕氏春秋集釋》卷四《孟夏紀第四·勸學》,第90頁)。

美形態的"和平"有所不同,但又表裏呼應,"中正""協和"的"樂",可以内化爲和諧美好的心境與合宜適中的踐履,而平和的行爲與心境,又可以調節自身想要聽樂音的天性,兩方面交相互動,相輔相成,這樣纔能實現上引《樂記》所謂"正聲感人而順氣應之","樂"纔能達到"仁"的境界,這樣就將先秦樂道體系四大内涵"中""和""仁""性",辯證地統一起來。"樂"的"仁"與"性",還有哪些具體特徵,下文也將分別加以説明。

(一) 形式表層——"中"

"中"是什麼? 一句話,中就是適宜,我們叫作適中。《禮記・仲尼燕居》載子曰"禮乎禮,夫禮,所以制中也"①,《論語・八佾》載孔子評《關雎》,"樂而不淫,哀而不傷"②,就是適中,可見在樂道領域,與"中"相對的概念,不是"偏",而是"淫",即不適宜,過分而失度③。一開始厘清"中"的定義,有利於我們準確把握這一内涵。接下來探討,"中"作爲樂道内涵,如何得到體現。

---

① 《禮記集解》卷四十九《仲尼燕居第二十八》,第 1268 頁。
② 《論語集釋》卷六《八佾下》,第 198 頁。【按】《論語・八佾》:"子曰:'《關雎》,樂而不淫,哀而不傷。'"既指詩義,亦論樂風。《左傳・襄公二十七年》叔向説"樂而不荒,樂以安民,不淫以使之"(《春秋左傳詁》卷十四《傳・襄公二十七年》,第 595 頁),又《左傳・襄公二十九年》季札評《豳》"美哉! 蕩乎! 樂而不淫",洪亮吉引賈逵云"蕩然無憂,自樂而不荒淫也"(《春秋左傳詁》卷十四《傳・襄公二十九年》,第 610 頁),又季札評《頌》"遷而不淫,復而不厭,哀而不愁,樂而不荒","行而不流,五聲和,八風平,節有度,守有序,盛德之所同也"(《春秋左傳詁》,第 612 頁),皆是孔子"樂而不淫,哀而不傷"的思想來源。
③ 【按】《禮記・樂記》與《禮記・祭義》皆載"樂主其盈","樂盈而反,以反爲文","樂盈而不反則放","樂得其反則安"(《禮記集解》卷三十八《樂記第十九之二》,第 1031 頁;《禮記集解》卷四十六《祭義第二十四》,第 1225 頁)。盈者,溢也,溢猶淫也;反者,知止也。

"中"的總體要求

從人與聲音的物理關係,即聲學性質來看,本身就存在"中"的屬性。人耳能聽到的聲音波長是很有限的,在各種聲音之中,人只能聽到適宜耳朵(聽覺器官)的一部分,亦即《國語·周語下》"耳之察和也,在清濁之間,其察清濁也,不過一人之所勝",這種適宜的範圍,就是"中"。再者從人與聲音的心理關係,即審美形態來看,在人耳能够分辨的音區内,也並不是所有的聲音都能使人愉悦,音亦有適,存在"適中"的規律,如《吕氏春秋·適音》:

> 夫音亦有適:太巨則志蕩,以蕩聽巨則耳不容,不容則横塞,横塞則振;太小則志嫌,以嫌聽小則耳不充,不充則不詹,不詹則窕;太清則志危,以危聽清則耳谿極,谿極則不鑒,不鑒則竭;太濁則志下,以下聽濁則耳不收,不收則不搏,不搏則怒。故太巨、太小、太清、太濁,皆非適也。①

這裏實際講的是生理聲學與審美心理學,"夫音亦有適",講的就是"中"。

具體説來,"太巨""太小"主要指的是聲强。"太巨則志蕩,以蕩聽巨則耳不容,不容則横塞,横塞則振",聲音過大,就會使人心志摇蕩,以摇蕩之心聽巨大的聲音,耳朵就容納不了,耳朵容納不了,就會充溢阻塞,感覺充溢阻塞,心志就會更加摇蕩。試想一下,我們都有震耳欲聾的聽覺體驗,當聲音轟鳴,大到"耳不容"的程度時,内心不僅得不到愉悦,而且會産生摇蕩驚懼的反應。"太小則志嫌,以嫌聽小則耳不

---

① 《吕氏春秋集釋》卷五《仲夏紀第五·適音》,第 115—116 頁。

充,不充則不詹,不詹則窕"①,聲音過小,就會使人心志得不到滿足,以不滿足之心聽微小的聲音,耳朵就充不滿,耳朵充不滿就會感到不夠,感覺不夠,心志就會更加不滿足。這就是我們常說的"豎着耳朵聽",當聲音細小時,人時刻處於想要聽得更真切的心理狀態,內心會産生煩躁不安的反應。

而聲音過於輕清,則心志高揚,以高揚之心聽輕清的聲音,耳朵就會空虛疲困,耳朵虛困就會聽不清,長期聽不清,心志就會衰竭;聲音過於重濁,則心志低下,以低下之心聽重濁的聲音,耳朵就攏不住音,耳朵攏不住音,音準就專一不了,音準不專一,就會使人動氣。所謂清濁,不容易理解,其中既有聲音高低②的意思,又有聲音輕重的涵義。聲音的輕重,有響度的意義,也存在泛音列多寡的區別,是生理聲學的概念。舉個例子,一口大鐘與一枚銅鈴的聲音,我們聽着感覺大爲不同,前者就是重濁,因爲泛音太多,所以會感覺混沌不清,耳朵攏不住音,即"以下聽濁則耳不收";後者就是輕清,聲波衰減過快,如果長時間聽清脆的銅鈴聲,人不但不會愉悦,反而會感覺恍惚,耳朵空虛疲困,即引文之"谿極則不鑒,不鑒則竭"。

古人認爲,聲音與身心的關係不是單向的,而是交互作用的,所謂"太巨則志蕩,以蕩聽巨則耳不容",聲音過大,就會使人心志搖蕩,這是聲音對心理的影響;以搖蕩之心聽巨大的聲音,耳朵就容納不了,這是心理對聲音的回應,心理影響生理,從而加劇聲音的生理刺激。"太小則志嫌,以嫌聽小則耳不充","太清則志危,以危聽清則耳谿極","太濁則志下,以下聽濁則耳不收",都是這個道理。"故太巨、太小、太清、太濁,皆非適也",都不是適中。

那麼我們就會問,到底什麼纔是"適中"呢? 中即適,適即衷。小

---

① 【按】嫌通慊(qiǎn),以爲少,不滿足;詹通贍,足也;窕(tiǎo),細而不滿。

② 【按】聲音高低,即律高,物理聲學上稱作音調,與聲音頻率相關。

大輕重，都不過分，就是適中。《呂氏春秋·適音》：

> 何謂適？衷，音之適也。何謂衷？大不出鈞，重不過石，小大
> 輕重之衷也。黃鐘之宮，音之本也①，清濁之衷也。衷也者，適也。
> 以適聽適則和矣。樂無太，平和者是也。②

“適”，就是合宜適中，“衷，音之適也”，指聲音大小清濁合宜適中。
具體而言，因爲樂鐘在先秦樂舞中占重要地位，可以比作“主體骨
架”，故以樂鐘爲代表來作出規定，如上引“大不出鈞，重不過石，小大
輕重之衷也”③。“大不出鈞”，“鈞”通“均”，即均鐘，先秦用來度量鐘
音律度的聲學儀器，是爲編鐘調律的音高標準器④。根據考古學材料，

---

① 【按】《樂記》有“故樂者，審一以定和”（《禮記集解》卷三十八《樂記第十九之二》，第
1033 頁)，所“審”之“一”，即“樂”之本原，實乃“黃鐘之宮”。朱熹《聲律辨》：“五聲之
序，宮最大而沈濁，羽最細而輕清。商之大次宮，徵之細次羽，而角居四者之中焉。然世
之論中聲者，不以角而以宮，何也？曰，凡聲陽也，自下而上，未及其半，則屬於陰而未暢，
故不可用。上而及半，然後屬於陽而始和，故即其始而用之以爲宮，因其每變而益上，則
爲商，爲角，爲變徵，爲徵，爲羽，爲變宮，而皆以爲宮之用焉。是以宮之一聲，在五行爲
土，在五常爲信，在五事爲思。蓋以其正當衆聲和與未和、用與未用陰陽際會之中，所以
爲盛……是則宮之統五聲，仁之包五常，蓋有並行而不悖者矣，何必奪彼以予此，然後快
於其心哉！”（曾棗莊、劉琳主編：《全宋文》第二百五十一冊《卷五六四五·朱熹二一八》
引《晦庵先生朱文公文集》卷七二，上海辭書出版社、安徽教育出版社，2006 年，第 314—
315 頁）蔡元定《律呂新書》：“律者，致中和之用，止於至善者也。以聲言之，大而至於雷
霆、細而至於蟲蟻，無非聲也；律則寫其黃鐘一聲而已矣，雖有十二律、六十調，然實一黃
鐘也。是理也，在聲爲中聲，在氣爲中氣，在人則喜怒哀樂未發與發而中節也，此聖人所
以一天人、贊化育之道也。”（[明]丘浚撰，金良年整理，朱維錚審閱：《大學衍義補·治
國平天下之要（上）·明禮樂·樂律之制（下）》引，上海書店出版社，2012 年，第 347 頁；
《宋史·樂志六》，卷一百三十一《志第八十四》，第 3064 頁，亦引此説，然未標舉出於蔡
氏。）則所謂“故樂者，審一以定和”，即此“黃鐘之宮，音之本也”。
② 《呂氏春秋集釋》卷五《仲夏紀第五·適音》，第 116 頁。
③ 【按】“適”與“衷”，若渾言之，皆中也，不過之謂也。若析言之，適者，物之中，合宜之謂
也；衷者，心之中，即上文“和心”“心和平”之謂也，“何謂衷？大不出鈞，重不過石，小大
輕重之衷也”，由此可見，又帶有生理聲學之意味。
④ 王子初：《中國音樂考古學》，福建教育出版社，2003 年，第 239 頁。

曾侯乙墓出土有五弦器,經黄翔鵬先生考證,正是均鐘的實物證據①。
"大不出鈞"指鐘音律高不得超過均鐘發音的標準,目的在於防止上文
所論"太清"。"重不過石",鐘的體量過大,導致泛音過多,泛音就是通
常所説的"餘韵","餘韵"如果過盛,聲音會混雜不清,音準就不能統
一。鐘的重量不得超過一石②,目的在於防止上文所述"太濁"。"大
不出鈞,重不過石",既然從反面提出了禁止事項,那麽就應該有聲音
適中的正面標準,這個正面標準就是"黄鐘之宫,音之本也,清濁之衷
也",以"黄鐘之宫"作爲樂音的根本、清濁的基準。"黄鐘之宫",用黄
鐘律定宫音,指以黄鐘律爲起始主音的宫調式,《尚書·堯典》稱爲"律
和聲"③,即用六律爲五聲定調④。

綜上而論,"何謂衷? 大不出鈞,重不過石,小大輕重之衷也","黄
鐘之宫,音之本也,清濁之衷也",已從正反兩方面,規定了什麽纔是適
中。不超越小大輕重的限度,以黄鐘律爲起始主音的宫調式爲度曲基
準,就是適中。"樂無太,平和者是也","無"通"毋","無太",即不要
太巨、太小、太清、太濁,總而言之,不要過分,以平正和諧爲要。如何從
"中"達到"和"呢?"以適聽適則和矣",以適中的心境聽適中的聲音,
就能達到"和"。由此可見,"中"是外在審美形態,"大不出鈞,重不過
石","黄鐘之宫,音之本也",還需要内在心境加以觀照,即《禮記·文
王世子》"樂,所以修内也"⑤,這樣纔能真正達到"和"的境界。《吕氏

---

① 黄翔鵬:《均鐘考——曾侯乙墓五弦器研究》,《黄鐘:武漢音樂學院學報》1989 年第 1
　期,第 38—50 頁;第 2 期,第 83—91 頁。
② 【按】1964 年陝西阿房宫遺址出土"高奴禾石銅權",又簡稱秦石權,高奴在今陝西省延
　川縣境内,爲秦國權衡標準器,經過質量實測,當時一石,約合今 30.750 千克,詳見陝西
　省博物館:《西安市西郊高窑村出土高奴銅石權》,《文物》1964 年第 9 期。
③ 《尚書今古文注疏》卷一〈虞夏書一·堯典第一·下〉,第 70 頁。
④ 【按】"六律",又有六陽律與六陰律之分,即"六律"與"六吕",《大司樂》稱"六吕"爲"六
　同","以六律、六同、五聲、八音、六舞大合樂"(《周禮正義·春官宗伯第三下·大司
　樂》,第 1731 頁),其實爲十二律。
⑤ 《禮記集解》卷二十《文王世子第八》,第 563 頁。

春秋·大樂》云"聲出於和，和出於適。和適，先王定樂，由此而生"①，
和諧來源於合度，先秦"樂"的創作與評價，正是從這個原則出發。合
度就是適中，所以"中"是"和"的基礎，"和"是"中"的升華。

"中"的内部結構

通過上文論述，可知作爲先秦樂道内涵的"中"的總體要求。下面
我們再來分析"中"的内部結構，也就是實現"中"的途徑，可以歸納爲：
節→平←正。

"中"的内部結構，實際上講的是一個問題，樂的聲學特性與人的
聽覺心理之間的協調配合。聲音作爲物理存在，無所謂中與不中，
"中""和""仁""性"都是對人的身心而言的，各有所側重而已。對於
節→平←正，《吕氏春秋·大樂》：

> 天下太平，萬物安寧，皆化其正，樂乃可成。成樂有具，必節嗜
> 欲。嗜欲不辟，樂乃可務。務樂有術，必由平出。平出於公，公出
> 於道。故惟得道之人，其可與言樂乎！亡國戮民，非無樂也，其樂
> 不樂。溺者非不笑也，罪人非不歌也，狂者非不武②也，亂世之樂
> 有似於此。君臣失位，父子失處，夫婦失宜，民人呻吟，其以爲樂
> 也，若之何哉？③

這裏所講就是"中"的内部結構。"成樂有具，必節嗜欲。嗜欲不
辟，樂乃可務"，"具"指條件，只有不放縱嗜欲，纔可以從事於樂，這就
是"節"；"務樂有術，必由平出"，在"樂乃可務"的基礎上"務樂有術"，

---

① 《吕氏春秋集釋》卷五《仲夏紀第五·大樂》，第109頁。
② 【按】此處"武"通"舞"。
③ 《吕氏春秋集釋》，第109—110頁。

必須從適中出發,這就是"平";"平出於公,公出於道","皆化其正,樂乃可成","公"即"正",在"務樂有術"的基礎上"樂乃可成"①,一切都要順應公正之道,這就是"正"。

或者"天下太平,萬物安寧,皆化其正,樂乃可成",或者"亡國戮民,非無樂也,其樂不樂","君臣失位,父子失處,夫婦失宜,民人呻吟,其以爲樂也,若之何哉",在這種環境中創作樂,人的審美心理受到所處社會環境的影響,如《呂氏春秋·侈樂》"生也者,其身固静,感而後知,或使之也②。遂而不返,制乎嗜欲;制乎嗜欲無窮,則必失其天矣③。且夫嗜欲無窮,則必有貪鄙悖亂之心、淫佚奸詐之事矣。故强者劫弱,衆者暴寡,勇者凌怯,壯者慠幼,從此生矣"④,最終導致"其樂不樂"。

但就"樂"本身而言,"務樂有術,必由平出"。《呂氏春秋·大樂》:"大樂,君臣、父子、長少之所歡欣而説也。歡欣生於平,平生於道。道也者,視之不見,聽之不聞,不可爲狀。有知不見之見、不聞之聞、無狀之狀者,則幾於知之矣。道也者,至精也,不可爲形,不可爲名,强爲之謂之太一。"⑤"道"是從理論上爲"平"尋找的本體依據,其實聲音"適中"的核心,就在於"平",如《詩經·商頌·那》"鼗鼓淵淵,嘒嘒管聲。既和且平,依我磬聲"⑥,"平"講的是生理聽覺,"和"講的是審美心理,如《國語·周語下》"和平之聲"⑦,"和平則久,久固則純,純明則終,終復則樂,所以成政也,故先王貴之"⑧。上文已論"太巨、太小、太清、太濁,皆

① 【按】《詩經·有瞽》"我客戾止,永觀厥成"(《詩經注析·周頌·有瞽》,第961頁)。
② 【按】"或使之也",這是由於外物的影響。
③ 【按】即《樂記》"好惡無節於内,知誘於外,不能反躬,天理滅矣"(《禮記集解》卷三十七《樂記第十九之一》,第984頁)。
④ 《呂氏春秋集釋》卷五《仲夏紀第五·侈樂》,第113—114頁。
⑤ 《呂氏春秋集釋》卷五《仲夏紀第五·大樂》,第111頁。
⑥ 《詩經注析·商頌·那》,第1024頁。
⑦ 《國語集解·周語下第三·王將鑄無射,而爲之大林》,第112頁。
⑧ 《國語集解·周語下第三·王將鑄無射,問律於伶州鳩》,第123頁。

非適也"①，不適中則不可持久，"和平則久"，"中和"也可稱作"和平"。
"平"是"節"的目的，"平"是"正"的效果，所以"平"是"適中"的核心。

1. 論"平"是"節"的目的

"節"指節制、調節，節制本身不是目的，節制的目的在於達到"平"
的狀態。《國語·楚語上》記載，楚莊王爲太子箴請士亹做老師（太子
箴即後來的楚恭王），士亹向申叔時詢問教育方法，申叔時説："教之
《春秋》，而爲之聳善而抑惡焉，以戒勸其心；教之《世》，而爲之昭明德
而廢幽昏焉，以休懼其動；教之《詩》，而爲之導廣顯德，以耀明其志；教
之《禮》，使之上下之則；教之《樂》，以疏其穢而鎮其浮"，"若是而不
從，動而不悛，則文咏物以行之，求賢良以翼之"，"且夫誦《詩》以輔相
之，威儀以先後之，體貌以左右之，明行以宣翼之，制節義以動行之，恭
敬以臨監之，勤勉以勸之，孝順以納之，忠信以發之，德音以揚之"②。
其中"教之《樂》，以疏其穢而鎮其浮""文咏物以行之""德音以揚之"，
立意就在調節，所謂"制節義以動行之"。既然"和平則久"（《國語·
周語下》），爲了長久，就要達到"平"的狀態，而要達到"平"的狀態，就
需要調節來實現③，如《吕氏春秋·侈樂》：

　　　樂之有情，譬之若肌膚形體之有情性也，有情性則必有性④養

---

① 《吕氏春秋集釋》卷五《仲夏紀第五·適音》，第116頁。
② 《國語集解·楚語上第十七·莊王使士亹傅大子箴》，第485、486、487頁。
③ 【按】《老子》"五色令人目盲；五音令人耳聾；五味令人口爽；馳騁田獵，令人心發狂；難
　　得之貨，令人行妨"（朱謙之校釋：《老子校釋·道經·十二章》，中華書局，1984年，第
　　45—46頁），講的正是"節"的必要性。但需要注意的是，《老子》的"節"走向極致，"是以
　　聖人爲腹不爲目，故去彼取此"（《老子校釋·道經·十二章》，第46頁）。"目"涵蓋聲
　　色之娱，"去彼"即摒棄聲色之娱。節制聲色很必要，但如若完全摒棄，有違人之常情，如
　　《墨子·三辯》引程繁之語"今夫子曰'聖王不爲樂'，此譬之猶馬駕而不稅，弓張而不弛，
　　無乃非有血氣者之所能至邪"（《墨子閒詁》卷一《三辯第七》，第40頁），這涉及樂與
　　人性的關係，詳見下文"樂道體系論"之"性"。
④ 【按】此處"性"通"生"。

矣。寒、溫、勞、逸、饑、飽，此六者非適也。凡養也者，瞻非適而以之適者也。能以久處其適，則生長矣。生也者，其身固靜，感而後知，或使之也。遂而不返，制乎嗜欲；制乎嗜欲無窮，則必失其天矣。且夫嗜欲無窮，則必有貪鄙悖亂之心、淫佚奸詐之事矣。故强者劫弱，眾者暴寡，勇者凌怯，壯者慷幼，從此生矣。①

　　這裏將"樂"比作生命體，"樂之有情，譬之若肌膚形體之有情性也"，樂有真諦，就像肌膚形體有本性一樣。"有情性則必有性養矣"，性養即生養，有本性就一定有生長、保養的問題了。"寒、溫、勞、逸、饑、飽，此六者非適也"，適即中，以生命體作喻，對"樂"而言，即"太巨、太小、太清、太濁，皆非適也"（《呂氏春秋·適音》）；"能以久處其適，則生長矣"，生長即生命長久，對"樂"而言，就是"樂無太，平和者是也"（《呂氏春秋·適音》），"和平則久"（《國語·周語下》）。

　　要達到"平"的狀態，就需要"養"，也就是調節，"凡養也者，瞻非適而以之適者也"，瞻非適而以之適，目的在於"養"，而"養"的目的，在於"久處其適"，換句話說，"節"的目的，在於保持"平"的狀態。有不少學者將"節"理解爲壓制，這很片面，"節"是雙方面的，既控制程度，避免"太巨、太小、太清、太濁"，也宣發合理的情感，《禮記·檀弓下》記載子游曰"人喜則斯陶，陶斯咏，咏斯猶，猶斯舞（舞斯慍）；慍斯戚，戚斯嘆，嘆斯辟，辟斯踊矣"，"禮有微情者，有以故興物者"②，這同樣屬於"節"。又《禮記·喪服四制》說得更直接："三日而食，三月而沐，期而

───────────

① 《呂氏春秋集釋》卷五《仲夏紀第五·侈樂》，第113—114頁。
② 《禮記集解》卷十《檀弓下第四之一》，第271頁。【按】"禮有微情者"，孔穎達疏"微，殺也。言若賢者喪親，必致滅性，故制使三日而食，哭踊有數，以殺其内情，使其俯就也"（《禮記正義》卷九《檀弓下第四》，第2824頁），如《禮記·檀弓下》"辟踊，哀之至也，有算，爲之節文也"（《禮記集解》卷十《檀弓下第四之一》，第256頁）。"有以故興物者"，孔穎達疏"'興'，起也。'物'謂衰絰之屬。若不肖之屬，本無哀情，故爲衰絰，使其睹服思哀，起情企及也。引由外來，故云'興物'也。然衰絰之用，一則爲孝子至（轉下頁）

練,毀不滅性,不以死傷生也。喪不過三年,苴衰不補,墳墓不培,祥之日鼓素琴①,告民有終也,以節制者也。"②"節"既有壓制,也有宣發,可謂雙向調節機制③,唯情理是求,這"情理"就是"平"。《禮記·樂記》:"是故先王之制禮樂也,非以極口腹耳目之欲也,將以教民平好惡而反人道之正也。"④可見"平"不僅是目的,也是"節"的標準,精要在於"損有餘,益不足"⑤。

　　人們常説"益者三友,損者三友"⑥,實際上還有"益者三樂,損者三樂"。《論語·季氏》載,孔子曰"益者三樂,損者三樂。樂節禮樂,樂道人之善,樂多賢友,益矣。樂驕樂,樂佚游,樂宴樂,損矣"⑦。對於"樂"的價值判斷,被賦予了深長的政治與社會意義,"樂節禮樂",以得到禮樂的調節爲快樂,這是更高的修養要求,與《論語·雍也》"知之者不如好之者,好之者不如樂之者"⑧同理。"平"是"節"的目的,"平"是"節"的標準,這些都是人爲。但通過人爲教化,若能達到以得到調節

（接上頁）痛之飾,二則使不肖之人企及,今止説'興物',以對'微情'之故"(《禮記正義》卷九《檀弓下第四》,第2824頁),此乃情緒管理,雙向調節機制,損有餘而益不足。若直肆己情而徑行之,情緒似脱繮野馬,如《禮記·檀弓下》"有直情而徑行者,戎狄之道也"(《禮記集解》卷十《檀弓下第四之一》,第271頁)。

① 【按】"素琴",沒有漆飾的琴,鼓之以示哀情。
② 《禮記集解》卷六十一《喪服四制第四十九》,第1470頁。
③ 【按】《禮記·檀弓上》:"魯人有朝祥而莫歌者,子路笑之。孔子曰:'由,爾責於人,終無已夫! 三年之喪,亦已久矣夫!'子路出,夫子曰:'又多乎哉! 逾月則其善也。'""孔子既祥,五日彈琴而不成聲,十日而成笙歌。"(《禮記集解》卷七《檀弓上第三之一》,第176、182頁)"顏淵之喪,饋祥肉,孔子出受之,入,彈琴而後食之。""子夏既除喪而見,予之琴,和之而不和,彈之而不成聲。作而曰:'哀未忘也,先王制禮而弗敢過也。'子張既除喪而見,予之琴,和之而和,彈之而成聲。作而曰:'先王制禮,不敢不至焉。'"(《禮記集解》卷八《檀弓上第三之二》,第195、205頁)皆是雙向調節機制之證明。
④ 《禮記集解》卷三十七《樂記第十九之一》,第982—983頁。
⑤ 《荀子集解》卷十三《禮論篇第十九》,第363頁。
⑥ 《論語集釋》卷三十三《季氏》,第1149頁。
⑦ 《論語集釋》,第1152頁。
⑧ 《論語集釋》卷十二《雍也下》,第404頁。

爲快樂,則"天下將安其性命之情"①,緣"節"以臻"平",由外而化内,
如《禮記·文王世子》"凡三王教世子,必以禮樂。樂,所以修内也"②,
這纔是真正的"平"。在"中"的内部,"平"作爲目標,必須通過"節"來
實現,天生不需要調節的人是理想中的聖人,所有現實中的人都需要調
節③。《禮記·仲尼燕居》記載孔子曰:

> 　　是故宫室得其度,量、鼎得其象,味得其時,樂得其節,車得其
> 式,鬼神得其饗,喪紀得其哀,辨説得其黨,官得其體,政事得其施,
> 加於身而錯於前,凡衆之動得其宜。
> 　　宫室失其度,量、鼎失其象,味失其時,樂失其節,車失其式,鬼
> 神失其饗,喪紀失其哀,辨説失其黨,官失其體,政事失其施,加於
> 身而錯於前,凡衆之動失其宜。如此,則無以袓洽於衆也。④

"樂得其節""樂失其節","節"即"度"也。"凡衆之動得其宜""凡
衆之動失其宜","宜"即"中"也,"洽"即"和"也。由此可見"節→中→
和"的理論思路。《莊子·在宥》云"自三代以下者,匈匈焉終以賞罰爲
事,彼何暇安其性命之情哉!而且説明邪? 是淫於色也;説聰邪? 是淫
於聲也;説仁邪? 是亂於德也;説義邪? 是悖於理也;説禮邪? 是相於
技也;説樂[邪]? 是相於淫也;説聖邪? 是相於藝也;説知邪? 是相於
疵也"⑤,説聰而淫於聲,説樂而相於淫,這就是"樂失其節",失"節"則
不"平",不"平"則違"中",違"中"就是"淫",也就背離了樂道的内涵。

---

① 《莊子集釋》卷四下《在宥第十一》,第 367 頁。
② 《禮記集解》卷二十《文王世子第八》,第 563 頁。
③ 【按】孔子曰"禮也者,理也。樂也者,節也。君子無理不動,無節不作"(《禮記集解》卷
　　四十九《仲尼燕居第二十八》,第 1272 頁)。
④ 《禮記集解》,第 1268、1269 頁。
⑤ 《莊子集釋》卷四下《在宥第十一》,第 365—367 頁。

“樂得其節”，就能臻於“平”，“平”則適中，這纔符合樂道的内涵。所以真正的“樂”是“樂節禮樂”，以得到禮樂的調節爲快樂，恰是《莊子·在宥》“無爲也而後安其性命之情”①，《禮記·樂記》稱其爲“論倫無患，樂之情也；欣喜歡愛，樂之官也”②，“樂行而倫清，耳目聰明，血氣和平，移風易俗，天下皆寧”③。“淫樂”即“樂失其節”，導致悦聰而淫於聲，悦樂而相於淫，這正是先秦樂道所極力反對的。《禮記·仲尼燕居》載，孔子説“禮也者，理也。樂也者，節也。君子無理不動，無節不作”④，作而中節，就能達到“平”的狀態，正如阮籍《樂論》“聖人之爲進退俯仰之容也，將以屈形體，服心意，便所修，安所事也。歌咏詩曲，將以宣平和，著不逮也。鐘鼓所以節耳，羽旄所以制目，聽之者不傾，視之者不衰；耳目不傾不衰，則風俗移易，故‘移風易俗，莫善於樂’也。故八音有本體，五聲有自然，其同物者以大小相君。有自然，故不可亂；大小相君，故可得而平也”⑤，從而實現審美心理的形式表層“中”，也爲審美心理的傳導中層“和”奠定基礎。

　　2. 論“平”是“正”的效果

　　上文已論“平”是“節”的目的，那麼“平”的標準又是什麼呢？這是順理成章的思維脉絡。“平”具有形式美感的意義，與“正”相關，傳統建築“中軸綫”的設計就是“正”的完美體現。“樂”作爲流動的建築，同樣以“正”爲標準，如上引《吕氏春秋·適音》“黄鐘之宫，音之本也，清濁之衷也。衷也者，適也”，這是一方面。另一方面，“平”也具有心理平衡的意義，平衡的準星就是“正”，《吕氏春秋·大樂》云“天下太平，萬物安寧，皆化其（上）［正］⑥，樂乃可成”，“務樂有術，必由平出。

---

① 《莊子集釋》卷四下《在宥第十一》，第369頁。
② 《禮記集解》卷三十七《樂記第十九之一》，第991頁。
③ 《禮記集解》卷三十八《樂記第十九之二》，第1005頁。
④ 《禮記集解》卷四十九《仲尼燕居第二十八》，第1272頁。
⑤ 《阮籍集校注》卷上《論·樂論》，第85頁。
⑥ 許維遹案：“‘上’字當作‘正’，形近之誤也。正與平、寧、成爲韻。（《君守篇》（轉下頁）

平出於公,公出於道,故惟得道之人,其可與言樂乎"①,可見"公"即是"正"。

"正"到底是什麼?《呂氏春秋·情欲》云"巧佞之近,端直之遠,國家大危,悔前之過,猶不可反。聞言而驚,不得所由,百病怒起,亂難時至,以此君人,爲身大憂,耳不樂聲,目不樂色,口不甘味,與死無擇"②,所謂"耳不樂聲""與死無擇",即"其樂不樂",《呂氏春秋·大樂》云"亡國戮民,非無樂也,其樂不樂。溺者非不笑也,罪人非不歌也,狂者非不武也,亂世之樂,有似於此。君臣失位,父子失處,夫婦失宜,民人呻吟,其以爲樂也,若之何哉"③,亡國戮民之樂、溺者之笑、罪人之歌、狂者之舞,都是不"正",可見"正"乃誠也,也就是"不可以爲僞",如《禮記·樂記》:

> 故曰:"樂者,樂也。"君子樂得其道,小人樂得其欲。以道制欲,則樂而不亂;以欲忘道,則惑而不樂。是故君子反情以和其志,廣樂以成其教,樂行而民鄉方,可以觀德矣。德者,性之端也;樂者,德之華也。金石絲竹,樂之器也。詩言其志也,歌咏其聲也,舞動其容也。三者本於心,然後樂器從之。是故情深而文明,氣盛而化神。和順積中而英華發外,唯樂不可以爲僞。④

"正"樂,是"和順積中而英華發外","不可以爲僞"⑤,"正"就是

(接上頁)亦以平、正、寧爲韵。)若作'上',則失其韵矣。"(《呂氏春秋集釋》卷五《仲夏紀第五·大樂》,第109頁引)

① 《呂氏春秋集釋》,第109、110頁。

② 《呂氏春秋集釋》卷二《仲春紀第二·情欲》,第44—45頁。

③ 《呂氏春秋集釋》卷五《仲夏紀第五·大樂》,第110頁。

④ 《禮記集解》卷三十八《樂記第十九之二》,第1005—1006頁。

⑤ 【按】《樂記》載賓牟賈與孔子論《大武》樂舞:"(子曰:)'《武》坐,致右憲左,何也?'對曰:'非《武》坐也。'(子曰:)'聲淫及商,何也?'對曰:'非《武》音也。'子曰:(轉下頁)

誠。不誠就是失正，《呂氏春秋·大樂》"君臣失位，父子失處，夫婦失宜，民人呻吟，其以爲樂也，若之何哉"，就是樂之失宜。《左傳·昭公二十五年》云"哀樂而樂哀，皆喪心也"①。"哀樂而樂哀"，不宜樂而樂，不該哀却哀，這就是"喪心"②，這就是不誠，也就是失正。所以"正"的意義，我們就明白了，宜樂則樂，該哀就哀，即《莊子》哲學所謂"安其性命之情"。如果做到這一點，其心理效果就是"平"，所以"平"是"正"的效果。

　　3. 論"樂"與"天道"

　　"節"的標準是"平"，"平"的標準是"正"，那"正"的標準又是什麼呢？這種思維脉絡，在哲學上可以無窮盡地追問下去，古人很有智慧，將"正"歸結於"道"，即《禮記·樂記》"故曰'樂者，樂也'，君子樂得其道"，《呂氏春秋·大樂》"平出於公，公出於道，故惟得道之人，其可與言樂乎"。這個"道"，具有宇宙本體的涵義，又稱爲"太一"，如《呂氏春秋·大樂》：

　　　　務樂有術，必由平出。平出於公，公出於道，故惟得道之人，其可與言樂乎！

　　　　大樂，君臣、父子、長少之所歡欣而説也。歡欣生於平，平生於道。道也者，視之不見，聽之不聞，不可爲狀。有知不見之見、不聞之聞、無狀之狀者，則幾於知之矣。道也者，至精也，不可爲形，不

（接上頁）'若非《武》音，則何音也？'對曰：'有司失其傳也。若非有司失其傳，則武王之志荒矣。'子曰：'唯！丘之聞諸萇弘，亦若吾子之言是也。'"（《禮記集解》卷三十八《樂記第十九之二》，第 1022 頁）此亦可證"樂不可以爲僞"之理。

①　《春秋左傳詁》卷十八《傳·昭公二十五年》，第 765 頁。

②　【按】《禮記·大學》之八綱目（《禮記訓纂》卷四十二《大學第四十二》，第 866 頁），誠意、正心，皆屬於修身之要，可見意誠方能心正，心正而後身修，不誠即謂喪心，失其正也。喪心者，如病癲狂，後世范如圭彈劾秦檜，所謂"喪心病狂"（《宋史》卷三百八十一《列傳第一百四十·范如圭》，第 11730 頁），其本義源於此，亦稱"病風喪心"（《宋史》卷四百五十五《列傳第二百一十四·吕祖泰》，第 13372 頁）。

可爲名,强爲之,謂之"太一"。故一也者制令,兩也者從聽。先聖擇兩法一,是以知萬物之情。故能以一聽政者,樂君臣,和遠近,説黔首,合宗親;能以一治其身者,免於灾,終其壽,全其天;能以一治其國者,奸邪去,賢者至,成大化;能以一治天下者,寒暑適,風雨時,爲聖人。故知一則明,明兩則狂。

　　音樂之所由來者遠矣,生於度量,本於太一。太一出兩儀,兩儀出陰陽。陰陽變化,一上一下,合而成章。渾渾沌沌,離則復合,合則復離,是謂天常。天地車輪,終則復始,極則復反,莫不咸當。日月星辰,或疾或徐,日月不同,以盡其行。四時代興,或暑或寒,或短或長,或柔或剛。萬物所出,造於太一,化於陰陽。萌芽始震,凝漢以形。形體有處,莫不有聲。聲出於和,和出於適。先王定樂,由此而生。①

　　在這裏"樂"具有天道觀哲學性起源的意義,《樂記》總結爲"樂者,天地之和也""樂由天作"②。後世所謂的"天作之合",即來源於樂道,常用於姻親的"天作之合",即樂道天作之和。這個本原歸結於道,道是天地萬物的本原,"道也者,至精也,不可爲形,不可爲名,强爲之,謂之'太一'",也稱爲"一","故一也者制令,兩也者從聽"。一,即太一、道,指本原;兩,由一派生,指非本原。"先聖擇兩法一,是以知萬物之情",主張棄兩用一,即不要爲非本原所迷惑,要抓住本原,用來體察萬物,"故知一則明,明兩則狂"③。

　　"樂"具有精神體驗的理性特質,黑格爾(Georg Wilhelm Friedrich Hegel)在《美學》第三卷上册,敏鋭地提出"聽覺像視覺一樣是種認識

---

① 《吕氏春秋集釋》卷五《仲夏紀第五·大樂》,第 110、111、108—109 頁。
② 《禮記集解》卷三十七《樂記第十九之一》,第 990 頁。
③ 【按】"明",明白、清楚;"狂",惑亂。

性的而不是實踐性的感覺,並且比視覺更是觀念性的"①,塞繆爾·約翰遜(Samuel Johnson)也曾感觸"音樂是唯一不帶罪惡的感官享受"②,可見"樂"是感性與理性的統一體,所以古人將樂與道相聯繫(樂道),有其天才的合理性。

　　【按】關於樂的性質,我國有以樂配天的文化傳統。如《世本·作篇》"伶倫造律吕"③,"黃帝使羲和占日,常儀占月,臾區占星氣,伶倫造律吕"④,日、月、星氣與律吕並舉,蘊涵樂與天相聯繫的文化信息。又如《吕氏春秋·音律》"大聖至理之世,天地之氣,合而生風。日至則月鐘其風,以生十二律","天地之風氣正,則十二律定矣"⑤,以及上引《樂記》"樂由天作"。應該如此理解:樂在起源上,具有巫術基因,《吕氏春秋·古樂》"惟天之合,正風乃行,其音若熙熙淒淒鏘鏘。帝顓頊好其音,乃令飛龍作[樂],效八風之音,命之曰《承雲》,以祭上帝"⑥,是上古用於溝通天人的宗教儀式,因此與天相聯繫;樂在性質上,以中華文化觀審視之,具有陽的屬性,樂的本質在於内心情感的抒發,方向是由内向外,而樂舞本身具有宣發弘揚的特點。《論語·泰伯》:"子曰:'師摯之始,《關雎》之亂,洋洋乎盈耳哉!'"⑦《論語·八佾》:"子語魯大師樂(奏樂的道理),曰:'樂其可知也:始作,翕如也(熱烈);從之,純

①　〔德〕黑格爾著,朱光潛譯:《美學》第三卷,上册,商務印書館,1979年,第331頁。
②　朱偉:《甘霖止渴,知音〈愛樂〉——追求文化性和通俗性、實用性和交流性的結合》,《出版廣角》1995年第1期,第2頁引。
③　《世本八種·王謨輯本·作篇》,第36頁。
④　《世本八種·秦嘉謨輯補本·作篇》,第356頁。
⑤　《吕氏春秋集釋》卷六《季夏紀第六·音律》,第136頁。
⑥　《吕氏春秋集釋》卷五《仲夏紀第五·古樂》,第123頁。許維遹案:"《書鈔》一百五、《楚辭·遠游篇》洪興祖補注引'作'下並有'樂'字,當據補。"
⑦　《論語集釋》卷十六《泰伯下》,第542頁。

如也(和諧),皦如也(清晰),繹如也(不絶),以成。'"①這種向外生發、擴張的性質,稱之爲陽健,與天德相合。所以從文化觀的角度,可以總結爲"樂由中出"②"樂由天作"(《樂記》),"樂由陽來者也"③(《郊特牲》)。樂以舞動的節奏、跳動的音律感人,樂必須變化纔能存在,而易學思維認爲,陽主變化,所以樂屬陽,即所謂"聖人作樂以應天"④(《樂記》)。

　　上引《吕氏春秋·大樂》"音樂之所由來者遠矣,生於度量,本於太一"句中,"度量"指長度與容積,《吕氏春秋·適音》"何謂衷? 大不出鈞,重不過石,小大輕重之衷也",可見樂"生於度量",即"務樂有術,必由平出","度量"的規定,就是爲了不過度、不逾量,這正是"平"的要求。"平出於公,公出於道",所以樂"本於太一"。

　　到底樂怎樣"本於太一",《吕氏春秋·大樂》也給出了哲學解釋:"大樂,君臣、父子、長少之所歡欣而説也。歡欣生於平,平生於道","萬物所出,造於太一,化於陰陽。萌芽始震,凝瀀以形。形體有處,莫不有聲。聲出於和,和出於適。先王定樂,由此而生"。造,始也;化,生成。萬物皆源於道,由陰陽之氣生成。"萌芽始震",因陽而萌芽活動;"凝瀀以形",因陰而凝凍成形。既有形體占據空間,就會産生各種各樣的聲響,"聲出於和,和出於適",聲音産生於和諧,和諧來源於合度,樂的産生,正是從這個原則出發的。理清思維邏輯,這裏有三條主綫:道→陰陽→形體(萬物)→聲響,道→平和→歡欣→樂,適→和→聲音→樂,所講内容實際上具有統一性。由此可見,作爲源頭"適"即"道",而"適"即"中",也就是説"中"即"道",所謂中道是也。"音樂之

①　《論語集釋》卷六《八佾下》,第216頁。
②　《禮記集解》卷三十七《樂記第十九之一》,第987頁。
③　《禮記集解》卷二十五《郊特牲第十一之一》,第674頁。
④　《禮記集解》卷三十七《樂記第十九之一》,第992頁。

所由來者遠矣,生於度量,本於太一",“生於度量",指生於中,“本於太一",指本於道,實質上是一個意思。“平出於公,公出於道",即平出於正,正出於中。

　　道本混沌無形,無所謂規定性,“道也者,至精也,不可爲形,不可爲名,强爲之,謂之‘太一’",“道也者,視之不見,聽之不聞,不可爲狀。有知不見之見、不聞之聞、無狀之狀者,則幾於知之矣"①。而“平"“中"都有規定性,如《國語·周語下》“細大不逾曰平",《吕氏春秋·適音》“大不出鈞,重不過石,小大輕重之衷(適、中)②也",所以《吕氏春秋·大樂》“大樂,君臣、父子、長少之所歡欣而説也。歡欣生於平,平生於道",就是有形生於無形。道即一,一即中,平生於正,正生於中,而“平"就是“中"的核心。

　　“道"强調無形,“一"或者“中"强調有形,“道生一"即混沌開天,無中生有;“平生於道"“公出於道",即中生於道,道是無形之中,中是有形之道,亦一亦二而已③。因此對於“中"的内部結構,“節"的標準是“平",“平"的標準是“正",而“正"的標準就是“中"本身,實際上與“道生一"同理。這種説法並非毫無意義,也不是神秘論,而是從自然主義哲學角度,以效法天地陰陽爲主導原則的樂源論,體現了先秦樂道的哲學思想高度。

　　【按】《吕氏春秋》十二月紀篇首文字,即《禮記·月令》,《淮南子》並采作《時則》。四季合四音,十二月合十二律,受戰國五行説影響,成爲後來漢代“候氣"説的先導,反映出先民在樂學方面

---

① 上引《吕氏春秋·大樂》。【按】“不聞之聞",在不聞中包含着聞;“無狀之狀",在無形中包含着有形。
② 【按】適者,物之中,合宜之謂也;衷者,心之中,“和心"“心和平"之謂也。
③ 【按】平生於道,即平生於中;平生於中,即中生於中。無形之“中"生有形之“中"。上引《吕氏春秋·大樂》“渾渾沌沌,離則復合,合則復離,是謂天常",亦一亦二,正是自然哲學的永恒規律。

的神秘觀念。某一時間宜行某一樂事，目的在於順應時氣。時氣即四季之旺氣，"旺"是居於主導地位的意思，此與時令之陰陽屬性有關。孟春、仲春主培育，要練習舞樂，因爲春季陽氣尚弱，故以培育爲主，"命樂正入學習舞"①(《孟春紀》)，"又命樂正入學習樂"②(《仲春紀》)，爲以後使用舞樂做好準備，這就叫作調和陰陽。在此基礎上，從季春開始，陽氣趨盛，逐漸發揚，季春、孟夏、仲夏主生發，所以要漸次大規模地使用樂舞，祭祀神靈："季春之月"，"是月之末，擇吉日，大合樂"③(《季春紀》)，"立夏之日"，"乃命樂師習合禮樂"，"是月也，天子飲酎，用禮樂"④(《孟夏紀》)，"仲夏之月"，"是月也，命樂師修鞀鞞鼓，均琴瑟管簫，執干戚戈羽，調竽笙塤篪，飭鐘磬柷敔。命有司爲民祈祀山川百原，大雩帝，用盛樂"⑤(《仲夏紀》)。夏季陽氣居盛，以發揚爲主，因此《吕氏春秋》主張大規模使用樂舞。而季夏之月，因爲陽極一陰生，陽氣由極盛轉衰，"涼風始至""水潦盛昌"，需要保護初生的陰氣，靜待秋季萬物成功⑥，"無發令而干時，以妨神農之事⑦"，"不可以興土功，不可以合諸侯，不可以起兵動衆，無舉大事以搖蕩於氣"，"舉大事則有天殃"⑧(《季夏紀》)。季夏乃陰陽交替之時，宜求靜，順待金秋天功之成，而樂爲陽性，主動蕩，性質爲發揚，會壓制陰氣，妨礙萬物結果成熟，所以季夏没有提到樂舞之事，這就叫作陽中有陰。秋季之時氣，陽氣退却，陰氣興起，天地漸趨閉固，而

① 《吕氏春秋集釋》卷一《孟春紀第一·孟春紀》，第 11 頁。
② 《吕氏春秋集釋》卷二《仲春紀第二·仲春紀》，第 37 頁。
③ 《吕氏春秋集釋》卷三《季春紀第三·季春紀》，第 58、63 頁。
④ 《吕氏春秋集釋》卷四《孟夏紀第四·孟夏紀》，第 85、87 頁。
⑤ 《吕氏春秋集釋》卷五《仲夏紀第五·仲夏紀》，第 103—105 頁。
⑥ 【按】"功"，事也。
⑦ 【按】"事"，農事。
⑧ 《吕氏春秋集釋》卷六《季夏紀第六·季夏紀》，第 129、131、132 頁。

樂屬陽，主生發宣揚，所以秋季不宜用樂，以應時氣。而季秋之月，
"上丁，入學習吹"①，此與季冬之月"命樂師大合吹而罷"②相對
應。季冬是爲了用樂補陽，有助長陽氣、送寒迎春的目的，季秋入
學習吹，正是爲季冬大合吹作準備，但是只能培育，而不能使用。
季秋之月萬物趨於收斂，過分助陽，會妨礙萬物閉藏，此時只需保
護陽氣即可。因爲季秋之月，陽氣已被陰氣完全壓制，陰氣將趨於
鼎盛，"上丁，入學習吹"，在此月上旬，進入太學練習管樂器，具有
及時保護陽氣的作用，以備來年陽氣順利生發，這就叫作調和陰
陽。冬季之時氣，陽氣消弭，陰氣居盛，天地閉固，以待來年，而樂
屬陽，主生發宣揚，所以冬季更不宜用樂。但季冬之月，"命樂師
大合吹而罷"，命令樂師舉行管樂大合奏，結束一年之事。爲什麼
季冬之月又出現樂事活動？因爲陰極一陽生，季冬陰氣由極盛轉
衰，陽氣開始萌動，值此陰陽交替之時，復興管樂加以應合，具有結
束年度之義，而且用樂補陽，也有助長陽氣、送寒迎春之目的，這就
叫作陰中有陽。如此四季輪替、循環往復，樂事的練習、使用、暫
停、復興，與時令的屬性之間，古人認爲存在着陰陽消長的關係。
《樂記》云"樂者，天地之和也；禮者，天地之序也。和，故百物皆
化；序，故群物皆別。樂由天作③，禮以地制。過制則亂，過作則
暴。明於天地，然後能興禮樂也"④，由此可見，這些並不是神秘
論，而是從自然主義哲學角度，以效法天地陰陽爲主導原則的樂源
論，體現天地（陰陽）人（樂事的練習、使用、暫停、復興）三才合一，
這是先秦樂道學説的哲學基礎。

① 《呂氏春秋集釋》卷九《季秋紀第九·季秋紀》，第195頁。
② 《呂氏春秋集釋》卷十二《季冬紀第十二·季冬紀》，第259頁。
③ 【按】所謂"天作之合"，天作之和也。
④ 《禮記集解》卷三十七《樂記第十九之一》，第990頁。

"中"的内部結構與《周易·豫卦》

"中"的内部學理結構是"節→平←正":"平"是"節"的目的,"平"是"正"的效果,"平"是"中"的核心。達到"平"的狀態,既可以實現審美心理的形式表層"中",也爲審美心理的傳導中層"和"奠定基礎。不僅如此,先秦樂道還賦予其居安思危的文化精神。如《周易·豫卦》:

> 豫:利建侯行師①。
>
> 《彖》曰:豫,剛應而志行,順以動,豫。豫,順以動,故天地如之,而況建侯行師乎? 天地以順動,故日月不過,而四時不忒;聖人以順動,則刑罰清而民服。豫之時義大矣哉。
>
> 《象》曰:雷出地奮,豫。先王以作樂崇德②,殷薦之上帝,以配祖考。
>
> 初六,鳴豫,凶。《象》曰:初六鳴豫,志窮凶也。
>
> 六二,介于石,不終日,貞吉。《象》曰:不終日,貞吉,以中正也。
>
> 六三,盱豫悔,遲有悔。《象》曰:盱豫不悔,位不當也。
>
> 九四,由豫,大有得,勿疑。朋盍簪。《象》曰:"由豫,大有

① 【按】"利建侯行師",《周易正義》:"動而衆説,故可'利建侯'(建立諸侯)也;以順而動,不加無罪,故可以'行師'(出師征戰)也。"([魏]王弼、[晋]韓康伯注,[唐]孔穎達疏,于天寶點校:《宋本周易注疏》卷四《豫》,中華書局,2018 年,第129—130 頁)以"利建侯行師"作爲比喻,意指順天下之勢而動,使天下同歸安樂,正如《左傳·襄公二十七年》"樂而不荒"(《春秋左傳詁》卷十四《傳·襄公二十七年》,第595 頁),順勢守中之謂也。《豫卦·彖辭》"豫,順以動,故天地如之,而況建侯行師乎? 天地以順動,故日月不過,而四時不忒;聖人以順動,則刑罰清而民服。豫之時義大矣哉"(《宋本周易注疏》卷四《豫》,第130 頁),以"利建侯行師"作喻之意旨,顯而易見。
② 【按】《周易》六十四卦之中,履卦一陰對五陽,以"上天下澤"之卦象,歸結爲禮;豫卦一陽對五陰,以"雷出地奮"之卦象,論述"先王以作樂崇德"之道理,歸結爲樂。合而觀之,可見陰陽哲學原理。

得”,志大行也。

六五,貞疾,恒不死。《象》曰:六五貞疾,乘剛也;恒不死,中
未亡也。

上六,冥豫成,有渝無咎。《象》曰:冥豫在上,何可長也?①

易道廣大精微,值得仔細體會。豫卦是講快樂的卦,《禮記·樂
記》“故曰‘樂(yuè)者,樂(lè)也’”②,樂(lè)當然包括在內。紫禁城
中最大的一座戲臺“暢音閣”,始建於乾隆三十七年(1772),專供重大
節慶演戲使用。暢音閣上下共有三層,稱爲福臺、祿臺和壽臺,蘊涵天
地人三才的文化基因。最高的是福臺,中間設天井,連接中層的祿臺,
祿臺和基層的壽臺之間,有三個圓井相通。上演戲碼時,升仙、下凡的
情節,用轆轤將幕景與演員吊上吊下,頗似今天演員吊威亞③,戲劇效
果十分逼真。上層福臺的匾額爲“暢音閣”三字,中層祿臺的匾額爲
“導和怡泰”,基層壽臺的匾額即爲“壺天宣豫④”。由此可見,包括音
樂舞蹈在內的戲劇娛樂之事,都可稱爲“豫”,豫即娛,樂(lè)也。上引
豫卦《大象》曰“雷出地奮⑤,豫。先王以作樂(yuè)崇德,殷薦之上帝,

---

① 《宋本周易注疏》卷四《豫》,第129—135頁。
② 《禮記集解》卷三十八《樂記第十九之二》,第1005頁。
③ 【按】“吊威亞”即吊鋼絲,威亞,英語 wire 之音譯。
④ 【按】“壺天”,據《後漢書·費長房傳》記載,東漢費長房“曾爲市掾。市中有老翁賣藥,
　　懸一壺於肆頭,及市罷,輒跳入壺中。市人莫之見,唯長房於樓上睹之,異焉,因往再拜奉
　　酒脯。翁知長房之意其神也,謂之曰:‘子明日可更來。’長房旦日復詣翁,翁乃與俱入壺
　　中。唯見玉堂嚴麗,旨酒甘肴盈衍其中,共飲畢而出”(《後漢書》卷八十二下《方術列傳
　　第七十二下·費長房》,第2743頁)。後世以“壺天”謂仙境、勝境。“宣豫”,即弘揚樂道
　　精神。樂主陽,性質向外發揚;樂主和,和者宣也。和而不發則不成樂。宣,發也,和也,
　　導和之謂也。《説文》“宣,天子宣室也。從宀亘聲”(《説文解字》標點整理本《弟七·宀
　　部》,第184頁),又《説文》“亘,求回也。從二從回。回,古文回,象回回形。上下,所求
　　物也”,徐鍇注解“回,風回轉,所以宣陰陽也”(《説文解字》標點整理本《弟十三·二
　　部》,第357頁),所謂“宣陰陽”,即和陰陽。“宣”即和,上文“樂道起源論”之“‘樂’之本
　　體”已詳細論及。
⑤ 【按】“奮”,動也。

以配祖考”,雷出地奮,由坤下震上的卦象而來,強調樂(yuè)的鼓動作用,“雷出地奮,豫”,就是“宣豫”的意思。“先王以作樂崇德,殷薦之上帝,以配祖考”,目的在於尋求人神和合歡娛的宗教氛圍,如《禮記·樂記》“然後發以聲音,而文以琴瑟,動以干戚,飾以羽旄,從以簫管。奮至德之光,動四氣之和,以著萬物之理”①。《尚書·堯典》説得更明白,“詩言志,歌永言,聲依永,律和聲。八音克諧,無相奪倫,神人以和”②,這就是“和”的精神。

《彖辭》總説卦意“豫,順以動”,説解由卦象而來,坤下而順,震上而動,“順以動”,即順沿物性而動,所以應該適可而止。又“六三,盱豫悔,遲有悔”,《小象》曰“盱豫有悔,位不當也”。“位不當”,指六三居位不正當,陰居陽位,失正而不當位,又不居下卦之中,而且豫卦六三上承九四,有媚上求樂之象,稱爲“盱豫③”。媚眼悦上尋求歡樂,將導致悔恨。三位處上下兩卦之際,功業小成,主於慎行防凶。“遲有悔”,如果悔悟太遲,必將鑄成悔恨。《周易》講吉凶悔吝,悔能生吉,“人誰無過? 過而能改,善莫大焉。《詩》曰‘靡不有初,鮮克有終’,夫如是,則能補過者鮮矣”④,達到無咎⑤的境界,從而避免由吝致凶。“遲有悔”,強調及時悔悟、適可而止,這就是“節”的精神。

---

① 《禮記集解》卷三十八《樂記第十九之二》,第 1004 頁。
② 《尚書今古文注疏》卷一《虞夏書一·堯典第一·下》,第 70 頁。
③ 【按】“盱”,睜大眼睛。《説文》“盱,張目也。從目于聲。一曰朝鮮謂盧童子曰盱”(《説文解字》標點整理本《弟四·目部》,第 82 頁),《周易集解》引向秀曰“睢盱,小人喜悦、佞媚之貌也”(《周易集解》卷四《豫》,第 124 頁),所謂“睢盱”(suī xū),睜眼仰視貌,是以“盱豫”,即媚眼悦上尋求歡樂。
④ 士季(即范武子、隨武子)諫晉靈公之語,見《春秋左傳詁》卷十《傳·宣公二年》,第 397 頁。
⑤ 【按】“無咎”,善補過也。《周易·繫辭上》“吉凶者,言乎其失得也。悔吝者,言乎其小疵也。無咎者,善補過也”(《宋本周易注疏》卷十《周易繫辭上》,第 388 頁),《周易·繫辭下》“懼以終始,其要無咎,此之謂易之道也”(《宋本周易注疏》卷十二《周易繫辭下》,第 466 頁)。“無咎”合於“中”的精神,這就是易學之道。想達到“無咎”境界,就要善於“節”,即善補過也。

"六二，介于石，不終日，貞吉"，《小象》曰"不終日，貞吉，以中正也"。六二處下卦中位，易例稱爲"中"，又以陰爻居陰位，稱爲"得正"，陰爻處二位，既中且正，這就是"中正"，在易爻中尤爲美善的象徵。"介于石"，耿介如磐石。耿介，正直也，因爲六二既中且正，遂有此喻①。"不終日"，不等候一天終盡，就悟知歡樂必須適中的道理。在歡樂之時，能不苟且尋歡，如此守持正固，必吉，故稱"貞吉"。爻意重點在於居中持正，不苟"豫"而獲吉，歡樂得體，這就是"正"的精神。

《彖辭》"豫，剛應而志行"，豫卦一陽而五陰，九四陽剛，作爲卦主，與群陰相應而志行，比喻與物同樂，廣樂天下，何以見之？我們再看九四爻辭，"九四，由豫，大有得，勿疑。朋盍簪"，《小象》曰"由豫，大有得，志大行也"。"由豫"，由之以豫，人們依賴他獲得歡樂②。豫卦群陰由九四之陽剛而獲豫，故稱"大有得"。豫卦六爻之中，九四一陽主於施樂，全卦的歡樂（"豫"）由之而得。九四陽爻居陰位，而且四位由下卦躍入上卦，與五位相比，屬於臣位，主於警懼審時，是多懼之位。恐其多懼疑慮，故曰"勿疑"，指九四剛直不疑，一視同仁，方能得到群物依歸，即"朋盍簪"。"盍"通"合"，九四陽剛，而陽以陰爲朋，友朋像頭髮括束於簪子一樣聚合相從。用來比喻九四陽剛志向大爲施行，故稱"志大行也"。九四之立意，在於剛直不疑、一視同仁，方能與物同樂、廣樂天下，這就是"平"的精神。

"六五，貞疾，恒不死"，《小象》曰"六五貞疾，乘剛也；恒不死，中未亡也"。六五陰爻居陽位，而且在九四之上，有乘剛之嫌，本來不甚吉善，但是因爲處於上卦中位，有柔中之德，只要持守中道、警惕沉湎，就能長久康健，不致滅亡。在歡樂之時，六五柔居君位，下有九四強臣，有沉湎忘憂的危險。雖然如此，但六五又處中位，只要守中而不過度，就

① 【按】蔣中正字介石，其名與字，即出於《周易·豫卦》六二。
② 【按】《周易集解》引侯果曰："（九四）爲豫之主，衆陰所宗，莫不由之以得其豫。"（《周易集解》卷四《豫》，第124頁）

能轉危爲安，慮疾而不亡。"中未亡也"，居中不淫未必滅亡，這就是"中"的益處，正是《孟子》所說的"生於憂患"①。

　　"初六，鳴豫，凶"，《小象》曰"初六鳴豫，志窮凶也"。初六陰居陽位，失正又不居中。而且初位與四位相應，初六以失正違中，上應九四，九四陽主施樂，所以《豫卦》初六有沉溺歡樂而自鳴得意之象，稱爲"鳴豫"。筆者不禁聯想到《謙卦》上六，"鳴謙"而有利②，"鳴豫"却致凶。謙虛不妨有聞於外，而歡樂之初，萬不可得意忘形，歡樂之志窮極，失正違中以致於淫③，就會導致凶險。"上六，冥豫成，有渝無咎"，《小象》曰："冥豫在上，何可長也？"冥豫，昏冥縱樂。渝，變也，此指改正。上六陰居陰位，雖然已經形成昏冥縱樂的惡果，但如果及早改正則無危害。上位不居上卦之中，如果執迷不悟，歡樂必定不能長久。上六居上位，發展終盡，窮極必反。"冥豫在上"，意指統治者冥豫，或者冥豫至極之象。"冥豫"即樂極、縱樂過度，誠如《禮記·曲禮上》所言"志不可滿，樂不可極"④。上六處窮極之位，"何可長也"，從而提出警告。這就是"淫"的害處，正是《孟子》所說的"死於安樂"⑤。

　　"中"的內部結構如下：順性以動，適可而止，是"節"的精神；誠意正心，歡樂得體，是"正"的精神；一視同仁，與物同樂，是"平"的精神。時刻弘揚"中"的益處，提前規避"淫"的害處，"然後知生於憂患，而死於安樂也"⑥，可見先秦樂道又賦予其居安思危的文化精神。這是對審美心理形式表層"中"的哲學升華，實在是樂道思想的一大擴充，豐富

---

① 《孟子正義》卷二十五《告子章句下·十五章》，第 872 頁。
② 《謙卦》"六二，鳴謙，貞吉"，王弼注"鳴者，聲名聞之謂也。得位居中，謙而正焉"。(《宋本周易注疏》卷四《謙》，第 127 頁)
③ 【按】《周易·豫卦》王弼注："(初六)處豫之初，而特得志於上，樂過則淫，志窮則凶，豫何可鳴？"(《宋本周易注疏》卷四《豫》，第 133 頁)
④ 《禮記集解》卷一《曲禮上第一之一》，第 4 頁。
⑤ 《孟子正義》卷二十五《告子章句下·十五章》，第 872 頁。
⑥ 《孟子正義》，第 872 頁。

了先秦樂道的内涵體系。

（二）傳導中層——"和"

上文已論審美心理的形式表層"中"，再來探討審美心理的傳導中層"和"，就比較方便了。"和"是什麽？和就是順，《樂記》有云"和順積中，而英華發外"，"正聲感人，而順氣應之，順氣成象，而和樂（yuè）興焉"，"使耳、目、鼻、口、心知、百體皆由順正，以行其義①。《説文》："和，相䧹（應）也。從口禾聲。"②《廣雅》："和，諧也。"③"應"也好，"諧"也罷，核心都在於"順"。"順應"容易理解，如今我們仍在使用。"諧"，《説文》云"諧，詥也。從言皆聲"④，《六書統》云"詥，從言從合，合衆意也"⑤，合衆意，相從之謂也。《玉篇》云"順，從也"⑥。可見"諧"的本質也是"順"，如《廣韻》"和，順也，諧也，不堅不柔也"。"和"，古文也作"咊""龢"，"龢，諧也，合也，或曰古'和'字"⑦。

用現代觀點來看，樂之"和"，指樂的聲學特性與人的審美心理之間的協調配合。協調配合得好，就是順，稱爲"和"。如果協調配合得不好，就是"暴"，如《樂記》"樂者，天地之和也"，"和，故百物皆化"，

---

① 《禮記集解》卷三十八《樂記第十九之二》，第 1006、1003 頁。
② 《説文解字》標點整理本《弟二·口部》，第 31 頁。
③ ［清］王念孫撰，張其昀點校：《廣雅疏證·卷第三下·釋詁》，中華書局，2019 年，第 255 頁。
④ 《説文解字》標點整理本《弟三·言部》，第 58 頁。
⑤ ［元］楊桓：《六書統·言部》，《景印文淵閣四庫全書》第 227 册，臺灣商務印書館，1982 年發行；亦見於漢語大字典編輯委員會編纂：《漢語大字典》九卷本，崇文書局、四川辭書出版社，2010 年，第 4644 頁。
⑥ ［梁］顧野王撰，吕浩校點：《大廣益會玉篇》卷四《頁部第三十六》，中華書局，2019 年，第 122 頁。
⑦ 余廼永校注：《新校互注宋本廣韻（增訂本）》，上海辭書出版社，2000 年，第 163 頁。

"樂由天作","過作則暴"①;也稱作"逆",如《樂記》"凡奸聲感人,而逆氣應之,逆氣成象,而淫樂興焉。正聲感人,而順氣應之,順氣成象,而和樂興焉"②。"暴""逆"即不順,都與"和"相對。

"中和"向"仁和"的轉化

《説文》云"順,理也"③,《釋名》云"順,循也,循其理也"④。既然"和"就是順,"順","循其理也",那麼"和"所循之理是什麼呢? 上引《吕氏春秋·適音》云"以適聽適則和矣"。以適中的心境聽適中的聲音,就能達到和諧。由此可見,審美心理的形式表層"中",爲審美心理的傳導中層"和"奠定基礎。爲什麼説"和"是傳導中層呢? 因爲"和"並不是最終目的,最終目的在於實現審美心理的内核深層"仁"。簡言之,"中和"向"仁和"的轉化,是先秦樂道體系的核心内涵,如《禮記·儒行》"歌樂者,仁之和也"⑤。

先秦樂道要跨越樂的外殼,直指樂的本質。《禮記·仲尼燕居》:"子張問政。子曰:'師乎,前! 吾語女乎! 君子明於禮樂,舉而錯之而已。'子張復問。子曰:'師! 爾以爲必鋪几、筵,升降,酌、獻、酬、酢,然後謂之禮乎? 爾以爲必行綴兆,興羽籥,作鐘鼓,然後謂之樂乎? 言而履之,禮也。行而樂之,樂也。君子力此二者,以南面而立,夫是以天下太平也,諸侯朝,萬物服體,而百官莫敢不承事矣。'"⑥即主張由形下之舞容樂器,趨向形上之本質樂道⑦,這種境界又稱"無聲之樂",《禮

---

① 《禮記集解》卷三十七《樂記第十九之一》,第 990 頁。
② 《禮記集解》卷三十八《樂記第十九之二》,第 1003 頁。
③ 《説文解字》標點整理本《弟九·頁部》,第 227 頁。
④ 《釋名疏證補》卷四《釋言語第十二》,第 119 頁。
⑤ 《禮記集解》卷五十七《儒行第四十一》,第 1408 頁。
⑥ 《禮記集解》卷四十九《仲尼燕居第二十八》,第 1273 頁。
⑦ 【按】《周易·繫辭上》云"是故形而上者謂之道,形而下者謂之器"(《宋本周易注疏》卷十一《繫辭上》,第 426 頁)。

記·孔子閑居》歸納禮樂爲"三無"境界，"無聲之樂，無體之禮，無服之喪，此之謂三無"①，這並不是拋棄樂，而是極言樂的和衆作用，弘揚樂道的精神"仁"。

孔子曾慨嘆："人而不仁，如禮何？ 人而不仁，如樂何？"②"禮云禮云，玉帛云乎哉？ 樂云樂云，鐘鼓云乎哉？"③這不是不要鐘鼓，而是呼籲鐘鼓之後要有仁，與"禮，與其奢也，寧儉；喪，與其易也，寧戚"④同理⑤。"樂"是積極弘揚，是陽性的，但陽極而陰生，所以"至樂無聲而天下之民和"⑥，民和就是最大的仁德，"樂和民聲"而"仁近於樂"⑦

---

① 《禮記集解》卷四十九《孔子閑居第二十九》，第 1276 頁。【按】《禮記·孔子閑居》"'夙夜其命宥密'，無聲之樂也；'威儀逮逮，不可選也'，無體之禮也；'凡民有喪，匍匐救之'，無服之喪也"，"無聲之樂，氣志不違；無體之禮，威儀遲遲；無服之喪，內恕孔悲。無聲之樂，氣志既得；無體之禮，威儀翼翼；無服之喪，施及四國。無聲之樂，氣志既從；無體之禮，上下和同；無服之喪，以畜萬邦。無聲之樂，日聞四方；無體之禮，日就月將；無服之喪，純德孔明。無聲之樂，氣志既起；無體之禮，施及四海；無服之喪，施于孫子"（《禮記集解》，第 1276—1277 頁），闡述了君子從事"三無"的五個層次，亦見於《上海博物館藏戰國楚竹書》之《民之父母》篇，僅個別文字出入，乃經戰國儒家傳承的重要學術觀點。
② 《論語集釋》卷五《八佾上》，第 142 頁。
③ 《論語集釋》卷三十五《陽貨下》，第 1216 頁。
④ 《論語集釋》卷五《八佾上》，第 145 頁。
⑤ 【按】《禮記·檀弓上》："子路曰：'吾聞諸夫子：喪禮，與其哀不足而禮有餘也，不若禮不足而哀有餘也。祭禮，與其敬不足而禮有餘也，不若禮不足而敬有餘也。'"（《禮記集解》卷八《檀弓上第三之二》，第 202 頁）《國語·晉語四》："中不勝貌，恥也。"（《國語集解·晉語四第十·文公在狄十二年》，第 338 頁）《孟子·離婁上》："恭者不侮人，儉者不奪人。侮奪人之君，惟恐不順焉，惡得爲恭儉？ 恭儉豈可以聲音笑貌爲哉？"（《孟子正義》卷十五《離婁章句上·十六章》，第 519 頁）由此可見，樂與禮之目的，在於中心誠敬。誠主仁，敬主義，誠敬，仁義之謂也，如《禮記·樂記》云"樂者爲同，禮者爲異。同則相親，異則相敬。樂勝則流，禮勝則離。合情飾貌者，禮樂之事也。禮義立，則貴賤等矣。樂文同，則上下和矣。好惡著，則賢不肖別矣。刑禁暴，爵舉賢，則政均矣。仁以愛之，義以正之。如此，則民治行矣"，又曰"天高地下，萬物散殊，而禮制行矣。流而不息，合同而化，而樂興焉。春作夏長，仁也。秋斂冬藏，義也。仁近於樂，義近於禮"（《禮記集解》卷三十七《樂記第十九之一》，第 986—987、992 頁），此乃禮樂現象的社會功能，同時也是禮樂之道的價值取向與道德論説。
⑥ 《大戴禮記彙校集解》卷一《主言第三十九》，第 36 頁。
⑦ 《禮記集解》卷三十七《樂記第十九之一》，第 986、992 頁。

（樂道道德論）。如果達到民和的目的，即便無聲，又有何妨？由此可見，審美心理的形式表層"中"、審美心理的傳導中層"和"，都是爲了通向審美心理的内核深層"仁"。中→和→仁，這一獨具特色的審美鏈，構成先秦樂道内涵體系的主體内容。

"中"是"和"的基礎，"和"是"中"的目的。《吕氏春秋·大樂》"聲出於和，和出於適。和適，先王定樂，由此而生"①，"適"即"中"，"和出於適"，就是"和"生於"中"。物理意義上的"音"，是發聲體振動所産生的音波，具有四個描述性要素：一是"音調"，與頻率成正比；二是"響度"，與振幅成正比；三是"音色"，與發聲體的材質與結構有關；四是"音長"，與振動持續時間成正比。這裏面本來無所謂"中"，只有高低、大小、色彩與長短的區別。所以上引《國語·周語下》"咏之以中音"，屬於心理聲學的範疇，是物理的"音"在心理上的反映。古人認爲，音之中爲"衷"，"衷"就是内心的合適，如上引《吕氏春秋·適音》"何謂適？衷，音之適也。何謂衷？大不出鈞，重不過石，小大輕重之衷也。黄鐘之宫，音之本也，清濁之衷也。衷也者，適也。以適聽適則和矣。樂無太，平和者是也"。"以適聽適"爲"和"，因此"和"的本質，是人類對物理音響的心理選擇，即物理特性的人爲選擇，而心理選擇的尺度，又受到所在文化的影響。在先秦樂道思想領域，音響選擇的標準就是"中"，即合中適宜、不過度，反映出傳統文化的心理取向。

由此可見，樂之"中"，是取形態學角度，所重在形式，《國語·周語下》"細大不逾曰平"，"平"就是"中"的核心，前文已論；樂之"和"，是取心理學角度，所重在内容，《國語·周語下》"聲應相保曰和"，物理的"音"無所謂"聲應相保"，這已屬於心理範疇。先秦樂道之"中"與"和"的關係，也就是形式與内容的關係。形式是内容的載體，所以"中"是"和"的基礎；内容是形式的實體，所以"和"是"中"的目的。

① 《吕氏春秋集釋》卷五《仲夏紀第五·大樂》，第 109 頁。

"和"的境界,依托於"中"的規則;"中"的背後,蘊涵着"和"的追求,這纔是真正意義上的"樂"。

　　"和"既是"中"的追求,而"仁"又是"和"的目的。禮以無聲的儀式教人,性質屬陰,陰主不變,禮作爲行爲法則,必須不變纔能取信,所以禮屬陰;樂以舞蹈音律感人,性質屬陽,陽主變,《國語·鄭語》"聲一無聽"①,樂必須變化纔能存在,所以樂屬陽②。換句話説,禮是秩序性原理,樂是和諧性原理,和諧以秩序爲前提,秩序以和諧爲歸依。禮、樂關係從哲學上看,正是陰陽和合,不可以禮統樂,也不可用樂括禮。陰中有陽,就是施禮之樂;陽中有陰,就是行樂之禮。兩者相須爲用,不可偏廢。禮樂相得,就是陰陽和合,而陰陽和合就是"仁",這是從整體而言。如果從辨析的角度來看,將禮與樂作一比較,則禮更近於義,樂更近於仁。"和樂"帶來的精神體驗,是通向"仁"的重要道路。

　　正如上引《禮記·樂記》"樂和民聲",樂的内涵主和,而又"仁近於樂",可見樂之"和",是爲了通向"仁"。《禮記·郊特牲》:"樂由陽來者也,禮由陰作者也,陰陽和而萬物得。"③得者,德也④。《周易·繫辭上》"一陰一陽之謂道"⑤,"陰陽和"⑥就是道,就是仁,我們稱爲"仁

---

① 韋昭《國語解》注云"五聲雜,然後可聽"(《國語集解·鄭語第十六·桓公爲司徒》,第472頁)。

② 【按】《禮記·郊特牲》:"饗、禘有樂,而食、嘗無樂,陰陽之義也。凡飲,養陽氣也;凡食,養陰氣也。故春禘而秋嘗,春饗孤子,秋食耆老,其義一也,而食、嘗無樂。飲,養陽氣也,故有樂;食,養陰氣也,故無聲。凡聲,陽也。"(《禮記集解》卷二十五《郊特牲第十一之一》,第671頁)

③ 《禮記集解》,第674頁。

④ 【按】《禮記·樂記》:"禮樂皆得,謂之有德。德者,得也。"(《禮記集解》卷三十七《樂記第十九之一》,第982頁)

⑤ 《宋本周易注疏》卷十《繫辭上》,第392頁。

⑥ 【按】"陰陽和",即生生之仁,應當理解爲陰陽之分與陰陽之合的辯證統一。《繫辭上》"天尊地卑,乾坤定矣"(《宋本周易注疏》卷十《繫辭上》,第378頁),這是陰陽之分,蘊含秩序性原理;《繫辭下》"天地絪緼,萬物化醇"(《宋本周易注疏》卷十二《繫辭下》,第453頁),這是陰陽之合,蘊含和諧性原理。正是由於這兩方面有機結合,雙向互動,宇宙自然與人類社會纔呈現出秩序井然又生生不息的運動過程。從歷史文化角度（轉下頁）

道"。陰陽和合,化生萬物,就是仁德之至。清代學者戴震的解說很到位:"道,猶行也;氣化流行,生生不息,是故謂之道"①,"天地間百物生生,無非推本陰陽"②,"仁者,生生之德也;'民之質矣,日用飲食'③,無非人道所以生生者。一人遂其生,推之而與天下共遂其生,仁也","自人道溯之天道,自人之德性溯之天德,則氣化流行,生生不息,仁也"④。中華文化的總體特徵是和合文化,《繫辭上》說"一陰一陽之謂道",又說"日新之謂盛德,生生之謂易"⑤,其内涵本質相同。從文字學角度來看,"陰陽和"就是"好",也稱爲"好合",人之道也,亦即仁道之本原,生生之道是和合文化的精神實質。戴震所謂"生生之德",就是《禮記·郊特牲》"陰陽和而萬物得",就是仁德⑥。所以說"和"之目的在於"仁",從心理角度走向道德層面,極富現實意義,因爲"仁言不如仁聲之入人深也"⑦。這一切理論構建,都蘊涵在"制禮作樂"的具體制度、規定之中,潛移默化地發揮社會功能,在當時叫作"移風易俗,天下皆

(接上頁)來看,"陰陽和"是植根於禮樂文化土壤、經提煉而成的核心價值觀,可參上引《禮記·樂記》"樂者爲同,禮者爲異。同則相親,異則相敬。樂勝則流,禮勝則離。合情飾貌者,禮樂之事也。禮義立,則貴賤等矣。樂文同,則上下和矣","樂者,天地之和也。禮者,天地之序也。和,故百物皆化;序,故群物皆別"。禮樂關係既相互依存,又相互制約,維持必要的張力與動態平衡。《禮記·郊特牲》載"賓入大門而奏《肆夏》,示易以敬也。卒爵而樂闋,孔子屢嘆之",孔子所嘆爲何?《禮記·禮器》"天道至教,聖人至德。廟堂之上,罍尊在阼,犧尊在西;廟堂之下,縣鼓在西,應鼓在東。君在阼,夫人在房,大明生於東,月生於西,此陰陽之分,夫婦之位也。君西酌犧象,夫人東酌罍尊,禮交動乎上,樂交應乎下,和之至也",即贊嘆禮樂的美妙配合。關於"禮"的具體内涵,可參筆者《論"禮"的字源、起源、屬性與結構》。

① 張岱年主編:《戴震全書》,第六册,黄山書社,1994 年,第 175 頁,《孟子字義疏證》卷中"天道四條"。

② 《戴震全書》,第六册,第 170 頁,《孟子字義疏證》卷上"理十五條"。

③ 《詩經注析·小雅·天保》,第 461 頁。

④ 《戴震全書》,第六册,第 205 頁,《孟子字義疏證》卷下"仁義禮智二條"。

⑤ 《宋本周易注疏》卷十《繫辭上》,第 397 頁。

⑥ 【按】依上引《禮記·樂記》,從互訓材料來看,得者,德也。

⑦ 《孟子正義》卷二十六《盡心章句上·十四章》,第 897 頁。

寧"①,這正是先秦樂道的真精神。

"和"通向"仁"的必要性

如上所證,"和"就是"順";"暴""逆"即不順,與"和"相對。關於"和"的本質,這裏有必要繼加申明,從而論證"和"通向"仁"的必要性。

在先秦典籍裏,"和"往往訓爲"宣"。《尚書·盤庚上》"汝不和吉言于百姓"②,"和吉言"即宣善言。《僞古文尚書·大禹謨》之記載,乃承《左傳》而來,亦資參考:

> 德惟善政,政在養民。水、火、金、木、土、穀惟修;正德、利用、厚生惟和。九功③惟叙,九叙惟歌。④

"和"讀爲宣,"惟和",即應當宣揚。"叙"即序,序即順,而"和"就是順,所以"叙"也是"和"。"九功惟叙,九叙惟歌",指九件大事應當理順,九事理順就應當歌頌。"叙"即"和","九叙惟歌",可見"和"還需要"歌"。"和"的實現,既"順"且"宣",還需要"歌",這源於"和"的内部結構。

---

① 【按】《老子》"是以聖人處無爲之事,行不言之教"([魏]王弼注,樓宇烈校釋:《老子道德經注校釋·上篇·二章》,中華書局,2008年,第6頁),即強調潛移默化的引導。《孝經·廣要道》云"移風易俗,莫善於樂"(《孝經注疏》卷六《廣要道章第十二》,第5558頁),"樂"正具有如此功效。

② 《尚書今古文注疏》卷六《商書二·盤庚第六》,第227頁。

③ 【按】"九功",即九事,結合《左傳》原文,包括六府與三事:"九功之德,皆可歌也,謂之九歌。六府、三事,謂之九功。水、火、金、木、土、穀,謂之六府。正德、利用、厚生,謂之三事。義而行之,謂之德禮。無禮不樂,所由叛也。"(《春秋左傳詁》卷九《傳·文公七年》,第367頁)"六府"指六種生活資源,水、火、金、木、土、穀;"三事"指正德、利用、厚生三件大事。

④ 《尚書正義》卷四《大禹謨》,第283頁。

　　"和"的内部結構具有三重性,以地球構造作比喻,内核是"順",外核是"宣",地殼是"歌"。"順"→"宣"→"歌",這正是"和"通向"仁"的必要性,待筆者一一道來。

　　在"和"的内部,最深層是"順"。《樂記》說"和順積中,而英華發外,唯樂不可以爲僞"①,"順"居於内心,誠心和順,是"和"得以實現的基礎。中間層是"宣",内心的"順",有宣發之必要,觀《禮記·中庸》闡釋:

　　　　喜怒哀樂之未發,謂之中;發而皆中節,謂之和。中也者,天下之大本也;和也者,天下之達道也。致中和,天地位焉,萬物育焉。②

　　"喜怒哀樂之未發,謂之中",這個"中"就是"和順積中",是"和"的基礎。由於"順"居内心,别人無法直接感知,所以"和"的實現,還需要"英華發外",即宣發。因爲有内心的"順"作爲支撐,所以這種宣發是有節度的,這就是"發而皆中節,謂之和",《禮記·仲尼燕居》也說"樂也者,節也"③。"宣"也稱爲"章",如《左傳·昭公二十五年》"則天之明,因地之性,生其六氣,用其五行。氣爲五味,發爲五色,章爲五聲。淫則昏亂,民失其性"④。殷人尚聲,而殷鑒不遠,周人總結殷商教訓,"淫則昏亂,民失其性",警惕"淫樂"(過度之樂),所以提出"英華發外",而又"發而皆中節",自有其特定的歷史背景。又《左傳·昭公二十五年》"爲九歌、八風、七音、六律,以奉五聲"⑤,其目的就在於,使

①　《禮記集解》卷三十八《樂記第十九之二》,第 1006 頁。
②　《禮記訓纂》卷三十一《中庸第三十一》,第 772 頁。
③　《禮記集解》卷四十九《仲尼燕居第二十八》,第 1272 頁。
④　《春秋左傳詁》卷十八《傳·昭公二十五年》,第 765 頁。
⑤　《春秋左傳詁》,第 766 頁。

五聲有所遵循，九歌、八風、七音、六律，皆五聲之禮也，亦即"發而皆中節"。

《中庸》不僅說"中也者，天下之大本也"，下文還說："唯天下至誠，爲能經綸天下之大經，立天下之大本，知天地之化育。夫焉有所倚？肫肫其仁，淵淵其淵，浩浩其天。苟不固聰明聖知達天德者，其孰能知之？"①由此可見，"中"即道，一也（陰陽未發之太極），順也，仁也。所謂"和也者，天下之達道也"，以《中庸》本文證之，"天下之達道五，所以行之者三，曰：君臣也，父子也，夫婦也，昆弟也，朋友之交也，五者天下之達道也"②，所以説"和"不能停留在内心，還需要宣發於外，付諸行動實踐，達到五倫惟和的社會效果。《史記·滑稽列傳》載，孔子説"六藝於治一也。《禮》以節人，《樂》以發和，《書》以道事，《詩》以達意，《易》以神化，《春秋》以義"③，既然"《樂》以發和"，可見"和"離不開宣發。《荀子·大略》將"和"之内核與外核，説得更清楚：

> 推恩而不理，不成仁；遂理而不敢，不成義；審節而不和，不成禮④；和而不發，不成樂。故曰：仁、義、禮、樂，其致一也。⑤

樂主和，和者宣也，有向外發揚之義，是以屬陽。易道哲學認爲，陰

---

① 《禮記訓纂》卷三十一《中庸第三十一》，第780頁。
② 《禮記訓纂》，第775—776頁。
③ 《史記》卷一百二十六《滑稽列傳第六十六》，第3197頁。
④ 【按】所謂"推恩而不理，不成仁；遂理而不敢，不成義"，"仁"居内心，是一種感情，而"義"主行動，是一種實踐，於是義中必有勇，方可仗義直行而不懼，所謂義勇是也，如《論語》："見義不爲，無勇也。"（《論語集釋》卷四《爲政下》，第134頁）"子路曰：'君子尚勇乎？'子曰：'君子義以爲上。君子有勇而無義爲亂；小人有勇而無義爲盜。'"（《論語集釋》卷三十五《陽貨下》，第1241頁）所謂"審節而不和，不成禮"，"禮之用，和爲貴。先王之道，斯爲美"（《論語集釋》卷二《學而下》，第46頁，有若之語），雖明審節制而不達於和，則不成禮。儀節只是"禮"的手段，"和"纔是"禮"的精神。
⑤ 《荀子集解》卷十九《大略篇第二十七》，第492頁。

爲不變,陽爲變。禮守規矩,屬陰;樂顯律動,屬陽①。屬陽的事物,本身就有宣發的特性②。樂具有發揚宣傳的性質,如《國語·晋語八》"夫樂以開山川③之風,以耀德於廣遠也。風德以廣之,風山川以遠之,風物以聽之,修詩以咏之,修禮以節之。夫德廣遠而有時節,是以遠服而邇不遷"④,所以説"和而不發,不成樂",和順却不表現在外,就不能成爲樂。雖和順積中而英華不發於外,無以播於八音⑤,則不成樂。因爲"樂"既有理性精神,同時也是感性的存在,"和順"必須"宣發"⑥纔能"成樂","宣"是"和"得以實現的中介過程⑦。北宋徽宗藝術修養極高,即取有"宣和"年號,可謂深得樂道真髓。

　　"和順"必須"宣發",具體怎樣"宣發"呢?"歌"就是"和"得以實現的踐履方式。"歌"是"樂"的素樸形態,起源最早⑧,遠在器樂之前,

---

① 【按】"樂"(yuè)者,樂(lè)也,性質屬陽,向外發揚;"樂"又主和,和者宣也,宣亦有發揚之義。

② 【按】上文所論"宣豫",即弘揚"樂"的精神。

③ 【按】此"山川"代指國家。

④ 《國語集解·晋語八第十四·平公説新聲》,第427頁。【按】這是師曠言論,衛靈公之晋,師涓爲晋平公鼓新聲,師曠遂有斯論。史事亦見於《韓非子·十過》《史記·樂書》。晋平公前557—前532年在位,衛靈公元年爲公元前534年,由此可見,此事發生於公元前534—前532年之間。

⑤ 【按】《尚書·舜典》"八音克諧,無相奪倫,神人以和"(《尚書今古文注疏》卷一《虞夏書一·堯典第一下》,第70頁),《漢書·禮樂志》稱作"八音之和"(《漢書》卷二十二《禮樂志第二》,第1038頁)。《周禮·大師》載,大師"掌六律、六同,以合陰陽之聲","皆播之以八音:金、石、土、革、絲、木、匏、竹"(《周禮正義·春官宗伯第三下·大師》,第1832頁)。"八音"指八種材質不同的樂器,"播",揚也,在這裏與"宣"同義。

⑥ 【按】樂可以宣發民情,連法家也承認這一點,《商君書·賞刑》:"民之欲富貴也,共闔棺而後止。而富貴之門必出於兵,是故民聞戰而相賀也,起居飲食所歌謠者,戰也。此臣之所謂'明教之猶,至於無教'也。"(蔣禮鴻:《商君書錐指》卷四《賞刑第十七》,中華書局,1986年,第105頁)明教,即宣明教化。

⑦ 【按】《禮記·仲尼燕居》:"是故古之君子,不必親相與言也,以禮樂相示而已。"(《禮記集解》卷四十九《仲尼燕居第二十八》,第1270頁)示即宣也。

⑧ 【按】從藝術發展史角度來看,"舞"出現最早,肢體的情感傳達方式的出現,遠在語言形成之前;"歌",產生於語言形成之後;器"樂"晚於"舞"與"歌",因爲樂器的創制與完善,需要相當的聲學認識與技術支持。但是"歌"的概念,還可以拓寬,語言形(轉下頁)

歌唱喜怒哀樂,歌頌神靈英雄,"哀有哭泣,樂有歌舞",這源於人性的自然,自然纔能長久,"哀樂不失,乃能協於天地之性,是以長久"①,所以"歌"具有永恒的魅力,本質在於人性的自然。東晉桓溫問孟嘉"聽伎,絲不如竹,竹不如肉"之原因,從審美性質來看,爲什麼弦樂不如管樂,管樂又不如聲樂呢?孟嘉答曰"漸近自然"②,就是這個道理。桓溫

─────────────

(接上頁)成之後的"歌","詩,言其志也"(《禮記集解》卷三十八《樂記第十九之二》,第1006頁),是嚴格意義上的語歌,語言形成之前也有"歌",用原始的叫聲抒發情感,是廣泛意義上的聲歌。《毛詩大序》説"情動於中而形於言,言之不足,故嗟嘆之;嗟嘆之不足,故永歌之;永歌之不足,不知手之舞之、足之蹈之也"([漢]毛亨傳,[漢]鄭玄箋,[唐]陸德明音義,孔祥軍點校:《毛詩傳箋》卷一《周南關雎詁訓傳第一》,中華書局,2018年,第1頁),此處論説,來源於《樂記》"説之,故言之;言之不足,故長言之;長言之不足,故嗟嘆之;嗟嘆之不足,故不知手之舞之、足之蹈之也"(《禮記集解》,第1038頁)。《毛詩大序》在講述藝術發生原理時,其實可以看作語歌與聲歌的結合,有必要加以闡明。"情動於中而形於言,言之不足,故嗟嘆之;嗟嘆之不足,故永歌之",這屬於語言形成之後的語歌;"永歌之不足,不知手之舞之、足之蹈之也",這屬於語言形成之前的聲歌。《樂記》已有類似的例子,"故歌之爲言也,長言之也"(《禮記集解》卷三十八《樂記第十九之二》,第1038頁),這是語歌的產生;"歌,咏其聲也"(《禮記集解》,第1006頁),這是聲歌的來源。"舞,動其容也"(《禮記集解》,第1006頁),嚴格意義上的語歌,當然晚於舞蹈;但廣泛意義上的聲歌,起源於人類第一聲或悲或喜的感嘆,甚至在手舞足蹈之前。所以説"歌"是"樂"的素樸形態,起源最早。當今藝術界出現一股潮流,將原生態歌曲視爲"非物質文化遺產",加以發掘與保護,這對於本土文化的傳承非常有意義。從聲歌與語歌的角度來看,原生態歌曲雖然風格比較質樸,但還是運用當地民族語言歌唱,仍然屬於語歌,而不是聲歌。聲歌的起源更爲原始,遠在語言產生之前。關於聲歌的具體情態,筆者推薦:薩頂頂《萬物生》(上海天韵文化,2007年發行),此專輯之《錫林河邊的老人》《拉古拉古》,采用"自語"吟唱。所謂"自語",不屬於任何語言,就是用無意義的"自語",來抒發人的情感,這種方式比較接近聲歌的狀態,因爲遠古聲歌的本質,起源於情緒化的人聲,從發展心理學角度,與人類嬰兒呢喃性質類似。聲歌產生的意義,正在於情感宣發本身。當然,今人的"自語"吟唱,不可避免會帶有類語言的痕迹與藝術化的發聲,不能等同於鴻蒙初開時質樸的聲歌,但在呢喃形式與吟唱狀態上,可以提供接近感性的認知參照,對於今人瞭解遠古聲歌,仍然有所助益。

① 【按】上引兩條,皆出自《左傳·昭公二十五年》。又曰:"'哀樂而樂哀,皆喪心也。'心之精爽,是謂魂魄。魂魄去之,何以能久?"(《春秋左傳詁》卷十八《傳·昭公二十五年》,第766、765頁)
② 【按】《世説新語·識鑒》"武昌孟嘉作庾太尉州從事"條,劉孝標注引《孟嘉別傳》(《世説新語箋疏》卷中之上《識鑒第七》,第474頁),此即陶潛所作《晉故征西大將軍長史孟府君傳》,今見於[晉]陶淵明著,逯欽立校注:《陶淵明集》卷之六《記傳贊述》,(轉下頁)

有此一問,可見其觀念早已有之,如《禮記·郊特牲》"歌者在上,匏、竹在下,貴人聲也"①。現代音樂理論從物理學出發,認爲弦樂頻率接近人聲,所以具有歌唱性。古人看法不同,他們從藝術主體出發,認爲弦樂不如管樂,因爲弦樂在人之外,而管樂與人的氣息相通;管樂又不如聲樂,因爲管樂還受制於外物,而聲樂就是人的氣息本身②。既然"歌"是人的氣息本身,自然成爲人情"宣發"的首選。

　　"歌"又與"舞"相伴,《尚書·舜典》:"'詩(歌辭)言志,歌(聲樂)永言(唱出來的語言),聲(五聲,即調式)依永(咏也),律(六律,定調標準音)和聲,八音(器樂)克諧,無相奪倫(勿使失序,順也),神人以和。'夔曰:'於!予擊石拊石,百獸率舞(具有巫術性質的扮演舞蹈)。'"③《尚書·益稷》:"夔曰:'戛擊鳴球、搏拊(器樂)、琴瑟以咏(歌詩聲樂)!'祖考來格,虞賓在位,群后德讓。下管鼗鼓,合止柷敔,笙鏞以間(器樂)。鳥獸蹌蹌,《簫韶》九成,鳳皇來儀(扮演舞蹈)。夔曰:'於!予擊石拊石,百獸率舞,庶尹允諧(通偕,指一起舞蹈)!'"④可謂一派載歌載舞的景象。上引《樂記》更從學理上分析其中原理,"故歌之爲言也,長言之也。說之,故言之;言之不足,故長言之;長言之不足,故嗟嘆之;嗟嘆之不足,故不知手之舞之、足之蹈之也",所以歌、舞之本質,都是"宣發"的具體途徑,也就是"和"得以實現的踐履

　　（接上頁）中華書局,1979 年,第 171 頁。東晋名士孟嘉是陶淵明外祖父,對其影響很大,遂欽立評陶淵明曰"存心處世,頗多追仿其外祖董者"。

①　《禮記集解》卷二十五《郊特牲第十一之一》,第 674 頁。

②　【按】錢穆《略論中國科學》:"後人又謂絲不如竹,竹不如肉。因絲屬器聲,竹則人與氣經竹管以成聲,肉則純是人聲。貴能從人心中直接露出,乃始爲音樂之上乘。中國音樂,人聲爲主,器聲爲副。西方音樂,則似以器聲爲主,人聲爲副。本末源流,先後輕重,又各不同。"(《現代中國學術論衡》,第 48 頁)

③　《尚書今古文注疏》卷一《虞夏書一·堯典第一·下》,第 70—71 頁。【按】《舜典》即《堯典》之部分,東晋元帝後從《堯典》中分出。

④　《尚書今古文注疏》卷二《虞夏書二·皋陶謨第二·下》,第 122—132 頁。【按】《益稷》與《皋陶謨》文勢相接,原是一篇,《尚書孔傳》分"帝曰來禹"以下爲《益稷》。

方式。

　　"和"如何實現？内部結構分爲"三部曲"，内外相應、前後相承、渾然一體：首先要内心和順，再者是向外宣發的過程，最後將宣發過程藝術化，情動歌舞而成爲"和樂"。正如上引《荀子·大略》"故曰：仁、義、禮、樂，其致一也"，仁、義、禮、樂，目的是一致的，在於實現社會管理，《樂記》也説"禮、樂、刑、政，其極一也，所以同民心而出治道也"①，這裏的"同民心"，不是同一民心，而是和合民心。首先要有"順"的内涵，還必須有"宣"的過程、"歌"的手段，纔能達到和合民心，實現社會的有效管理，這正是"和"内部結構的現實意義，也是"和"通向"仁"的實踐道路。内心的"順"通過樂聲得以宣發，較之語言等其他方式，來得更加靈動自然，《吕氏春秋·精通》云"故君子誠乎此而諭乎彼，感乎己而發乎人，豈必强説乎哉"，"神出於忠而應乎心，兩精相得，豈待言哉"②，這正是"樂"的功用，超越語言文字，既可以感動自己，也可以感動别人，具有直指人心的力量。内心誠順，可以感動自己，這就是"順"；引起共鳴，可以感動别人，這就是"和"；怎樣引發共鳴、怎樣推己及人呢？這就是"宣"的作用。"宣"的過程，實際上就是推己及人的實踐，而推己及人就是同情之理解，就是"仁"的境界。所以，"和順"必須"宣發"纔能"成樂"，正説明先秦樂道之"和"通向"仁"的必要性③。

　　"和"通向"仁"，不僅是一種理論，更是一種實踐，《國語·周語下》云"夫政象樂，樂從和，和從平"④，"和樂"就是爲了通向"仁政"。"仁政"的解釋很多，北宋名臣范仲淹《奏上時務書》説得很貼切，"以德服人，天下欣戴；以力服人，天下怨望"⑤，"仁政"的本質就是以德服

---

① 《禮記集解》卷三十七《樂記第十九之一》，第977頁。
② 《吕氏春秋集釋》卷九《季秋紀第九·精通》，第214頁。
③ 【按】"和"通向"仁"的可能性，下文"樂道體系論"之"性"還將論及，不妨相互結合，可彼此發明。
④ 《國語集解·周語下第三·王將鑄無射，而爲之大林》，第111頁。
⑤ 《全宋文》第十八册，卷三七七《范仲淹一一·奏上時務書》，第209頁。

人，以德服人即合心。《國語·周語上》"是故爲川者決之使導，爲民者宣之使言"①，"宣之使言"即"和言"，目的與"和樂"一致，都在於和合民心，正如孟子所言"以力服人者，非心服也，力不贍也；以德服人者，中心悦而誠服也"②。

"和""同"之辨

和言、和樂→合民心→仁政，筆者曾與學友論及此理，有人認爲合民心豈不鉗制思想？這是一個誤解，"合民心"的"合"，是和合，而不是同一，其關鍵在於"和""同"之辨，這裏有必要加以説明。

"和""同"之辨形成完整的哲學體系，最早見於《國語》與《左傳》。西周末年，鄭桓公與太史伯③有一段著名的對話，議論周室興衰，記載於《國語·鄭語》，其中論及"和""同"之辨：

> （鄭桓）公④曰："周其弊乎?"（史伯）對曰："殆於必弊者也。《泰誓》曰：'民之所欲，天必從之。'今王棄高明昭顯，而好讒慝暗昧；惡角犀豐盈，而近頑童窮固，去和而取同。夫和實生物，同則不繼。以他平他謂之和，故能豐長而物歸之；若以同裨同，盡乃棄矣。故先王以土與金、木、水、火雜，以成百物。是以和五味以調口，剛四支以衛體，和六律以聰耳，正七體以役心，平八索以成人，建九紀以立純德，合十數以訓百體。出千品，具萬方，計億事，材兆物，收

---

① 《國語集解·周語上第一·厲王虐，國人謗王》，第 11 頁。
② 《孟子正義》卷七《公孫丑章句上·三章》，第 221 頁。
③ 【按】"和""同"之辨，道家出於史官，《老子》亦有論及，"故有無相生，難易相成，長短相（較）[形]，高下相（傾）[盈]，音聲相和、前後相隨，恒也"（高明校注：《帛書老子校注·道經·二》，中華書局，1996 年，第 230 頁），"恒"者，永遠如此。其間所論異質之平衡，正是"和而不同"的精髓，只是未成體系。
④ 【按】鄭桓公，名友，姬姓。鄭國始封君，周厲王少子，周宣王之弟。鄭桓公元年爲公元前 806 年。

經入，行姟極。故王者居九畡之田，收經入以食兆民，周訓而能用之，和樂如一。夫如是，和之至也。於是乎先王聘后於異姓，求財於有方，擇臣取諫工而講以多物，務和同也。聲一無聽，色一無文，味一無果，物一不講。王將棄是類也，而與剆同，天奪之明，欲無弊，得乎？"①

根據《國語·鄭語》記載，鄭桓公成爲周王卿士，任王室司徒，始於西周幽王八年（前774），到幽王九年王室開始騷亂，幽王十一年西周滅亡，鄭桓公殉國死難。此語當在西周末造，鄭桓公任司徒之後、王室騷亂之前，可以定年爲公元前774—前773年。"夫和實生物，同則不繼。以他平他謂之和，故能豐長而物歸之；若以同裨同，盡乃棄矣"，此處立意，以治道爲本，依事理證之，是從發展的角度來看"和"與"同"，和實生物、同盡乃棄，是史伯立論的核心。"和"與"同"的區別在於，"和"能生而"同"難繼，這是"和"勝於"同"的地方。"和而不同"，正是中華文化傳承綿遠、歷久彌新的奧義所在②。

"和實生物"的觀念，後來演變爲"樂"的社會功用，《中庸》説"致中和，天地位焉，萬物育焉"③，《樂記》説"樂著大始""著不息者天也"，"大樂與天地同和"，"和，故百物不失"，"樂者，天地之和也"，"和，故百物皆化"④。爲什麼"樂"是"天地之和"呢？因爲"地氣上齊，天氣下降，陰陽相摩，天地相蕩，鼓之以雷霆，奮之以風雨，動之以四時，煖之以日月，而百化興焉，如此，則樂者天地之和也"⑤。很多人認爲，"樂"由此而來，那是神秘論，不可取信。這裏應該理解爲，"樂"可以反映出天

---

① 《國語集解·鄭語第十六·桓公爲司徒》，第470—473頁。
② 【按】樂道之文化精神，美育與德育融爲一體，溫文爾雅，和而不同，輔德啓智，陶冶情性。
③ 《禮記訓纂》卷三十一《中庸第三十一》，第772頁。
④ 《禮記集解》卷三十七《樂記第十九之一》，第994、988、990頁。
⑤ 《禮記集解》，第993頁。【按】品味此處文意，當受《周易·繫辭》影響。

地間的諧和精神,纔是正解。《樂記》:"使親疏、貴賤、長幼、男女之理,
皆形見於樂,故曰:'樂觀其深矣。'"①在這裏是"樂"的反映論,而非神
秘論,就更顯而易見了。爲什麼"樂"一定要"和",而不能"同"呢?因
爲"樂"反映的是天地間的諧和精神,就應當是多樣統一,所以説"聲一
無聽,色一無文,味一無果,物一不講"。既然是多樣統一,就需要調
和,"故先王以土與金、木、水、火雜,以成百物。是以和五味以調口,剛
四支以衛體,和六律以聰耳,正七體以役心,平八索以成人,建九紀以立
純德,合十數以訓百體。出千品,具萬方,計億事,材兆物,收經入,行姟
極。故王者居九畡之田,收經入以食兆民,周訓而能用之,和樂如一。
夫如是,和之至也"。調和的極致在於"和樂如一",社會品類萬端,實
現社會和諧,纔是最大的"和",先秦之"樂",正是通向社會和諧的教化
道路。

　　無論是"今王棄高明昭顯,而好讒慝暗昧;惡角犀豐盈,而近頑童
窮固,去和而取同",還是"先王聘后於異姓,求財於有方,擇臣取諫工
而講以多物,務和同也","王將棄是類也,而與剳同,天奪之明,欲無
弊,得乎",《國語·鄭語》講"和"與"同",都屬於政論式闡述②,想要從
樂道角度加深理解,我們可以看看《左傳·昭公二十年》中齊景公與晏
嬰的對話,精彩之極:

　　　　齊侯至自田,晏子侍於遄臺,子猶③馳而造焉。公曰:"惟據與
　　我和夫!"晏子對曰:"據亦同也,焉得爲和?"公曰:"和與同異乎?"

---

① 《禮記集解》卷三十七《樂記第十九之一》,第 1000 頁。
② 【按】《左傳·襄公十一年》記載,公元前 562 年,晋悼公以樂之半賜魏絳,曰"子教寡人
　　和諸戎狄,以正諸華。八年之中,九合諸侯,如樂之和,無所不諧。請與子樂之"(《春秋
　　左傳詁》卷十二《傳·襄公十一年》,第 524 頁),將"八年之中,九合諸侯"比作"如樂之
　　和,無所不諧"。因爲"合諸侯"不是天下一統,天下一統爲"同";"合諸侯"是和諧共存,
　　和諧共存爲"和"。亦可與《國語·晋語七》參看。
③ 【按】梁丘據,字子猶。

對曰：“異。和如羹焉，水火醯醢鹽梅以烹魚肉，燀之以薪。宰夫和之，齊之以味，濟其不及，以泄其過。君子食之，以平其心。君臣亦然。君所謂可而有否焉，臣獻其否以成其可。君所謂否而有可焉，臣獻其可以去其否。是以政平而不干，民無爭心。故《詩》曰：‘亦有和羹，既戒既平。鬷嘏無言，時靡有爭。’①先王之濟五味，和五聲也，以平其心，成其政也。聲亦如味，一氣，二體，三類，四物，五聲，六律，七音，八風，九歌，以相成也。清濁，小大，短長，疾徐，哀樂，剛柔，遲速，高下，出入，周疏，以相濟也。君子聽之，以平其心。心平，德和。故《詩》曰：‘德音不瑕。’②今據不然。君所謂可，據亦曰可；君所謂否，據亦曰否。若以水濟水，誰能食之？若琴瑟之專壹，誰能聽之？ 同之不可也如是。”③

　　這段對話發生在魯昭公二十年④，即公元前 522 年，處於春秋晚期。晏嬰的“和”“同”之辨，就比 252 年前西周史伯的論述更加完整，而且在史伯“以他平他謂之和”的思想基礎上，進行了深入闡發，更具有典型性。晏嬰采用樂道角度來勸諫齊景公，後來鄒忌以琴學諷齊威王納諫⑤、孟子爲齊宣王言樂⑥，如出一轍，因爲齊國上層歷來有好樂之傳統，“上有好者，下必有甚焉者矣”⑦，齊國社會也有重樂之風，“其民

①　《詩經注析·商頌·烈祖》，第 1027 頁，“嘏”作“假”。
②　《詩經注析·豳風·狼跋》，第 434 頁。
③　《春秋左傳詁》卷十七《傳·昭公二十年》，第 745—746 頁。
④　【按】這段對話，亦見於《晏子春秋·外篇上》（張純一校注，梁運華點校：《晏子春秋校注》卷七《外篇重而異者第七·景公謂梁丘據與己和晏子諫第五》，中華書局，2014 年，第 330 頁），當是《晏子春秋》編輯者采用了《左傳》史料。
⑤　《史記》卷四十六《田敬仲完世家第十六》，第 1889 頁。
⑥　《孟子正義》卷四《梁惠王章句下·一章》，第 99—106 頁。
⑦　《孟子正義》卷十《滕文公章句上·二章》，第 330 頁。

無不吹竽、鼓瑟、擊筑、彈琴”①，有此文化土壤，所以晏嬰的“和”“同”之辨，頗具樂道哲學修養，值得我們關注。

　　西周太史伯論“和”，提出“以他平他謂之和”，換成現代話來說，異質平衡就是和，怎樣實現異質平衡，史伯沒有說。晏嬰提出“濟其不及，以泄其過”，“以平其心，成其政也”，這就是實現異質平衡的方法與效果。何以能平心成政呢？太史伯說“正七體以役心”②，“合十數以訓百體”③，正好可以相互發明。史伯論“同”，提出“若以同裨同，盡乃棄矣”，“聲一無聽”，“味一無果”，晏嬰提出“若以水濟水，誰能食之？若琴瑟之專壹，誰能聽之？同之不可也如是”，兩人的看法具有一致性。晏嬰論樂之“和”，是全篇一大亮點：“先王之濟五味，和五聲也，以平其心，成其政也。聲亦如味，一氣，二體，三類，四物，五聲，六律，七音，八風，九歌，以相成也。清濁，小大，短長，疾徐，哀樂，剛柔，遲速，高下，出入，周疏，以相濟也。君子聽之，以平其心。心平，德和。故《詩》曰：‘德音不瑕。’”所謂“德音”，《詩經·豳風·狼跋》原指品德名譽，這裏是用《詩》而非引《詩》，根據語境文意，“德音”指德和之音，屬於心理聲學的層面。“和五聲也”“以相成也”“以相濟也”，指“樂”的聲學特性，這是協和；“君子聽之，以平其心”，指“樂”的聲學特性與人的審美心理之間的配合，這是中和；“心平，德和”，指“樂”的精神體驗，這屬於仁和。究其本質，協和→中和→仁和的過程，也就是藝術→心理→社會的過程。對樂道之“和”的內在區分，前人未有發覺，值得注意。又如《國語·周語下》④：

---

①　何建章注釋：《戰國策注釋》卷八《齊策一·蘇秦爲趙合從章》，中華書局，1990 年，第326 頁。

②　【按】“七體”，指耳目口鼻七竅；“役心”，爲心服役，耳爲心聽、目爲心視、口爲心談、鼻爲心芳。

③　【按】“十數”，當時社會的十個等級，王、公、大夫、士、皁、輿、隸、僚、僕、臺；“百體”，百官的統屬關係。

④　【按】周景王將鑄無射大鐘，問律於伶州鳩，事在周景王二十三年（公元前 522 年）。

　　細鈞有鐘無鎛,昭其大也。大鈞有鎛無鐘,甚大無鎛,鳴其細
也。大昭小鳴,和之道也。和平則久,久固則純,純明則終,終復則
樂,所以成政也,故先王貴之。①

　　這裏説的就是"協和→中和→仁和"之過程。"細鈞有鐘無鎛,昭
其大也。大鈞有鎛無鐘,甚大無鎛,鳴其細也。大昭小鳴,和之道也",
這是協和的具體方法②;"和平則久,久固則純",這是中和的境界;"純
明則終,終復則樂,所以成政也",這是仁和的實現③。所以説樂道之
"和"的實踐,是從協和到中和的過程,然後推己及人,"以平其心,成其
政也"④,成爲通向"仁"的重要道路。

"協和"與"中和"

　　樂道之"和"的實現,是從協和到中和的過程,"協和"與"中和",
既有聯繫又有區別,是先秦樂道審美的兩種境界。若專指器樂演奏,
"和"應作"龢"。上古的"和",僅作聲樂的"唱咊(和)"解,如《詩經·
蘀兮》"倡予和女"⑤,而經傳行文,多借"和"爲"龢"。所謂"協和",是
"以他平他"⑥之和;所謂"中和",是内在適宜之和。"協和"與"中和",
源於中華先民的哲學觀念,同時也對哲學觀發揮着塑形作用。

---

① 《國語集解·周語下第三·王將鑄無射,問律於伶州鳩》,第122—123頁。
② 【按】如果不符合協和的規律,就無法達到中和的境界,《左傳·昭公二十一年》:"窕則
　　不咸,摦則不容,心是以感,感實生疾。今鐘摦矣,王心弗堪,其能久乎?"(《春秋左傳詁》
　　卷十七《傳·昭公二十一年》,第749頁)中和,即内心的適宜,詳見下文"協和與中和"。
③ 【按】仁和的實現,《荀子·樂論》説得詳盡:"故樂在宗廟之中,君臣上下同聽之,則莫
　　不和敬;閨門之内,父子兄弟同聽之,則莫不和親;鄉里族長之中,長少同聽之,則莫不和
　　順。故樂者,審一以定和者也,比物以飾節者也,合奏以成文者也,足以率一道,足以治萬
　　變。是先王立樂之術也。"(《荀子集解》卷十四《樂論篇第二十》,第379—380頁)
④ 《春秋左傳詁》卷十七《傳·昭公二十年》,第746頁。
⑤ 《詩經注析·鄭風·蘀兮》,第243頁。
⑥ 《國語集解·鄭語第十六·桓公爲司徒》,第470頁。

何謂"協和"？"以他平他"之和。《說文解字》云"協，眾之同和也"①，上古"同"與"和"，是相異的範疇，此處並言"同和"，意至扦格，訓義有違，段玉裁校改爲"同眾之龢也"②，訓義遂通，而且讀"和"本字"龢"，於意爲洽。由此可見，"協"（協）乃"同眾之龢"，有"眾"方能顯"協"，欲"協"必先有"眾"，"同眾"就是"以他平他"，"同眾之龢"即"以他平他"之和。"以他平他"，即異質的平衡。爲什麽需要異質？因爲"聲一無聽"（《國語·鄭語》），具體而言，"若琴瑟之專壹，誰能聽之"（《左傳·昭公二十年》）。怎樣理解異質的平衡？其中道理猶如調羹，上引晏嬰論"和"，可作注脚："和如羹焉，水火醯醢鹽梅以烹魚肉，燀之以薪，宰夫和之，齊之以味，濟其不及，以泄其過。君子食之，以平其心。"樂之協和，具有哪些特徵呢？"聲亦如味，一氣，二體，三類，四物，五聲，六律，七音，八風，九歌，以相成也。清濁，小大，短長，疾徐，哀樂，剛柔，遲速，高下，出入，周疏，以相濟也。"由此可見，異質的平衡，就是對立之統一，與黑格爾"正—反—合"，旨趣正同。"以他平他"之和，是非單一性的動態過程，其結果是相反要素的協調制衡，從而展現"樂"的"協和"美。所以說"協和"是異質的平衡，這是樂道之"和"的第一步，如《左傳·昭公二十一年》"小者不窕，大者不摦，則和於物，物和則嘉成"③，側重於外在聲響的配合。

何謂"中和"？內在適宜之和。《說文》"中，內也"，"內，入也"，"入，內也"，段玉裁注"自外而中也"④，《中庸》"喜怒哀樂之未發，謂之中；發而皆中節，謂之和"，可見"中"有別於"外"，適宜合度，內在而適

① 《說文解字》標點整理本《弟十三·劦部》，第 366 頁。
② ［漢］許慎著，［清］段玉裁注：《說文解字注》十三篇下《劦部》，上海古籍出版社，1981年，第 701 頁。
③ 《春秋左傳詁》卷十七《傳·昭公二十一年》，第 748—749 頁。
④ 《說文解字》標點整理本《弟一·丨部》，第 10 頁；《弟五·入部》，第 131 頁；《弟五·入部》，第 131 頁。《說文解字注》五篇下《入部》，第 224 頁。

宜。“中和”是內心之和，“中”即“內”也①；“中和”是居正之和，“發而皆中節”也。樂道之“中和”，是先秦中道思想在審美領域的投影。《論語·八佾》孔子評《關雎》“樂而不淫，哀而不傷”②，正是從“中和”審美觀出發。“樂”與“淫”，“哀”與“傷”，並非異質的平衡，而是同質的適度。“淫”即過度，樂極則志墮，哀至可傷人，《論語·泰伯》孔子盛贊“《關雎》之亂，洋洋乎盈耳哉”③，就是由於《關雎》配樂充分體現樂道的精神，樂不至忘憂生悲，哀不及形銷傷身。樂不至淫，哀不及傷，並非“同衆之龢”，而是適宜之和；並非“以他平他”、非單一性的動態過程，而是不偏激、恰到好處的相對趨靜狀態。這是樂道之“和”的第二步，如《左傳·昭公二十一年》“故和聲入於耳，而藏於心，心億則樂”④，側重於內在心理的選擇。

又《莊子·山木》：

　　孔子窮於陳蔡之間，七日不火食，左據槁木，右擊槁枝，而歌猋氏⑤之風，有其具而無其數，有其聲而無宮角，木聲與人聲，犁然有當於人之心⑥。顏回端拱還目而窺之。仲尼恐其廣己而造大也，愛己而造哀也，曰：“回，無受天損易，無受人益難。無始而非卒

---

① 【按】“樂”之性質，是內心的修養，《文王世子》“樂，所以修內也；禮，所以修外也。禮樂交錯於中，發形於外”（《禮記集解》卷二十《文王世子第八》，第563頁），《樂記》“樂由中出，禮自外作。樂由中出，故靜；禮自外作，故文。大樂必易，大禮必簡。樂至則無怨，禮至則不爭。揖讓而治天下者，禮樂之謂也”（《禮記集解》卷三十七《樂記第十九之一》，第987頁）。因爲“樂由中出”，“樂，所以修內也”，樂道使內心修養精進，所以纔會“樂至則無怨”，都是針對內心而言。

② 《論語集釋》卷六《八佾下》，第198頁。

③ 《論語集釋》卷十六《泰伯下》，第542頁。

④ 《春秋左傳詁》卷十七《傳·昭公二十一年》，第749頁。【按】“臧”，藏也；“億”，安也。

⑤ 【按】“猋氏”，指神農氏。

⑥ 【按】類似的例子，還有《莊子·秋水》：“孔子游於匡，衛人圍之數帀，而弦歌不惙。子路入見，曰：‘何夫子之娛也？’”（《莊子集釋》卷六下《秋水第十七》，第595頁）

也,人與天一也。夫今之歌者其誰乎?"①

"有其具而無其數",有枝擊木而無節奏;"有其聲而無宮角",不主音律,試想擊木之聲,焉能合於音律?"木聲與人聲"却能"犁然有當於人之心",説明"樂"追求的不是"數",而是"道",宮角音律不是目的,"樂"的目的在於"犁然有當於人之心",也就是"中和"。

樂道之"中和"審美,並非始於孔子,在孔子以前,已有賢者言之,吳公子季札便是其中代表。《左傳》有季札聘魯、請觀周樂之詳盡記載②,其"中和"審美觀,已相當成熟。"樂而不淫",季札用來評論《豳風》之樂;"哀而不愁",用來評論《頌》之樂;"使工爲之歌《周南》《召南》",季札以"勤而不怨"評之;"爲之歌《邶》《鄘》《衛》",季札以"憂而不困"評之;"爲之歌《王》",季札以"思而不懼"評之;"爲之歌《魏》",季札評之以"大而婉,險而易行";"爲之歌《小雅》",季札評之以"思而不貳,怨而不言";"爲之歌《大雅》",季札評之以"曲而有直體"。季札樂評最爲精彩、極盡"中和"審美之能事者,在《頌》樂的評論:"直而不倨,曲而不屈,邇而不逼,遠而不携,遷而不淫,復而不厭,哀而不愁,樂而不荒③,用而不匱,廣而不宣,施而不費,取而不貪,處而不底,行而不流",這樣纔能够"五聲和,八風平",也就是"中和",其關鍵在於"節有度,守有序",從而爲"仁和"奠定基礎,所謂"盛德之所同也"。由此可見,先秦樂道之"中和"審美,重視由量變趨於質變過程中"度"的把握,即孔子所謂"過猶不及"④,貴在恰到好處,强調不偏激,

---

① 《莊子集釋》卷七上《山木第二十》,第 690 頁。
② 《春秋左傳詁》卷十四《傳·襄公二十九年》,第 609—613 頁。【按】魯襄公二十九年,即公元前 544 年,孔子時年六七歲。
③ 【按】季札所謂"哀而不愁,樂而不荒",《論語·八佾》孔子評《關雎》"樂而不淫,哀而不傷",觀念由此而來。
④ 《論語集釋》卷二十二《先進上》,第 772 頁。

保持唐堯所謂"允執其中"①的相對静態，以同質之適度，追求"不愆"之"德音"②。

樂道由"協和"到"中和"之審美演變，其本質在於，由聲響形態上的形式美，演變爲教化意義上的功能美，這對於傳統文化之整體發展具有深遠影響。中國文化是一個重整合、貴類比的"有機"文化，先民對中道境界的探索，映射在審美趨向上，是由"協和"走向"中和"。"協和"之美，是人類樂音審美的共同趨向，其根源於人們對樂音形式美的不懈追求；而"中和"之美，是由中華文化土壤孕育的最具特色的美學特徵，濫觴於中華"允執其中"的文化母體，同時也塑造着"貴和尚中"的民族性格。

對先秦和樂特徵之把握，"橫看成嶺側成峰，遠近高低總不同"，原因在於"只緣身在此山中"③，如果從山外來看，也許會更明顯一些。筆者所想到最典型例子，如貝多芬 C 小調第五交響曲④，第一樂章"命運"主題的呈現，在呈示部配器極爲"協和"。在高音區暴風驟雨式主題呈示的同時，低音區也有"命運"動機潛藏暗涌，在經過多次主題發展後，最終低音區"命運"變奏與高音區"命運"主題匯成汪洋一片，以勢不可擋的衝擊力量，潮水般撲面而來。這體現出貝多芬的高超作曲技巧，可謂呼應有致、高下相濟，正是"協和"境界之完美體現，也是人類共同追求的形式美感；但這決不會給人"中和"的感受，因爲流動於音符之間的，是一腔奔騰咆哮的抗爭熱血，是一股不沖潰堤壩決不平息的鬥爭洪流。因此，貝多芬第五交響曲第一樂章是"協和"的，但並不"中和"。

---

① 《論語集釋》卷三十九《堯曰》，第 1345 頁。
② 《國語集解·周語下第三·王將鑄無射，而爲之大林》，第 112 頁。
③ ［宋］蘇軾撰，［清］王文誥輯注，孔凡禮點校：《蘇軾詩集》卷二十三《古今體詩四十四首·題西林壁》，中華書局，1982 年，第 1219 頁。
④ 【按】〔德〕Ludwig van Beethoven：*Symphony No. 5 in C Minor*，Op. 67，筆者推薦版本：Carlos Kleiber, Wiener Philharmoniker, 1975, DG。

能稱得上"中和"境界的貝多芬作品,如 D 小調第九交響曲①第三樂章,不僅旋律動人,而且化暴戾爲祥和,讓人真切感受到"天下大同"②的美好。可惜現代西方樂團所使用樂器,都是工業化產物,"火藥味"太重,還破壞了一些"中和"氛圍,如果用貝多芬時代的古樂器,材料得自天然,製作全任手工,加之演奏技法上返璞歸真③,將是怎一個"中和"了得! 在這裏,中西和樂精神是相通的。當然,中國古樂"中和"例

① 【按】〔德〕Ludwig van Beethoven：*Symphony No.9 in C Minor*，Op.125，筆者推薦版本：Wilhelm Furtwangler，Chor und Orchester der Bayreuther Festspiele，1951，EMI(拜羅伊特現場版)。

② 《禮記·禮運》："大道之行也,天下爲公,選賢與能,講信修睦。故人不獨親其親,不獨子其子,使老有所終,壯有所用,幼有所長,矜、寡、孤、獨、廢、疾者皆有所養,男有分,女有歸。貨惡其棄於地也,不必藏於己;力惡其不出於身也,不必爲己。是故謀閉而不興,盜竊亂賊而不作,故外户而不閉。是謂大同。"(《禮記集解》卷二十一《禮運第九之一》,第582 頁)

③ 【按】20 世紀西方古典樂界,受到世界原教旨主義思潮影響,由宗教而思想,由思想而藝術,開始追求本真演繹,出現本真主義運動。1926 年,古樂復興的先驅 Mabel Dolmetsch,在巴赫(J. S. Bach) 第六號勃蘭登堡協奏曲 (*Brandenburgische Konzerte Nr.6 B-dur*，BWV1051)恢復使用古樂器,成爲本真主義運動歷史上的重要事件。整個 20 世紀,西方古典樂界始終存在本真浪潮,如 Gunter Wand 動用手稿原譜,Nikolaus Harnoncourt，John Eliot Gardiner，Christopher Hogwood 運用古樂器編制樂團演奏,Roger Norrington 還原古樂演奏技法,例如弦樂不揉弦,呈現出清澈而率真的效果等,他們儘量使用仿古樂器與原有樂隊規模來解讀作品,並對原譜進行深入校勘,在學術考證基礎上,重現作品原貌,可謂別開生面。對於貝多芬交響曲的本真版本,筆者推薦 Roger Norrington，London Classical Players，2001，EMI(使用仿古樂器與古樂技法,以古還古),或者 Roger Norrington，Radio-Sinfonieorchester Stuttgart des SWR，2005，hanssler(在現代樂器上使用古樂演奏技法,古今結合)。"芳草"的氣息與"火藥"的味道(詳見下文按語)兩相比較,可以切身感受古今區別。有比較纔有鑒別,"中和"境界,則更易體會得出。19 世紀末期,西方樂器構造發生很大變化,構造變化使得音響呈現朦朧感,樂隊編制也迅速擴大,以便符合浪漫主義中後期瓦格納(Wilhelm Richard Wagner)、馬勒(Gustav Mahler)等人作品意境,這對現代樂器音響與樂隊編制之定型產生深刻影響。根據西方樂界的考古學研究,古樂器音響更爲透明、柔和、清晰,而且古樂隊編制較小,這些都使得樂器之間配合以及泛音混合更加具有平衡感,符合巴洛克、古典主義與早期浪漫主義的風格,不施粉黛,天真無邪。各聲部的銜接與呼應自然而質樸,織體的綫條清晰而明瞭,有利於突顯作品本身的層次結構,體驗内在的邏輯美感。

證更多，《文王操》《高山》《流水》①等等，大家如果有興趣，不妨找來聽聽，作一比較，尤可見中西樂道底蘊之異同。

　　由"協和"到"中和"之演變，從審美取向高度上，確定了先秦樂道的歷史走向。"中和"在形式方面表現"中音""中聲"，在内容方面體現"中德"，如《國語·周語下》"於是乎道之以中德，咏之以中音"②，"考中聲而量之以制，度律均鐘"③，《左傳·昭公元年》"先王之樂，所

---

① 【按】《文王操》，推薦成公亮版本，《成公亮的古琴藝術》專輯，風潮音樂公司，2003年，至於《文王操》打譜，可參考成公亮著：《秋籟居琴話》，生活·讀書·新知三聯書店，2009年；《高山》，推薦姚炳炎版本，《中國音樂大全·古琴卷（下集）》，中國唱片上海公司，1994年；《流水》，推薦管平湖版本，《中國音樂大全·古琴卷（上集）》，中國唱片上海公司，1994年。論古琴的傳統製作，爲桐木板、蠶絲弦，亦稱"絲桐"。20世紀70年代，古琴爲了適應舞臺演出的需要，開始學習西方提琴的琴弦變革，發明尼龍鋼絲琴弦，風靡一時。近年來，古琴有復興迹象，而且出現恢復絲弦的呼聲，這實際上也是中國古樂界本真主義的訴求。古琴用鋼弦，像火藥噴發，音量較大却音色疲沓；傳統絲弦像芳草含香，音量較小但音色温暖，更富韵致。在中國傳統器樂中，琴是最接近心靈的樂器，成爲後世文人之樂的核心。而且琴曲即心曲，心和則琴和，中國的琴從一開始，就是彈給自己聽的，是涵養"中和"的一種方式，若是雅集撫琴，最多加上身邊的聽衆（如宋徽宗趙佶《聽琴圖》所示），並不用於大型公開表演。這種使用特性，與其他樂器有所不同，無須窖徹廳堂，原應静品吟唱。筆者曾將中國的古琴聲，與西方的古鋼琴聲相對照（古鋼琴是現代鋼琴的前身，都是通過綳緊的金屬絲弦震動發音。但不同的是，現代鋼琴是擊弦發音，琴鍵帶動琴槌，敲擊金屬弦發音，一股金屬弦包括三根金屬絲弦；而古鋼琴是撥弦發音，琴撥用鳥類的硬質羽毛管製成，琴鍵帶動琴撥，撥動一根金屬絲弦發音，所以又叫"羽管鍵琴""撥弦古鋼琴"。古鋼琴音色纖細典雅，現代鋼琴音色强弱分明。巴洛克時期，最大的鍵盤樂器是管風琴，古鋼琴僅次於管風琴，而且琴鍵比較大，亦稱"大鍵琴"），聲響效果比較接近。現在我們能聽到的古鋼琴演奏録音（推薦 Wanda Landowska，能够真正體現大鍵琴的生命情趣），大多都經過麥克風放大，即便聲響經過處理，也能感受到，古鋼琴與現代鋼琴相比，琴聲音量較小而且音色透亮。如果去除麥克風的放大處理，古鋼琴聲更爲細緻温和，與中國的古琴聲響，有共通之神韵，兩者都是音量較小，帶有類似"芳草"氣息。但是，古鋼琴畢竟屬於金屬弦發音，與我們的古琴相比，略帶"火藥"味道。而且古鋼琴經過機械帶動羽管撥弦，不如古琴直接用人的手指彈撥，更爲靈動與貼切。古琴以右手撥弦出聲，有散、泛、按三種主要音色，以左手按弦取音，有吟、猱、綽、注等多種技法，音色與技法的變化，還有許多細緻區分，雙手配合演奏，强弱虚實，變幻無窮，可以充分傳達人心感受。所以説還是中國古琴的絲弦聲，更能體驗心靈律動，涵養中和境界，真正接近自然的温馨，能够散發泥土的芬芳。
② 《國語集解·周語下第三·王將鑄無射，而爲之大林》，第112頁。
③ 《國語集解·周語下第三·王將鑄無射，問律於伶州鳩》，第113頁。

以節百事也,故有五節,遲速本末以相及,中聲以降。五降之後,不容彈矣。於是有煩手淫聲,慆堙心耳,乃忘平和,君子弗聽也"①,談的就是聲學特性與審美心理之間的協調配合,從而實現"中和"之境,這還是在個人心中。然後,將"中和"推己及人,由心理學走向社會學,"德音"就可以通往"仁和",如《國語·周語下》"德音不愆,以合神人,神是以寧,民是以聽"②。反之,如果淫樂不和,則表示"鮮矣仁"③,伶州鳩諫周景王鑄大鐘,"聽之不和,比之不度,無益於教,而離民怒神,非臣之所聞也"④,季札評《鄭風》"美哉!其細已甚,民弗堪也,是其先亡乎"⑤,此乃聲響形態上的形式美,與教化意義上的功能美相比,功能美躍居形式美之上,所以孔子纔會提出"鄭聲淫""放鄭聲"⑥,"惡紫之奪朱也,惡鄭聲之亂雅樂也,惡利口之覆邦家者"⑦,於是,先秦樂道的教化功能被置於首位,與社會管理緊密結合;對形式美的追求,不但不予重視,更一概斥之爲"鄭聲亂雅"⑧,最終形成先秦樂道的普遍法則,"君子之近琴瑟,以儀節也,非以慆心也"⑨。此"中和"審美觀,随着益教化民之社會功用,潛移默化,使先秦樂道哲學走上一條獨特發展道路,輕形式而重功能。這種思想傾向,歷代典籍都有充分體現,所以

---

① 《春秋左傳詁》卷十五《傳·昭公元年》,第 643—644 頁。
② 《國語集解·周語下第三·王將鑄無射,而爲之大林》,第 112 頁。
③ 《論語集釋》卷三十五《陽貨下》,第 1225 頁。
④ 《國語集解·周語下第三·王將鑄無射,而爲之大林》,第 112 頁。
⑤ 《春秋左傳詁》卷十四《傳·襄公二十九年》,第 610 頁。
⑥ 《論語集釋》卷三十一《衛靈公上》,第 1087 頁。
⑦ 《論語集釋》卷三十五《陽貨下》,第 1225 頁。【按】孔子所謂"惡紫之奪朱也,惡鄭聲之亂雅樂也,惡利口之覆邦家者",也從反面說明鄭國樂風在當時的流行程度,已經撼動正統雅樂地位,孔子方有此浩嘆。鄭聲猶如利口,可見其旋律性,更加悅耳,強調"樂"的藝術性。鄭聲與雅樂之爭,其實質正是"樂"之藝術欣賞功能與政治社會職能的消長關係。
⑧ 《宋史·樂志》:"七曰鄭聲亂雅。然朱、紫有色而易別,雅、鄭無象而難知,聖人懼其難知也,故定律呂中正之音,以示萬世。"(《宋史》卷一百二十八《志第八十一·樂三》,第 2983 頁)
⑨ 《春秋左傳詁》卷十五《傳·昭公元年》,第 644 頁。

《四庫全書總目·經部·樂類》云"今區別諸書,惟以辨律呂、明雅樂者,仍列於經;其謳歌末技,弦管繁聲,均退列雜藝、詞曲兩類中。用以見大樂元音,道侔天地,非鄭聲所得而奸也"①,其觀念濫觴於上古,影響深廣,學者宜深究之。

　　綜上所述,先秦樂道審美由"協和"到"中和",符合上古文化"允執其中"之總體趨勢,逐漸形成先秦樂道"貴和尚中"的内斂性格;當"中和"觀念深入人心,凝結爲中華樂道固有精神時,又對文化總體趨勢之延續,起到有效支撑作用,中華文化得以傳承綿遠而歷久彌新。與此同時,在藝術發展方面,因爲強調益教化民的社會功能,過分排斥形式美因素,例如對於"女樂"的批判②等,也造成雅樂表現形式的封閉性與單

① 《四庫全書總目》卷三十八《經部三十八·樂類》,第 320 頁。
② 【按】"女樂"(歌姬舞女)屢見於典籍,如《國語·晋語七》"(晋悼公)十二年,公伐鄭,軍於蕭魚。鄭伯嘉來,納女、工、妾、三十人,女樂二八,歌鐘二肆,及寶鎛,輅車十五乘。公錫魏絳女樂一八,歌鐘一肆"(《國語集解·晋語七第十三·公伐鄭,軍於蕭魚》,第 413—414 頁),《左傳·襄公十一年》"鄭人賂晋侯,以師悝、師觸、師蠲;廣車、軘車淳十五乘,甲兵備,凡兵車百乘;歌鐘二肆,及其鎛、磬;女樂二八。晋侯以樂之半賜魏絳"(《春秋左傳詁》卷十二《傳·襄公十一年》,第 523—524 頁),《韓非子·十過》"戎王之居,僻陋而道遠,未聞中國之聲,君其遺之女樂以亂其政","乃使史廖以女樂二八遺戎王,因爲由余請期,戎王許諾。見其女樂而説之,設酒張飲,日以聽樂,終歲不遷,牛馬半死"(《韓非子集解》卷三《十過第十》,第 72 頁),《吕氏春秋·不苟》"繆公(秦穆公)以女樂二八人與良宰遺之。戎王喜,迷惑大亂,飲酒晝夜不休"(《吕氏春秋集釋》卷二十四《不苟論第四·不苟論》,第 642 頁)。由此可見,"女樂"性質爲娱樂歌舞,與宗廟之樂風格完全不同。宗廟之樂在於肅穆,女樂在於享樂,如果沉溺其中,會有亂政影響。《墨子·非樂上》"昔者齊康公興樂《萬》,《萬》人不可衣短褐,不可食糠糟,曰'食飲不美,面目顔色不足視也;衣服不美,身體從容醜羸,不足觀也',是以食必粱肉,衣必文綉"(《墨子閒詁》卷八《非樂上第三十二》,第 254—255 頁),"女樂"與此類似,追求視聽盛宴、娱樂審美,如若没有節制,容易陷溺過度。《史記·趙世家》載"他日,(趙武靈)王夢見處女鼓琴而歌詩曰:'美人熒熒兮,顏若苕之榮。命乎命乎,曾無我嬴!'異日,王飲酒樂,數言所夢,想見其狀。吴廣聞之,因夫人而内其女娃嬴,孟姚也。孟姚甚有寵於王,是爲惠后"(《史記》卷四十三《趙世家第十三》,第 1804 頁),日有所思,夜有所夢,可見貴族階層沉浸女樂,即便趙武靈王亦不能免。從政治上來看,先秦樂道認爲"女樂"有消極作用,《論語·微子》"齊人歸(饋)女樂,季桓子受之,三日不朝,孔子行"(《論語集釋》卷三十六《微子上》,第 1258 頁),《史記·孔子世家》"於是選齊國中女子好者八十人,皆衣文衣而舞《康樂》,文馬三十駟,遺魯君。陳女樂文馬於魯城南高門外。季桓子微服往觀再三,將受,(轉下頁)

調性。雖然漢魏"文人音樂"之發展,在某種程度上,帶來形式美的精致傾向,但由於"中和"文化傳統之强勢支撐,使"文人音樂"僅成爲娱情之術,而不是立身之道,所以對樂道的主流形態,並未形成根本性突破。這也是西學東漸以後,民族音樂借鑒西樂和聲原理、配器、樂隊編制等表現方法的深層導因,其目的正在於汲取形式美學的有用經驗。"中和"審美觀之利弊得失,此處可見一斑。

(三) 内核深層——"仁"

"和"處於樂道審美心理的傳導中層,而"仁"是樂道審美心理的内核深層,由"中和"向"仁和"之轉化,正是先秦樂道體系的核心内涵。樂由心生,是"中和"得以存在的心理基礎,《禮記·樂記》:"樂者,音之所由生也,其本在人心之感於物也。"①《説苑·修文》:"鐘鼓之聲,怒而擊之則武,憂而擊之則悲,喜而擊之則樂。其志變,其聲亦變。其志誠,通乎金石,而况人乎。"②所以我們可以説,樂之"中和"來源於人心

(接上頁)乃語魯君爲周道游,往觀終日,怠於政事"(《史記》卷四十七《孔子世家第十七》,第1918頁),《韓非子·十過》"六曰耽於女樂,不顧國政,則亡國之禍也"(《韓非子集解》卷三《十過第十》,第59頁),《史記·貨殖列傳》"中山地薄人衆,猶有沙丘紂淫地餘民","女子則鼓鳴瑟,跕屣,游媚貴富,入後宫,遍諸侯","今夫趙女、鄭姬,設形容,揳鳴琴,揄長袂,躡利屣,目挑心招,出不遠千里,不擇老少者,奔富厚也"(《史記》卷一百二十九《貨殖列傳第六十九》,第3263、3271頁)。但是"女樂"(聲色享樂、藝術欣賞),作爲與正統"雅樂"(頌揚祖先、教化人民)並存的藝術形態,在對美的塑造上更貼近現實生活,更注重形式美感,因此風格多變,從藝術本身來看,有利於藝術美感的發展與豐富,也具有獨特歷史地位。如《韓非子·説疑》所云"爲人臣者,誠明於臣之所言,則雖單弋馳騁,撞鐘舞女(聽鐘鼓之樂,觀美女舞蹈),國猶且存也"(《韓非子集解》卷十七《説疑第四十四》,第408頁),"女樂"就其本質,是藝術而非政治,是否亂政,全在人主自身。史家爲尊者諱,誣過於"女樂",今人當以平心論之。

① 《禮記集解》卷三十七《樂記第十九之一》,第976頁。
② 《説苑校證》卷十九《修文》,第497頁。

之"中和",欲樂和必先心和。體察樂之"中和"與否,成爲辨別心志是否"中和"的晴雨表,而心態決定成敗,社會與政治的一切,都要靠人來營造,人的心志是否"中和",與社會治理休戚相關。這就是樂與政通的學理根基。

樂之"仁"的理論邏輯

先秦樂道由"中和"向"仁和"過渡,其內在經歷了"樂和"(由協和到中和)→"心和"(由德和到行適)→"仁和"(由政通到人和),從藝術體驗到個人心理再到社會治理之轉化,也就是從"和"到"仁"的過程。因此"和之至"就是"仁",所謂"歌樂者,仁之和也"①(藝術體驗),"以樂爲和,薰然慈仁,謂之君子"②(個人心理),"和合五教,以保於百姓者也"③(社會治理)。"樂"怎樣由"和"通向"仁",《樂記》如此解釋:

> 是故先王本之情性,稽之度數,制之禮義,合生氣之和,道五常之行,使之陽而不散,陰而不密,剛氣不怒,柔氣不懾,四暢交於中而發作於外,皆安其位而不相奪也。然後立之學等,廣其節奏,省其文采,以繩德厚。律小大之稱,比終始之序,以象事行。使親疏、貴賤、長幼、男女之理,皆形見於樂,故曰:"樂觀其深矣。"④

"合生氣之和",即"陰陽和合",所以纔能"使之陽而不散,陰而不密,剛氣不怒,柔氣不懾,四暢交於中而發作於外,皆安其位而不相奪

---

① 《禮記集解》卷五十七《儒行第四十一》,第1408頁。
② 《莊子集釋》卷十下《天下第三十三》,第1066頁。【按】民心感於物而動,故形於聲,樂所以和民聲。以樂爲和者,調和民聲也,亦即調和民之性情,情通而民安,民安而事行,事行而政通,政通而人和,人和而治平,仁在其中矣。
③ 《國語集解·鄭語第十六·桓公爲司徒》,第466頁。【按】"五教",指父義、母慈、兄友、弟恭、子孝之倫理觀念,核心就在於"愛人",即仁也。
④ 《禮記集解》卷三十七《樂記第十九之一》,第1000頁。

也"。而"陰陽和合"之實質,上文按語已證,就是生生之仁,是陰陽之分與陰陽之合的辯證統一,這正來源於《國語·鄭語》"和實生物"之觀念①。"道五常之行",是從虛到實的過渡,"合生氣之和"→"道五常之行"→"和實生物",從而構建完整的生成體系。《禮記·郊特牲》"天地合,而後萬物興焉"②,《禮記·中庸》"致中和,天地位焉,萬物育焉"③,"和"能化育萬物,是天地間最大的"仁"。《樂記》説"流而不息,合同而化,而樂興焉"④,"合同而化"即和合化育,"合同",不是同一,而是諧和,"如此,則四海之內,合敬同愛矣"⑤。"合敬同愛",屬於人類社會的"仁"。《樂記》又説"樂者敦和"⑥,敦厚而致於仁,因此"仁近於樂"⑦,"然後立之學等,廣其節奏,省其文采,以繩德厚。律小大之稱,比終始之序,以象事行。使親疏、貴賤、長幼、男女之理,皆形見於樂",這正是樂通向"仁"的現實道路,此乃樂道體系之內核深層,是以"曰'樂觀其深矣'"。

樂之"仁"的實踐過程

樂之"仁",具體怎樣實現? 這是接下來要討論的問題。"和樂→合民心→仁政",是樂之"仁"得以實現的理論邏輯,其間實踐過程如何,且待筆者一一道來。

公元前 524 年,周景王鑄大錢,兩年以後,即公元前 522 年,周景王又將鑄大鐘,單穆公進諫,諫言記載於《國語·周語下》:

---

① 【按】《國語·鄭語》云"夫和實生物,同則不繼。以他平他謂之和,故能豐長而物歸之;若以同裨同,盡乃棄矣",詳論見上文"樂道體系論"之"和"。
② 《禮記集解》卷二十六《郊特牲第十一之二》,第 707 頁。
③ 《禮記訓纂》卷三十一《中庸第三十一》,第 772 頁。
④ 《禮記集解》卷三十七《樂記第十九之一》,第 992 頁。
⑤ 《禮記集解》,第 988 頁。
⑥ 《禮記集解》,第 992 頁。
⑦ 《禮記集解》,第 992 頁。

　　單穆公曰:"不可。作重幣以絕民資,又鑄大鐘以鮮其繼,若積聚既喪,又鮮其繼,生何以殖? 且夫鐘不過以動聲,若無射有林,耳弗及也。夫鐘聲以為耳也,耳所不及,非鐘聲也。猶目所不見,不可以為目也。夫目之察度也,不過步武尺寸之間,其察色也,不過墨丈尋常之間。耳之察和也,在清濁之間,其察清濁也,不過一人之所勝。是故先王之制鐘也,大不出鈞,重不過石。律、度、量、衡於是乎生,小大器用於是乎出,故聖人慎之。今王作鐘也,聽之弗及,比之不度,鐘聲不可以知和,制度不可以出節,無益於樂,而鮮民財,將焉用之! 夫樂不過以聽耳,而美不過以觀目,若聽樂而震,觀美而眩,患莫甚焉。夫耳目,心之樞機也,故必聽和而視正。聽和則聰,視正則明,聰則言聽,明則德昭,聽言昭德,則能思慮純固。以言德於民,民歆而德之,則歸心焉。上得民心,以殖義方,是以作無不濟,求無不獲,然則能樂。夫耳內和聲,而口出美言,以為憲令而布諸民,正之以度量,民以心力,從之不倦。成事不貳,樂之至也。口內味而耳內聲,聲味生氣。氣在口為言,在目為明,言以信名,明以時動,名以成政,動以殖生,政成生殖,樂之至也。若視聽不和,而有震眩,則味入不精,不精則氣佚,氣佚則不和,於是乎有狂悖之言,有眩惑之明,有轉易之名,有過慝之度。出令不信,刑政紛放,動不順時,民無據依,不知所力,各有離心。上失其民,作則不濟,求則不獲,其何以能樂? 三年之中,而有離民之器二焉,國其危哉!"①

　　單穆公論樂之核心,就在於"樂"與"仁"的實踐關係。"夫耳目,心之樞機也,故必聽和而視正。聽和則聰,視正則明,聰則言聽,明則德昭,聽言昭德,則能思慮純固",這是從樂和到心和的過程。耳目為心

---

① 《國語集解·周語下第三·王將鑄無射,而為之大林》,第108—110頁。

之樞機,涉及"樂"與"性",下文"樂道體系論"之"性",將有專門論述,此處暫且按下不表。聽覺與心靈之間存在客觀聯繫,爲從樂和到心和的過程提供了可能性。

從樂和怎樣達到心和呢? 上引"聽和則聰,視正則明,聰則言聽,明則德昭,聽言昭德,則能思慮純固"表明,分三段走,從樂音至聽覺,從聽覺至言語,從言語至思慮。

第一段,從樂音至聽覺:"耳不能兩聽而聰"①,唯有"聽和則聰","聽和"具體指"燕處則聽《雅》《頌》之音,行步則有環佩之聲,升車則有鸞、和之音"②,聽和諧的樂音纔會聽覺靈敏。但靈敏的聽覺也不能濫用,《莊子·駢拇》説"多於聰者,亂五聲,淫六律③,金石絲竹、黄鐘大吕之聲非乎? 而師曠是已"④,縱情於聽覺、濫用聽覺,也有違"聽和"之宗旨。而且聽覺靈敏不是爲了當音樂家,而是爲了跨越樂音外殼,直指内在的"和"。爲什麽這樣説呢? 因爲"口内味而耳内聲,聲味生氣。氣在口爲言,在目爲明",和諧的樂音,經由聽覺化爲心中的和氣⑤,《莊子·人間世》論"心齋","若一志,無聽之以耳而聽之以心,無聽之以心而聽之以氣。聽止於耳,心止於符。氣也者,虛而待物者也。唯道集虛。虛者,心齋也"⑥,《晋書·隱逸列傳》載陶潛"性不解音,而畜素琴一張,弦徽不具,每朋酒之會,則撫而和之,曰'但識琴中趣,何

---

① 《荀子集解》卷一《勸學篇第一》,第 9 頁。
② 《禮記集解》卷四十八《經解第二十六》,第 1255 頁。
③ 【按】"亂五聲,淫六律",交錯五聲,放任六律。《莊子·馬蹄》云"五色不亂,孰爲文采;五聲不亂,孰應六律"(《莊子集釋》卷四中《馬蹄第九》,第 336 頁),五色不被散亂,怎會呈現文采;五聲不被錯亂,怎會合於六律。錯亂當作交錯,《禮記·樂記》"聲相應,故生變,變成方,謂之音"(《禮記集解》卷三十七《樂記第十九之一》,第 976 頁),可見"亂"即"變",交錯之謂也。
④ 《莊子集釋》卷四上《駢拇第八》,第 314 頁。
⑤ 【按】亦即上文所論由協和到中和之過程。
⑥ 《莊子集釋》卷二中《人間世第四》,第 147 頁。

勞弦上聲’”①，也是跨越外殼而直指内在，與此道理相通。

　　第二段，從聽覺至言語：“夫耳内和聲，而口出美言”，和氣出口爲嘉言，此種言語以中和爲底氣，纔會合於情理。所謂“聰則言聽”“聽言”，這讓我想起《墨子·三辯》“聽治”，《墨子·非樂上》“與君子聽之，廢君子聽治”②，“聽”在這裏作治理、判決講，所以“聽言”是分辨言語的意思，與“聽訟”類似。既要出口爲嘉言，子貢曰“君子一言以爲知，一言以爲不知，言不可不慎也”③，可見知己爲明；又要善於分辨言語，孔子曰“不知言，無以知人也”④，《論語·顏淵》：“（樊遲）問知。子曰：‘知人。’”⑤可見知人爲智。

　　這樣纔能通向第三段，從言語至思慮：“夫耳内和聲，而口出美言，以爲憲令而布諸民”，“言以信名”，用言語來審定號令，人的思慮就必須完善而成熟，纔能避免失誤。思慮完善而成熟，就是心和的成果。“聽言昭德，則能思慮純固”，這時已經跨越樂音外殼，直指内心之“和”，由樂和達到心和，《莊子·德充符》“且不知耳目之所宜，而游心乎德之和”⑥，就是這種境界。

　　上引《國語·周語下》“以言德於民，民歆而德之，則歸心焉。上得民心，以殖義方，是以作無不濟，求無不獲，然則能樂”，這是從心和到仁和。從心和到仁和，需要完成從個人到社會的延伸，從個人到社會需要“推己及人”的過程⑦，“老吾老，以及人之老；幼吾幼，以及人之

---

①　［唐］房玄齡等撰，中華書局編輯部點校：《晋書》卷九十四《列傳第六十四隱逸·陶潛》，中華書局，1974 年，第 2463 頁。

②　《墨子閒詁》卷八《非樂上第三十二》，第 254 頁。

③　《論語集釋》卷三十八《子張》，第 1342 頁。

④　《論語集釋》卷三十九《堯曰》，第 1379 頁。

⑤　《論語集釋》卷二十五《顏淵下》，第 873 頁。【按】《尚書·皋陶謨》“知人則哲，能官人”（《尚書今古文注疏》卷二《虞夏書二·皋陶謨第二·上》，第 79 頁），哲即知，智也。

⑥　《莊子集釋》卷二下《德充符第五》，第 191 頁。

⑦　【按】《論語·顏淵》孔子曰“己所不欲，勿施於人。在邦無怨，在家無怨”（［清］劉寶楠撰，高流水點校：《論語正義》卷十五《顏淵第十二·二章》，中華書局，1990 年，（轉下頁）

幼”①,“故人不獨親其親,不獨子其子,使老有所終,壯有所用,幼有所長,矜、寡、孤、獨、廢、疾者皆有所養”②,《大戴禮記·主言》所謂“至樂無聲而天下之民和”③,此乃“至樂”之境界,這就是“仁”的實現過程。

　　具體而言,上引《國語·周語下》“作重幣以絕民資,又鑄大鐘以鮮其繼,若積聚既喪,又鮮其繼,生何以殖”,這是從外部來談“樂”與“仁”的關係④,《國語·楚語上》云“明慈愛以導之仁”⑤,“仁”以慈愛爲本,鑄大鐘而害民生,這樣的“樂”,外部再美好,內部也實現不了“仁”,所以稱其爲“離民之器”;《國語·周語下》“聽和則聰,視正則明,聰則言聽,明則德昭,聽言昭德,則能思慮純固。以言德於民,民歆而德之,則歸心焉。上得民心,以殖義方,是以作無不濟,求無不獲,然則能樂。夫耳内和聲,而口出美言,以爲憲令而布諸民,正之以度量,民以心力,從之不倦。成事不貳,樂之至也”,這是從内部來談“樂”與“仁”的關係,從樂音至聽覺,從聽覺至言語,從言語至思慮,從思慮至決策,從決策至治理,從治理至民心,走的就是樂和→心和→仁和的道路。如果反其道

（接上頁）第 485 頁）,《論語·雍也》孔子曰“夫仁者,己欲立而立人,己欲達而達人。能近取譬,可謂仁之方也已”(《論語正義》卷七《雍也第六·三十章》,第 249 頁),何謂“能近取譬”?《論語·里仁》曾子曰“夫子之道,忠恕而已矣”(《論語正義》卷五《里仁第四·十五章》,第 153 頁),北宋程顥曰“以己及物,仁也;推己及物,恕也”,程門弟子劉絢附注曰“違道不遠是也”(《二程集·遺書卷第十一·明道先生語一·師訓》,第 124 頁),南宋朱熹晚年《四書章句集注》亦引據明道此語(《四書章句集注·論語集注卷二·里仁第四》,第 72 頁),而其早年《與范直閣書》已有云“學者之於忠恕,未免參校彼已,推己及人”(《全宋文》第二百四十五册,卷五四九八《朱熹七一·與范直閣》,第 338 頁)。從孔子到程顥再到朱熹,後世所謂“推己及人”,由此而來。

① 《孟子正義》卷三《梁惠王章句上·七章》,第 86 頁。
② 《禮記集解》卷二十一《禮運第九之一》,第 582 頁。
③ 《大戴禮記彙校集解》卷一《主言第三十九》,第 36 頁。
④ 【按】《墨子·非樂上》“今王公大人雖無(或作唯毋、惟勿,皆無義)造爲樂器,以爲事乎國家,非直掊潦水、折壤坦而爲之也,將必厚措斂乎萬民,以爲大鐘、鳴鼓、琴瑟、竽笙之聲”(《墨子閒詁》卷八《非樂上第三十二》,第 250—251 頁),談的也是“樂”與“仁”之關係。
⑤ 《國語集解·楚語上第十七·莊王使士亹傅大子葴》,第 486 頁。

而行之，"若視聽不和，而有震眩，則味入不精，不精則氣佚，氣佚則不和，於是乎有狂悖之言，有眩惑之明，有轉易之名，有過慝之度。出令不信，刑政紛放，動不順時，民無據依，不知所力，各有離心。上失其民，作則不濟，求則不獲，其何以能樂"，這恰恰違背樂道的真精神。所以說"樂"走向"仁"，不僅是"仁政"的需要，而且是"樂"圓滿自身精神的需要。

"樂"的精神是"仁"

"樂"的精神是"仁"，《莊子·大宗師》有一段孔子與顏回的對話，很能說明道理：

> 顏回曰："回益矣。"仲尼曰："何謂也？"曰："回忘仁義矣。"曰："可矣，猶未也。"他日，復見，曰："回益矣。"曰："何謂也？"曰："回忘禮樂矣。"①

由此可見，仁義是禮樂的實質。又《論語·八佾》："子曰：'繪事後

---

① 【按】《莊子·大宗師》下文接着說："曰：'可矣，猶未也。'他日，復見，曰：'回益矣。'曰：'何謂也？'曰：'回坐忘矣。'仲尼蹴然曰：'何謂坐忘？'顏回曰：'墮肢體（坐忘而體解），黜聰明，離形去知，同於大通，此謂坐忘。'仲尼曰：'同則無好也，化則無常也。而果其賢乎！丘也請從而後也。'"（《莊子集釋》卷三上《大宗師第六》，第282—285頁）所謂"同則無好也"，和萬物同一體就沒有偏私，《莊子·齊物論》云"道之所以虧，愛之所以成"（《莊子集釋》卷一下《齊物論第二》，第74頁），道德虧損是由於私好造成的，同則無好，道得以全。《齊物論》"有成與虧，故昭氏之鼓琴也；無成與虧，故昭氏之不鼓琴也"（《莊子集釋》，第74頁），夫若坐忘，離形去智，身形既解，而況琴乎！所謂"化則無常也"，參與萬物變化就沒有偏執。《齊物論》云天籟"夫吹萬不同，而使其自己也，咸其自取"（《莊子集釋》，第50頁），既然參與萬物變化，天地間自然聲響就可以作爲音符；《莊子·養生主》云庖丁解牛合乎道，"砉然嚮然，奏刀騞然，莫不中音"，解牛之聲也可"合於《桑林》之舞，乃中《經首》之會"（《莊子集釋》卷二上《養生主第三》，第117—118頁），以依乎天理、因其固然爲貴，奉天籟爲至樂。莊子此處借樂論道，其樂道意義在於，跨越樂的外殼，直指樂的本質"和"，而和即順，依乎天理、因其固然，就是大順，所以奉天籟爲至樂，這對於理解"和樂"精神，很有幫助。

素。'曰：'禮後乎？'""人而不仁，如禮何？人而不仁，如樂何？"①禮樂之產生，是在仁義的基礎上，禮樂的背後有仁在，《論語·陽貨》："禮云禮云，玉帛云乎哉？樂云樂云，鐘鼓云乎哉？"②樂道之追求，不在物質層面的樂器，而在於樂的精神"仁"③，虛禮與佞樂，没有仁義作爲底氣，就不是真正的"樂"。雖然禮樂具有修飾性，但必須有敬誠在内，而且樂又與禮不同，禮主外而樂主内，所以《禮記·樂記》説"仁近於樂，義近於禮"④。《論語·陽貨》中，孔子又與宰予有一段對話，發人深省：

> 宰我問："三年之喪，期已久矣。君子三年不爲禮，禮必壞；三年不爲樂，樂必崩。舊穀既没，新穀既升，鑽燧改火，期可已矣。"子曰："食夫稻，衣夫錦，於女安乎？"曰："安。""女安，則爲之！夫君子之居喪，食旨不甘，聞樂不樂，居處不安，故不爲也。今女安，則爲之！"宰我出。子曰："予之不仁也！子生三年，然後免於父母之懷。夫三年之喪，天下之通喪也，予也有三年之愛於其父母乎！"⑤

"夫君子之居喪，食旨不甘，聞樂不樂，居處不安，故不爲也"，居喪而樂，豈有仁在？並非樂不和，心不和也。《樂記》云"凡音之起，由人心生也。人心之動，物使之然也。感於物而動，故形於聲（人聲）；聲相應，故生變；變成方，謂之音（聲樂）；比音而樂（器樂）之，及干戚、羽旄

---

① 《論語集釋》卷五《八佾上》，第 157—159、142 頁。
② 《論語集釋》卷三十五《陽貨下》，第 1216 頁。
③ 【按】"樂"的精神是"仁"，《論語·述而》"依於仁，游於藝"（《論語集釋》卷十三《述而上》，第 443 頁），《憲問》"冉求之藝，文之以禮樂，亦可以爲成人矣"（《論語集釋》卷二十八《憲問上》，第 969 頁），成人即全人，"仁"得以全也。
④ 《禮記集解》卷三十七《樂記第十九之一》，第 992 頁。
⑤ 《論語集釋》卷三十五《陽貨下》，第 1231—1237 頁。

（舞蹈），謂之樂。樂者，音之所由生也，其本在人心之感於物也”①，所以君子居喪“聞樂不樂”，正是“仁”的體現。《樂記》又云“然後發以聲音（人聲、聲樂），而文以琴瑟（所謂弦歌，加上弦器樂），動以干戚，飾以羽旄（加上舞蹈），從以簫管（管器樂）。奮至德之光，動四氣之和，以著萬物之理”②，這一切必須建立在心和的基礎上，纔可能由“樂”通向“仁”。宰予提出“三年之喪，期已久矣。君子三年不爲禮，禮必壞；三年不爲樂，樂必崩”，孔子聽後責曰“予之不仁也”，恰恰説明樂道的真精神在於仁。所以“樂”走向“仁”，是“樂”實現自身精神本質的需要。而孟子所謂“與民同樂”③，通過推己及人的方式，説明了實現從“樂”到“仁”之過程，也是“仁政”的需要。“仁政”之順利實施，需要“和樂→合民心→仁政”，因爲“温良者，仁之本也”④，和樂可以熏陶培養起温和善良的性情⑤，加上“樂”自身也需要通過“樂和→心和→仁和”，實現其精神本質，這正是“樂”走向“仁”的必要性。

論“樂”以安“仁”的保障

跨越樂的音響外殼，直指樂的本質“和”，體驗樂的精神“仁”，這是樂由“中和”向“仁和”轉化的關鍵。“和”處於樂道審美心理的傳導中層，而“仁”是樂道審美心理的内核深層，“中和”向“仁和”之轉化，正是先秦樂道體系的核心内涵，所以孔子“仁學”⑥纔説“興於《詩》，立於

---

① 《禮記集解》卷三十七《樂記第十九之一》，第 976 頁。
② 《禮記集解》卷三十八《樂記第十九之二》，第 1004 頁。
③ 《孟子正義》卷四《梁惠王章句下·一章》，第 105 頁。
④ 《禮記集解》卷五十七《儒行第四十一》，第 1408 頁。
⑤ 【按】《莊子·馬蹄》説“道德不廢，安取仁義，性情不離，安用禮樂”（《莊子集釋》卷四中《馬蹄第九》，第 336 頁），可見禮樂用於端正性情，《莊子·駢拇》也説“屈折禮樂，呴俞仁義，以慰天下之心者，此失其常然也”（《莊子集釋》卷四上《駢拇第八》，第 321 頁），莊子之理想主義，正是現實社會的一面鏡子，深刻犀利，正説明禮樂得以產生的社會根基。
⑥ 孔門曾參曰：“士不可以不弘毅，任重而道遠。仁以爲己任，不亦重乎？死而後已，不亦遠乎？”（《論語集釋》卷十五《泰伯上》，第 527 頁）

禮,成於樂"①。這裏要注意"成"的含義,應當理解爲"成人",《論語·憲問》:"子路問成人。子曰:'若臧武仲之知,公綽之不欲,卞莊子之勇,冉求之藝,文之以禮樂,亦可以爲成人矣。'曰:'今之成人者何必然? 見利思義,見危授命,久要不忘平生之言,亦可以爲成人矣。'"②成人即全人、完美之人,兼具"知""不欲""勇""藝""禮樂","亦可以爲成人矣",可見《泰伯》"成於樂","成"者,全人之謂也。《荀子·勸學》"德操然後能定,能定然後能應。能定能應,夫是之謂成人。天見其明,地見其光,君子貴其全也"③,"全"也就是"成",君子最要緊的正是人格之完美與純正④,所以説"成於樂"講的是人格修養,是從"樂和"到"心和"再到"仁和"的樂道成果。樂道的終極目標,就是爲了從精神上實現仁德,人具有主觀能動性,精神能量是巨大的,進而轉化爲實踐力量,支撐起和合文化的大厦⑤。《禮記·禮運》以農事作爲比喻,説得生動而貼切:

　　故人情者,聖王之田也,修禮以耕之,陳義以種之,講學以耨之,本仁以聚之,播樂以安之……故治國不以禮,猶無耜而耕也;爲禮不本於義⑥,猶耕而弗種也;爲義而不講之以學,猶種而弗耨也;講之於學而不合之以仁,猶耨而弗穫也;合之以仁而不安之以樂,

---

① 《論語集釋》卷十五《泰伯上》,第529—530頁。【按】《詩》、禮、樂之關係,孔子另有論述,《禮記·仲尼燕居》載,子曰"不能《詩》,於禮繆。不能樂,於禮素。薄於德,於禮虚"(《禮記集解》卷四十九《仲尼燕居第二十八》,第1272頁)。
② 《論語集釋》卷二十八《憲問上》,第969—972頁。
③ 《荀子集解》卷一《勸學篇第一》,第20頁。
④ 《孟子·離婁下》:"大人者,不失其赤子之心者也。"(《孟子正義》卷十六《離婁章句下·十二章》,第556頁)
⑤ 【按】和合文化與"仁"的關係,上文"樂道體系論"之"和"有論述,可供參考。
⑥ 【按】《論語·爲政》"見義不爲,無勇也"(《論語集釋》卷四《爲政下》,第134頁),《論語·陽貨》"子路曰:'君子尚勇乎?'曰'君子義以爲上,君子有勇而無義爲亂,小人有勇而無義爲盜'"(《論語集釋》卷三十五《陽貨下》,第1241頁),《論語·子路》"言必信,行必果,硜硜然,小人哉"(《論語集釋》卷二十七《子路下》,第927頁),《孟子·離婁下》"大人者,言不必信,行不必果,惟義所在"(《孟子正義》卷十六《離婁章句下·十一章》,第555頁)。

猶稼而弗食也；安之以樂而不達於順，猶食而弗肥也。①

　　"故人情者，聖王之田也"，"本仁以聚之，播樂以安之"，"合之以仁
而不安之以樂，猶稼而弗食也；安之以樂而不達於順，猶食而弗肥也"，
順→樂→仁的實踐方式，清晰可見。《左傳·襄公十一年》"夫樂以安
德，義以處之"②，安德就是安仁③，樂以安仁也。《禮記·禮運》又説
"仁者，義之本也，順之體也，得之者尊"④，上文"樂道體系論"之"和"
已論，和就是順，"仁者"，"順之體也"，也就是説，仁者，和之體也。
"仁"與"和"，是體與用的關係⑤，順→樂→仁的實踐方式，即和→樂→
仁的實踐過程。"樂"宣和以導仁，起到橋梁作用，這是由"中和"向"仁
和"轉化的實踐，也是樂以安仁的保障。

　　何以見之？這要從"安仁"説起。《論語·里仁》"仁者安仁，知者
利仁"⑥，"安仁"的"安"，是"樂其俗，安其居"⑦之"安"，"安土重遷，黎
民之性"⑧之"安"，仁德安居於心，《孟子》也説"夫仁，天之尊爵也，人

――――――

① 《禮記集解》卷二十二《禮運第九之二》，第618—619頁。
② 《春秋左傳詁》卷十二《傳·襄公十一年》，第524頁。
③ 【按】《禮記·禮運》："合之以仁而不安之以樂，猶稼而弗食也；安之以樂而不達於順，猶
　　食而弗肥也"，"天子以德爲車，以樂爲御，諸侯以禮相與，大夫以法相序，士以信相考，百
　　姓以睦相守，天下之肥也。是謂大順"（《禮記集解》卷二十二《禮運第九之二》，第619、
　　620頁）。德車樂御，則樂以安德；合仁安樂，則樂以安仁。安德即安仁，皆致於健壯，所
　　以《論語·雍也》説"仁者壽"（《論語集釋》卷十二《雍也下》，第408頁）。
④ 《禮記集解》卷二十二《禮運第九之二》，第619頁。
⑤ 【按】《論語·學而》有若曰"禮之用，和爲貴"（《論語集釋》卷二《學而下》，第46頁），和
　　爲禮之用，《八佾》："人而不仁，如禮何？人而不仁，如樂何？"（卷五《八佾上》，第142
　　頁）《陽貨》："禮云禮云，玉帛云乎哉？樂云樂云，鐘鼓云乎哉？"（卷三十五《陽貨下》，第
　　1216頁）可見禮的背後也是仁，由此亦可證，和爲仁之用。
⑥ 《論語集釋》卷七《里仁上》，第228頁。
⑦ 《帛書老子校注·德經·六十七》，第154頁。
⑧ 《漢書》卷九《元帝紀第九》，第292頁。【按】《繫辭上》"安土敦乎仁，故能愛"（《宋本周
　　易注疏》卷十《周易繫辭上》，第392頁），孟子所謂"居仁"（《孟子正義》卷十五《離婁章
　　句上·十章》，第507頁），誠此之由。

之安宅也”，“仁，人之安宅也。義，人之正路也。曠安宅而弗居，舍正
路而不由，哀哉”，“君子以仁存心”①。安之若素而不見異思遷，《論
語·雍也》“知者樂水，仁者樂山；知者動，仁者靜”②，仁者自有仁德安
居於心，不動如山，所以説“仁者靜”，“靜”正由“安仁”而來。“樂”宣
和導仁之過程，就是求“靜”的過程。大家可能會問，“樂”怎麼會是
“靜”呢？這裏“靜”的是心，不是外在聲音，求“靜”之過程，是跨越聲
音外殼，直指内在“和”的過程。心中有和（“中和”），纔能“靜”得下
來。“靜”得下來，纔能反躬自省，反躬自省纔能推己及人③，推己及人
纔能實現“仁”。外在“協和”之樂音，有助於内在“中和”之涵養；内在
“中和”之涵養（靜氣的功夫），是反躬自省的前提，反躬自省從而存心
復性，存心復性以致於至誠④，“仁者愛人”⑤，至誠之心是愛人的基礎，

---

① 《孟子正義》卷七《公孫丑章句上·七章》，第 239 頁；卷十五《離婁章句上·十章》，第
507 頁；卷十七《離婁章句下·二十八章》，第 595 頁。【按】《孟子·盡心上》：“孟子自
范之齊，望見齊王之子。喟然嘆曰：‘居移氣，養移體，大哉居乎，夫非盡人之子與？’”
（《孟子正義》卷二十七《盡心章句上·三十六章》，第 933 頁）“孟子曰：‘王子宫室、車
馬、衣服多與人同，而王子若彼者，其居使之然也。況居天下之廣居乎？魯君之宋，呼
於垤澤之門。守者曰：“此非吾君也，何其聲之似我君也？”此無他，居相似也。’”孫奭疏：
“‘大哉居乎’，言人當慎所居，以仁爲廣居。”（《孟子注疏》卷十三下《盡心章句上》，第
6027 頁）《孟子·滕文公下》“居天下之廣居，立天下之正位，行天下之大道。得志與民
由之，不得志獨行其道。富貴不能淫，貧賤不能移，威武不能屈，此之謂大丈夫”，朱熹
《孟子集注》“廣居，仁也。正位，禮也。大道，義也”（［宋］朱熹：《四書章句集注·孟子
集注卷六·滕文公章句下》，中華書局，1983 年，第 265—266 頁）。有趣的是，湖北武漢
地名就有居仁門、循禮門、首義路，可見思想文化之力量。以“居天下之廣居”爲喻，就是
安仁的意思，居足以移易人之氣，君子居仁而小人處利，熏染既久，品類自殊。
② 《論語集釋》卷十二《雍也下》，第 408 頁。
③ 【按】《孟子·離婁上》：“愛人不親反其仁，治人不治反其智，禮人不答反其敬。行有不
得者，皆反求諸己，其身正而天下歸之。”（《孟子正義》卷十四《離婁章句上·四章》，第
492 頁）
④ 【按】《吕氏春秋·大樂》：“故惟得道之人，其可與言樂乎。”（《吕氏春秋集釋》卷五《仲
夏紀第五·大樂》，第 110 頁）
⑤ 《論語·顏淵》：“樊遲問仁。子曰：‘愛人。’”（《論語集釋》卷二十五《顏淵下》，第 873
頁）《孟子·離婁下》總結爲“仁者愛人”（《孟子正義》卷十七《離婁章句下·二十八章》，
第 595 頁）。

以至誠之心愛人，"愛人者人恒愛之"①，彼此纔會坦誠相待，而"天下之本在國，國之本在家，家之本在身"②，"今夫古樂，進旅退旅，和正以廣，弦匏笙簧，會守拊鼓，始奏以文，復亂以武，治亂以相，訊疾以雅。君子於是語，於是道古，修身及家，平均天下，此古樂之發也"③，再由一己推開去，做到"泛愛衆而親仁"④，完成"樂和→心和→仁和"之過程，這正是通向仁德的保障。

"仁"的内部升華與外部實踐

仁德安居於心，則在在皆和，此無他，仁者，和之至也。"仁"導源於"和"，反過來"仁"就是最大的"和"，不仁就會内心失和，稱爲"喪心"，如上引《左傳·昭公二十五年》"哀樂而樂哀，皆喪心也"。《論語·陽貨》載，宰予反對三年之喪，孔子斥責"予之不仁也"，理由就是"夫君子之居喪，食旨不甘，聞樂不樂，居處不安，故不爲也"。"聞樂不樂"不是樂聲不美，"居處不安"不是無處可居，而是心存仁德，不忍樂之、不忍安之。居喪之人，如若聞樂而樂、居處而安，則喪心失和，失和就是不仁，如《論語·述而》"子於是日哭，則不歌"⑤。至於孟子反、子琴張"臨屍而歌"⑥，"莊子妻死"，"箕踞鼓盆

---

① 《孟子正義》卷十七《離婁章句下·二十八章》，第595頁。
② 《孟子正義》卷十四《離婁章句上·五章》，第493頁。
③ 《禮記集解》卷三十八《樂記第十九之二》，第1013頁。【按】上引《樂記》"仁近於樂，義近於禮"，禮樂是精神價值（仁義）的文化載體，《史記·晉世家》："悼公問治國於師曠。師曠曰：'惟仁義爲本。'"（《史記》卷三十九《晉世家第九》，第1683頁）由於樂主仁而禮主義，所以君子纔能"於是語，於是道古，修身及家，平均天下"。
④ 《論語集釋》卷一《學而上》，第27頁。
⑤ 《論語集釋》卷十三《述而上》，第449頁。
⑥ 【按】《莊子·大宗師》："子桑户、孟子反、子琴張三人相與友"，"莫然有間而子桑户死，未葬"，（孟子反、子琴張）"或編曲，或鼓琴，相和而歌曰：'嗟來桑户乎！嗟來桑户乎！而已反其真，而我猶爲人猗！'"（《莊子集釋》卷三上《大宗師第六》，第264、266頁）這讓人想起《吕氏春秋·音初》對"南音"之描述，《候人歌》"候人兮猗"（《吕氏春秋集釋》卷六《季夏紀第六·音初》，第140頁），皆情真而意切（即内在之仁），非外在禮法所（轉下頁）

而歌"①,他們果真不悲傷嗎? 莊子的一句話透露其中真情,"是其始死也,我獨何能無概然"②,可見情是真情,歌乃悲歌,與"樂哀"失和有本質區別,其實他們心中有仁存焉。再由悲歌而超越,"察其始而本無生,非徒無生也而本無形,非徒無形也而本無氣"③,等同生死,齊一物我,這纔游離於仁。這種游離不是失和,而是超越,所以臨屍鼓盆,非不仁也,是仁至而歸於真,《老子》"反[也]者,道之動"④,其殆庶幾乎⑤。

───────────

(接上頁)能懸縛。又《左傳・成公九年》:"晉侯觀於軍府,見鍾儀,問之曰:'南冠而縶者,誰也?'有司對曰:'鄭人所獻楚囚也。'使稅之,召而吊之。再拜稽首。問其族,對曰:'冷人也。'公曰:'能樂乎?'對曰:'先父之職官也,敢有二事?'使與之琴,操南音。"(《春秋左傳詁》卷十一《傳・成公九年》,第 459 頁)冷人即伶人,樂官世襲,可見不僅是歌謠,連器樂風格,也具有明顯的地域色彩,所以稱爲"南音"。

① 《莊子集釋》卷六下《至樂第十八》,第 614 頁。【按】項羽有《垓下歌》,《史記・項羽本紀》:"項王軍壁垓下,兵少食盡,漢軍及諸侯兵圍之數重。夜聞漢軍四面皆楚歌,項王乃大驚曰:'漢皆已得楚乎? 是何楚人之多也!'項王則夜起,飲帳中。有美人名虞,常幸從;駿馬名騅,常騎之。於是項王乃悲歌忼慨,自爲詩曰:'力拔山兮氣蓋世,時不利兮騅不逝。騅不逝兮可奈何,虞兮虞兮奈若何!'歌數闋,美人和之。項王泣數行下,左右皆泣,莫能仰視。"(《史記》卷七《項羽本紀第七》,第 333 頁)劉邦有《大風歌》,《史記・高祖本紀》:"高祖還歸,過沛,留。置酒沛宮,悉召故人父老子弟縱酒,發沛中兒得百二十人,教之歌。酒酣,高祖擊筑,自爲歌詩曰:'大風起兮雲飛揚,威加海内兮歸故鄉,安得猛士兮守四方!'令兒皆和習之。高祖乃起舞,慷慨傷懷,泣數行下。"(《史記》卷八《高祖本紀第八》,第 389 頁)真是敗亦悲、成亦悲,可見楚人好悲歌,自古如此,歷代相沿。而且莊子"鼓盆而歌",還有一定的民俗學依據,如《明史・循吏列傳》"楚俗,居喪好擊鼓歌舞"([清]張廷玉等撰,中華書局編輯部點校:《明史》卷二百八十一《列傳第一百六十九・循吏・陳鋼》,中華書局,1974 年,第 7210 頁),時至今日,荆楚故地仍然盛行"鬧喪",遇喪而用樂。莊子將楚風上升爲哲學思考,進而獲得超越性生死觀。從文藝角度來看,悲劇在藝術層次與思想深度上遠高於喜劇,由悲憫情懷化爲藝術審美,進而升華到哲學高度。生死是人類的自然過程,生死觀是人類的終極思考,思考需要超脱,悲痛得難以自拔,是無法思考的,所謂痛定纔能思痛,而悲歌正兼具悲憫情懷與内省反思,所以能够引領心靈超脱,獲得超越性認識。生死觀的超越是一大關鍵,世界觀與人生觀也會隨之改觀,從而達到自在逍遥的哲學境界。

② 《莊子集釋》卷六下《至樂第十八》,第 614 頁。

③ 《莊子集釋》,第 614—615 頁。

④ 黃懷信:《老子彙校新解・下篇・四十章》,鳳凰出版社,2016 年,第 46 頁。【按】《漢書・藝文志》:"仁之與義,敬之與和,相反而皆相成也。"(《漢書》卷三十《藝文志第十》,第 1746 頁)

⑤ 【按】《莊子・大宗師》載孔子曰:"彼,游方之外者也;而丘,游方之内者也。(轉下頁)

我們舉個具體例子,來展示先秦樂道宣和導仁之過程。如《禮記·仲尼燕居》:

> 兩君相見,揖讓而入門,入門而縣興,揖讓而升堂,升堂而樂闋。下管《象》,《武》《夏籥》序興。陳其薦俎,序其禮樂,備其百官。如此而後,君子知仁焉。行中規,還中矩,和鸞中《采齊》,客出以《雍》,徹以《振羽》。是故君子無物而不在禮矣。入門而金作,示情也;升歌《清廟》,示德也;下而管《象》,示事也。是故古之君子不必親相與言也,以禮樂相示而已。①

此處記載,可謂知其然,亦知其所以然。在祖廟舉行饗禮來接待貴賓,“兩君相見,揖讓而入門,入門而縣興,揖讓而升堂,升堂而樂闋。下管《象》,《武》《夏籥》序興。陳其薦俎,序其禮樂,備其百官”,這是知其然,“如此而後,君子知仁焉”,這是知其所以然。兩君賓主相見,揖讓而入廟門,“入門而縣興”,可見樂懸設在庭中,奏《肆夏》,《左傳·襄公四年》“金奏《肆夏》之三”②,用樂鐘來領奏;“揖讓而升堂”,賓主踩着節拍行進,“升堂而樂闋”,登堂就位後,《肆夏》正好停止,可見《肆

（接上頁）外内不相及,而丘使女(子貢)往吊之,丘則陋矣。”(《莊子集釋》卷三上《大宗師第六》,第267—268頁)方外俗中,皆無挂礙,惟真情而已矣。情真則心和,以和心待人、以和心接事,即是仁,何必拘泥於方之外内。《晋書·阮籍傳》:“(阮)籍雖不拘禮教”,“性至孝,母終,正與人圍棋,對者求止,籍留與決賭。既而飲酒二斗,舉聲一號,吐血數升。及將葬,食一蒸肫,飲二斗酒,然後臨訣,直言窮矣,舉聲一號,因又吐血數升。毁瘠骨立,殆致滅性。裴楷往吊之,籍散髮箕踞,醉而直視,楷吊唁畢便去。或問楷:‘凡吊者,主哭,客乃爲禮。籍既不哭,君何爲哭?’楷曰:‘阮籍既方外之士,故不崇禮典。我俗中之士,故以軌儀自居。’時人嘆爲兩得。”(《晋書》卷四十九《列傳第十九·阮籍》,第1361頁)所謂兩得者,皆得其真,真爲仁之本色。

① 《禮記集解》卷四十九《仲尼燕居第二十八》,第1269—1270頁。
② 《春秋左傳詁》卷十二《傳·襄公四年》,第498頁。【按】亦見於《國語·魯語下》“夫先樂金奏《肆夏》《樊遏》《渠》”(《國語集解·魯語下第五·叔孫穆子聘於晋》,第178頁),此公元前569年夏。

夏》調節賓主行進速度,藉此端正儀態;"下管《象》,《武》《夏籥》序興。陳其薦俎,序其禮樂,備其百官",這是按次序安排禮樂活動。《禮記·祭義》"反饋樂成,薦其薦俎,序其禮樂,備其百官,君子致其濟濟漆漆","薦其薦俎,序其禮樂,備其百官,奉承而進之,於是諭其志意,以其恍惚以與神明交,庶或饗之。庶或饗之,孝子之志也"[1],如此這般,目的在於"樂"所達到的心理效果,"如此而後,君子知仁焉",使來訪國君感受到主國的盛情厚意,從而完成"樂和→心和→仁和"之過程。具體來分析背後動機,"入門而金作,示情也;升歌《清廟》,示德也;下而管《象》,示事也。是故古之君子不必親相與言也,以禮樂相示而已"[2],可見皆以寓意爲本,何以能够寓意? 因爲樂道具有超越語言、直指人心的感性力量。首先"樂"宣"和","升歌《清廟》","下而管《象》","《武》《夏籥》序興";然後"和"感人心,彼此共鳴,"以禮樂相示而已","示情也""示德也""示事也";最終導之於"仁","如此而後,君子知仁焉"。直指人心的感性力量,正是樂道推己及人之保障,所以説樂以安仁也,這是從内部升華角度,揭示"樂"與"仁"的關係。

再從外部實踐角度,談談"樂"與"仁"的關係。《國語·周語下》記載,公元前 521 年,周景王鑄成無射大鐘,問和於伶州鳩。伶州鳩的回答,實際上正是"樂"與"仁"的關係:

> (周景王)二十四年,鐘成,伶人告和。王謂伶州鳩曰:"鐘果和矣。"對曰:"未可知也。"王曰:"何故?"對曰:"上作器,民備樂之,則爲和。今財亡民罷,莫不怨恨,臣不知其和也。且民所曹好,

---

[1] 《禮記集解》卷四十六《祭義第二十四》,第 1211、1212—1213 頁。
[2] 【按】上引《禮記·仲尼燕居》"行中規,還中矩,和鸞中《采齊》,客出以《雍》,徹以《振羽》。是故君子無物而不在禮矣",可見樂禮一體,亦一亦二,猶陰陽兩儀,皆歸於太極,樂中有禮,禮中有樂。禮、樂關係從哲學上看,正是陰陽和合,不可以禮統樂,也不可用樂括禮。陰中有陽,就是施禮之樂;陽中有陰,就是行樂之禮。兩者相須爲用,不可偏廢。禮樂相得,就是陰陽和合,而陰陽和合就是"仁"。

鮮其不濟也;其所曹惡,鮮其不廢也。故諺曰:'衆心成城,衆口鑠金。'三年之中,而害金再興焉,懼一之廢也。"王曰:"爾老耄矣,何知!"二十五年,王崩,鐘不和。①

和之至爲仁,"和樂→合民心→仁政",是先秦樂道之"仁"的外部實踐模式,而"今財亡民罷,莫不怨恨,臣不知其和也",從反方向上闡明,不仁定然失和,這不是從樂感協和角度看問題,而是從社會仁和角度看問題。"財亡民罷",如此不仁,則衆心離散,"莫不怨恨",無法實現内心中和,而民心失和,即使樂感協和也是徒然,《吕氏春秋·大樂》:"亡國戮民,非無樂也,其樂不樂。溺者非不笑也,罪人非不歌也,狂者非不武也,亂世之樂,有似於此。君臣失位,父子失處,夫婦失宜,民人呻吟,其以爲樂也,若之何哉。"②所以由"和樂→合民心→仁政",反向得出"政不仁→民心散→樂不和"。

其實,樂之和與不和,至多與文化審美有關,原本與政治民心無關。但先秦樂道將兩者結合起來,實現了由美到善的倫理跨越,《論語·八佾》:"子謂《韶》:'盡美矣,又盡善也。'謂《武》:'盡美矣,未盡善也。'"③先秦樂道這一跨越,背後動機在於,"是故先王之制禮樂也,非以極口腹耳目之欲也,將以教民平好惡而反人道之正也"④,"樂"實現

---

① 《國語集解·周語下第三·王將鑄無射,而爲之大林》,第113頁。
② 《吕氏春秋集釋》卷五《仲夏紀第五·大樂》,第110頁。
③ 《論語集釋》卷六《八佾下》,第222頁。【按】《韶》《武》之文化内涵,一禪讓一革命耳。且孔子乃殷人後裔,《史記·孔子世家》:"(孔子)謂子貢曰:'天下無道久矣,莫能宗予。夏人殯於東階,周人於西階,殷人兩柱間。昨暮予夢坐奠兩柱之間,予始殷人也。'後七日卒。"(《史記》卷四十七《孔子世家第十七》,第1944頁)《武》象徵武王克商,孔子評價帶有感情色彩,不可避免。但主要原因還是在於,從反映思想内容來看,一禪讓一革命,孔子認爲有高下之分,如《論語·衛靈公》"知之,仁能守之,莊以莅之,動之不以禮,未善也"(《論語集釋》卷三十二《衛靈公下》,第1120頁)。
④ 《禮記集解》卷三十七《樂記第十九之一》,第982—983頁。

由美到善的倫理跨越,在於教化而非享樂①,在於社會而非感官,與其說是藝術學,毋寧説是社會學。

由美到善,是先秦樂道之"仁"的實踐模式,從而賦予樂以價值判斷,成爲價值承擔的文化載體。上引《國語·周語下》"上作器,民備樂之,則爲和"中,"上作器"是由協和到中和,都是一己之感受,"民備樂之",則由一己推廣到民眾,這就是仁和,所以説從"樂"到"仁",必須經過由己到人之推廣過程,換而言之,就是與民同樂的問題。《孟子·梁惠王下》:"臣請爲王言樂。今王鼓樂②於此,百姓聞王鐘鼓之聲,管籥之音,舉疾首蹙頞而相告曰:'吾王之好鼓樂,夫何使我至於此極也?父子不相見,兄弟妻子離散。'今王田獵於此,百姓聞王車馬之音,見羽旄之美③,舉疾首蹙頞而相告曰:'吾王之好田獵,夫何使我至於此極也?父子不相見,兄弟妻子離散。'此無他,不與民同樂也。今王鼓樂於此,百姓聞王鐘鼓之聲,管籥之音,舉欣欣然有喜色而相告曰:'吾王庶幾無疾病與,何以能鼓樂也?'今王田獵於此,百姓聞王車馬之音,見羽旄之美,舉欣欣然有喜色而相告曰:'吾王庶幾無疾病與,何以能田獵也?'此無他,與民同樂也。"④與百姓同樂,正是從"樂"到"仁"的實踐方法。

---

① 【按】《禮記·郊特牲》"《武》,壯而不可樂也"(《禮記集解》卷二十六《郊特牲第十一之二》,第700頁),《大武》舞之雄壯,是用於社會教化,而不是感官享樂,其理近之。古希臘亞里士多德(Aristotle)名言:"The roots of education are bitter, but the fruit is sweet."(Diogenes Laertius: *Lives of Eminent Philosophers*, bk. 5, sect. 18, Harvard University Press, 1959, Robert Drew Hicks 英譯本,第461頁;中譯本見第歐根尼·拉爾修著,徐開來、溥林譯:《名哲言行錄》,第五卷第一章,廣西師範大學出版社,2010年,第217頁)筆者認爲,所謂"the roots of education are bitter",即非感官享樂屬性,所謂"but the fruit is sweet",即社會教化屬性。

② 【按】此"鼓樂",奏樂也。

③ 【按】上文既有"臣請爲王言樂",可見車馬鸞和之聲、儀仗之美,猶鐘磬舞容,亦屬於先秦"樂"之範疇。

④ 《孟子正義》卷四《梁惠王章句下·一章》,第101—105頁。

先秦樂道之"仁"的行爲特徵

我們談談先秦樂道之"仁"的行爲特徵。從外部實踐角度來看,要有同情心,這是仁的出發點。民衆困苦則不舉樂,即《禮記‧王制》"三年耕,必有一年之食;九年耕,必有三年之食。以三十年之通,雖有凶旱水溢,民無菜色,然後天子食,日舉以樂"①,《禮記‧玉藻》"年不順成,則天子素服,乘素車,食無樂"②。遇到喪事要徹樂③,即《春秋公羊傳‧昭公十五年》"二月,癸酉,有事於武宮。籥入,叔弓卒,去樂卒事。其言去樂卒事何? 禮也。君有事於廟,聞大夫之喪,去樂,卒事"④。即使是戴罪之人,也要投以溫情,如《禮記‧文王世子》"公族之罪,雖親,不以犯有司,正術也,所以體百姓也。刑於隱者,不與國人慮兄弟也。弗吊,弗爲服,哭於異姓之廟(此法制),爲忝祖遠之也。素服居外,不聽樂,私喪之也(此溫情),骨肉之親無絶也"⑤。都是從實踐角度提出的行爲要求。

從内部升華角度來看,樂是仁的情感升華。《孟子‧離婁上》:"仁之實,事親是也;義之實,從兄是也。智之實,知斯二者弗去是也;禮之實,節文斯二者是也;樂之實,樂斯二者。樂則生矣,生則惡可已也;惡可已,則不知足之蹈之、手之舞之。"⑥"樂"就是從"仁之實,事親是也;

---

① 《禮記集解》卷十三《王制第五之二》,第 340 頁。
② 《禮記集解》卷二十九《玉藻第十三之一》,第 779 頁。
③ 【按】通過綜理史料可知,這一文化現象,最早見於《尚書‧舜典》"二十有八載,(堯)帝乃殂落,百姓如喪考妣,三載,四海遏密八音"(《尚書正義》卷三《舜典》,第 272 頁)。《舜典》由《堯典》分出,故《孟子‧萬章上》:"《堯典》曰:'二十有八載,放勛乃徂落,百姓如喪考妣。三年,四海遏密八音。'"(《孟子正義》卷十八《萬章章句上‧四章》,第 635 頁)遏,停止。密,静,静止。八音,古代樂器之統稱,根據金、石、土、革、絲、木、匏、竹八種不同材質,對樂器進行分類,此泛指器樂。"遏密八音",就是停止奏樂,"如喪考妣"從而"遏密八音",源於人情之自然。這一文化現象,正是先秦樂道之"仁"的體現。
④ 《公羊義疏》卷六十三《昭十三年盡十七年》,第 2423—2424 頁。
⑤ 《禮記集解》卷二十《文王世子第八》,第 576 頁。
⑥ 《孟子正義》卷十五《離婁章句上‧二十七章》,第 532—533 頁。

義之實,從兄是也"兩者中得到快樂,"生則惡可已也",快樂一發生就無法休止,無法休止就"不知足之蹈之、手之舞之",這是一種由内生發的情感體驗。

這一情感體驗,可以傳遞給他人。如果是正面的情感體驗,如《論語·述而》"子與人歌而善,必使反之,而後和之"①,《禮記·學記》"善歌者使人繼其聲,善教者使人繼其志"②,可以引發教化功用,《荀子·樂論》:"故聽其《雅》《頌》之聲,而志意得廣焉;執其干戚,習其俯仰屈伸,而容貌得莊焉;行其綴兆,要其節奏,而行列得正焉,進退得齊焉。故樂者,出所以征誅也,入所以揖讓也。征誅揖讓,其義一也。出所以征誅,則莫不聽從;入所以揖讓,則莫不從服。故樂者,天下之大齊也,中和之紀也,人情之所必不免也。"③《禮記·文王世子》:"反,登歌《清廟》④,既歌而語⑤,以成之也⑥。言父子、君臣、長幼之道,合德音之致,禮之大者也。"⑦既然"言父子、君臣、長幼之道,合德音之致",從而賦予"樂"以價值判斷,"禮之大者也",稱其爲"德音",所謂"父子、君臣、長幼之道",核心就是仁。

如果是負面的情感體驗,就會傳遞給他人危險徵兆。《左傳·襄公二十九年》:"(季札)自衛如晋,將宿於戚。聞鐘聲焉,曰:'異哉!吾聞之也:"辯而不德,必加於戮。"夫子獲罪於君以在此,懼猶不足,而又何樂?夫子之在此也,猶燕之巢於幕上。君又在殯,而可以樂乎?'文

---

① 《論語集釋》卷十四《述而下》,第498頁。
② 《禮記集解》卷三十六《學記第十八》,第967頁。
③ 《荀子集解》卷十四《樂論篇第二十》,第380頁。
④ 【按】"登歌"即升歌;《清廟》即《詩經·周頌·清廟》。
⑤ 【按】"既歌而語",歌畢,諸老互相評説,即《樂記》"君子於是語,於是道古"(《禮記集解》卷三十八《樂記第十九之二》,第1013頁)。
⑥ 【按】"以成之也",充分發揮樂詩之涵義,即《文王世子》所謂"乞言"(《禮記集解》卷二十《文王世子第八》,第558頁)。
⑦ 《禮記集解》,第577頁。

子聞之，終身不聽琴瑟。"①所謂"君又在殯，而可以樂乎"，指責的核心就是不仁，內在不仁，所行不義，就喪失了樂道的精神與功用，這從反面說明"仁"與"樂"的關係，皮之不存，毛將焉附？孫文子"終身不聽琴瑟"，也是對危險徵兆的深刻認同。

辨析儒墨樂仁論

墨子認爲樂與仁相違，《墨子·非樂上》"今天下士君子，請將欲求興天下之利，除天下之害，當在樂之爲物，將不可不禁而止也"②，所謂"興天下之利，除天下之害"，就是"仁之事者"，《墨子·非樂上》"仁之事者，必務求興天下之利，除天下之害"③。仁之事者即仁者之事，仁者之事"當在樂之爲物，將不可不禁而止也"，所以說墨子也主張"仁"，但是認爲樂與仁相違。理由是什麼呢？"且夫仁者之爲天下度也，非爲其目之所美，耳之所樂，口之所甘，身體之所安，以此虧奪民衣食之財，仁者弗爲也"，"是故子墨子之所以非樂者，非以大鐘、鳴鼓、琴瑟、竽笙之聲以爲不樂也，非以刻鏤華文章之色以爲不美也，非以犓豢煎炙之味以爲不甘也，非以高臺厚榭邃野之居以爲不安也。雖身知其安也，口知其甘也，目知其美也，耳知其樂也④，然上考之不中聖王之事，下度之不中萬民之利。是故子墨子曰'爲樂非也'"⑤。這不禁讓人聯想到《國語·楚語上》"靈王爲章華之臺"，伍舉之諫言曰：

> 靈王爲章華之臺，與伍舉升焉，曰："臺美夫！"對曰："臣聞國君服寵以爲美，安民以爲樂，聽德以爲聰，致遠以爲明。不聞其以

① 《春秋左傳詁》卷十四《傳·襄公二十九年》，第614頁。
② 《墨子閒詁》卷八《非樂上第三十二》，第262頁。
③ 《墨子閒詁》，第249—250頁。
④ 【按】由此可見，墨子也承認樂源於人性。
⑤ 《墨子閒詁》，第250頁。

土木之崇高、彤鏤爲美,而以金石匏竹之昌大、囂庶爲樂;不聞其以觀大、視侈、淫色以爲明,而以察清濁爲聰也。"

"夫美也者,上下、内外、大小、遠近皆無害焉,故曰美。若周於目觀則美,縮於財用則匱,是聚民利以自封而瘠民也,胡美之爲? ……且夫私欲弘侈,則德義鮮少;德義不行,則邇者騷離而遠者距違。……其有美名也,唯其施令德於遠近,而小大安之也。若斂民利以成其私欲,使民蒿焉忘其安樂,而有遠心,其爲惡也甚矣,安用目觀? ……若君謂此臺美而爲之正,楚其殆矣!"①

《史記·楚世家》"七年,就章華臺,下令内亡人實之"②,可見事在楚靈王七年(公元前534年)。古代國君喜歡築高臺,商紂王有鹿臺③、衛宣公有新臺④、楚靈王有章華臺等等,"登臺"文化,在後世成爲重要

---

① 《國語集解·楚語上第十七·靈王爲章華之臺》,第493—494、495—497頁。
② 《史記》卷四十《楚世家第十》,第1705頁。
③ 【按】《史記·殷本紀》"厚賦稅以實鹿臺之錢,而盈鉅橋之粟。益收狗馬奇物,充仞宮室。益廣沙丘苑臺,多取野獸蜚鳥置其中。慢於鬼神。大冣樂戲於沙丘,以酒爲池,縣肉爲林,使男女倮相逐其間,爲長夜之飲","甲子日,紂兵敗。紂走,入登鹿臺,衣其寶玉衣,赴火而死"(《史記》卷三《殷本紀第三》,第105、108頁)。又【按】,漢代玉衣"珠襦玉匣",往往溯源於東周"綴玉面幕""綴玉玉服",其實早在"紂走,入登鹿臺,衣其寶玉衣,赴火而死",已具雛形)。《文匯報》2004年7月24日以《商都遺址現紂王"酒池"》爲題,報道在河南偃師商城内,發現規模龐大的石砌水池與臨水建築遺迹。石砌水池的主要用途,不是提供生活用水,因爲在宮殿建築附近有多處水井,人們可就近汲取井水,在水池遺迹附近也發現多口水井,使用年代與水池相同,井内出土大量用於汲水的陶器,而且在水池南岸,發現臨水建築遺迹。由此可見,這是供商代帝王娱樂的池苑建築群。《韓非子·説疑》云"燕君子噲,邵公奭之後也。地方數千里,持戟數十萬,不安子女之樂,不聽鐘石之聲,内不湮汙池臺樹,外不罼弋田獵,又親操耒耨以修畎畝"(《韓非子集解》卷十七《説疑第四十四》,第408頁),"内不湮汙池臺樹"(王先慎曰:此句衍一字),可見池臺建於城内,商城池苑,即類此人造景觀。燕王噲之子燕昭王又築有黄金臺,亦名招賢臺,當然已經屬於正面意義,唐代陳子昂有《登幽州臺》詩。
④ 【按】《詩經·邶風·新臺》。

文化現象,歷代諍臣的登臺之諫,也是屢見於史册①。論理之主旨,都在於"安民以爲樂",但《國語》是反對"淫樂",而不是"非樂"。墨子則更加極端,認爲"賴其力者生,不賴其力者不生",具體而言,分爲王公大人、士君子、農夫、婦人四個方面展開論述,"今惟毋在乎王公大人説樂而聽之,即必不能蚤朝晏退,聽獄治政,是故國家亂而社稷危矣";"今惟毋在乎士君子説樂而聽之,即必不能竭股肱之力,亶其思慮之智,内治官府,外收斂關市、山林、澤梁之利,以實倉廩府庫,是故倉廩府庫不實";"今惟毋在乎農夫説樂而聽之,即必不能蚤出暮入,耕稼樹藝,多聚叔粟,是故叔粟不足";"今惟毋在乎婦人説樂而聽之,即不必能夙興夜寐,紡績織紝,多治麻絲葛緒、捆布縿,是故布縿不興",最後總結爲"曰：孰爲[而廢]大人之聽治、[賤人]之從事? 曰：樂也"②。由此可見,墨子希望社會階層各盡其職,像一部機器一樣,運轉不息。但是,這樣有可能嗎? 社會由人構成,人不是自動機械,所以社會也不是冷冰冰的機器,社會需要温度呵護。《禮記·中庸》"踐其位,行其禮,奏其樂,敬其所尊,愛其所親"③,禮樂以示敬愛,人際纔能完成協作,社會纔能和諧維繫。

又《管子·立政九敗解》以"聲樂"爲"費財盡力,傷國之道也"④,注意此處用語爲"聲樂",不單獨用"樂"指稱,有深意存焉,而且關係到儒墨樂論之爭,值得深入辨析。"聲樂",在此爲偏正結構,强調的是"聲",而不是"樂"。"聲"與"樂"有别,可謂涇渭分明,文獻足徵如下。《論語·衛靈公》"行夏之時,乘殷之輅,服周之冕,樂則《韶》《舞》。放

---

① 【按】如《國語·晋語七》："悼公與司馬侯升臺而望,曰：'樂夫！'對曰：'臨下之樂則樂矣,德義之樂則未也。'公曰：'何謂德義?'對曰：'諸侯之爲,日在君側,以其善行,以其惡戒,可謂德義矣。'公曰：'孰能?'對曰：'羊舌肸習於《春秋》。'乃召叔向使傳大子彪。"（《國語集解·晋語七第十三·悼公與司馬侯升臺而望》,第415頁）
② 《墨子閒詁》卷八《非樂上第三十二》,第256、257—258頁。
③ 《四書章句集注·中庸章句》,第27頁。
④ 《管子校注》卷二十一《立政九敗解第六十五》,第1194頁。

鄭聲,遠佞人,鄭聲淫,佞人殆"①,《論語·陽貨》"惡紫之奪朱也,惡鄭
聲之亂雅樂也,惡利口之覆邦家者"②,《論語·述而》"子在齊聞《韶》,
三月不知肉味,曰'不圖爲樂之至於斯也'"③,《論語·子罕》"吾自衛
反魯,然後樂正,《雅》《頌》各得其所"④,《論語·泰伯》"興於《詩》,立
於禮,成於樂"⑤,《孟子·告子上》"惟耳亦然。至於聲,天下期於師
曠,是天下之耳相似也","耳之於聲也,有同聽焉"⑥,《孟子·梁惠王
上》:"王之所大欲,可得聞與?""聲音不足聽於耳與?"⑦《孟子·離婁
上》:"恭儉豈可以聲音笑貌爲哉?"⑧《孟子·盡心下》"惡利口,恐其亂
信也;惡鄭聲,恐其亂樂也;惡紫,恐其亂朱也"⑨,《孟子·公孫丑上》
引子貢之語,"見其禮而知其政,聞其樂而知其德"⑩,《荀子·王霸》
"耳好聲而聲樂莫大焉","人苟不狂惑戇陋者,其誰能睹是而不樂也
哉","其於聲色、臺[榭]、園囿也,愈厭而好新,是傷國"⑪,《管子·五
輔》"淫聲詘耳,淫觀詘目,耳目之所好詘心,心之所好傷民。民傷而身
不危者,未之嘗聞也"⑫。而《樂記》進一步明晰概念,"凡音之起,由人
心生也。人心之動,物使之然也。感於物而動,故形於聲。聲相應,故
生變;變成方,謂之音。比音而樂之,及干戚羽旄,謂之樂"⑬,"聲"與
"樂"有明確區別,"使耳、目、鼻、口、心知、百體皆由順正,以行其義。

① 《論語集釋》卷三十一《衛靈公上》,第1077—1087頁。
② 《論語集釋》卷三十五《陽貨下》,第1225頁。
③ 《論語集釋》卷十三《述而上》,第456頁。
④ 《論語集釋》卷十八《子罕下》,第606頁。
⑤ 《論語集釋》卷十五《泰伯上》,第529—530頁。
⑥ 《孟子正義》卷二十二《告子章句上·七章》,第764、765頁。
⑦ 《孟子正義》卷三《梁惠王章句上·七章》,第89頁。
⑧ 《孟子正義》卷十五《離婁章句上·十六章》,第519頁。
⑨ 《孟子正義》卷二十九《盡心章句下·三十七章》,第1031頁。
⑩ 《孟子正義》卷六《公孫丑章句上·二章》,第217頁。
⑪ 《荀子集解》卷七《王霸篇第十一》,第217、226頁。
⑫ 《管子校注》卷三《五輔第十》,第201頁。
⑬ 《禮記集解》卷三十七《樂記第十九之一》,第976頁。

然後發以聲音,而文以琴瑟,動以干戚,飾以羽旄,從以簫管,奮至德之光,動四氣之和,以著萬物之理"①,此乃樂也。"凡音者,生於人心者也。樂者,通倫理者也。是故知聲而不知音者,禽獸是也;知音而不知樂者,衆庶是也。唯君子爲能知樂"②,可見三者不僅所指不同,還寓有價值等級判斷,是以《郊特牲》"殷人尚聲,臭味未成,滌蕩其聲。樂三闋,然後出迎牲。聲音之號,所以詔告於天地之間也"③,可見於周人眼中,此即聲,而非樂也,至北宋沈括亦曰"故樂有志、聲有容,其所以感人深者,不獨出於器而已"④。《墨子·公孟》"古者三代暴王桀、紂、幽、厲,蒍爲聲樂,不顧其民"⑤,《墨子·非儒》引晏子之語,評儒家"盛爲聲樂以淫遇民"⑥,《墨子·魯問》"國家憙音湛湎,則語之非樂、非命"⑦,《墨子·非樂》"今天下士君子,請將欲求興天下之利,除天下之害,當在樂之爲物,將不可不禁而止也"⑧,顯然墨子以上論述,混淆了儒家關於聲、音、樂之區別,將三者混爲一談。墨家素以邏輯著稱,有墨辯之譽⑨,實在不應該混淆概念,當是墨家論述之失,抑或墨子爲《非樂》之立論,無視聲、音、樂區別,故意混淆概念,有詭辯之嫌疑。可以再舉一例,作爲證明材料。《墨子·公孟》:"(子墨子)問於儒者:'何故爲樂?'曰:'樂以爲樂也。'子墨子曰:'子未我應也。今我問曰:"何

---

① 《禮記集解》卷三十八《樂記第十九之二》,第 1003—1004 頁。
② 《禮記集解》卷三十七《樂記第十九之一》,第 982 頁。
③ 《禮記集解》卷二十六《郊特牲第十一之二》,第 711—712 頁。
④ 《夢溪筆談·筆談卷五·樂律一》,第 47 頁。
⑤ 《墨子閒詁》卷十二《公孟第四十八》,第 456 頁。
⑥ 《墨子閒詁》卷九《非儒下第三十九》,第 300 頁。【按】《晏子春秋》有同樣記載,"遇民"作"愚民"(《晏子春秋校注》卷八《外篇不合經術者第八·仲尼見景公景公欲封之晏子以爲不可第一》,第 371 頁),可資勘正。
⑦ 《墨子閒詁》卷十三《魯問第四十九》,第 475 頁。
⑧ 《墨子閒詁》卷八《非樂上第三十二》,第 262 頁。
⑨ 可參譚戒甫:《墨辯發微》,中華書局,1964 年。

故爲室?"曰:"冬避寒焉,夏避暑焉,室①以爲男女之別也。"則子告我
爲室之故矣。今我問曰:"何故爲樂?"曰:"樂以爲樂也。"是猶曰:"何
故爲室?"曰:"室以爲室也。"'"②此處"樂以爲樂也",儒者之本意,當
是爲了和樂(lè)而作樂(yuè),墨子對"樂以爲樂也"調換概念③,並據
此進行邏輯推演,得出"室以爲室也",顯然屬於詭辯,以論辯術觀之,
實在精彩,但是對於樂之辯駁,則殊爲不當,持論有失公允。因此,墨子
對儒家樂論之批判,存在認識問題,今人應該特別注意。

　　維繫和諧要靠"仁"之推廣,"仁"之推廣要靠內在溫良,修養溫良
要從愛祖先做起,《禮記·中庸》"事死如事生,事亡如事存,孝之至
也"④,一個數典忘祖的人,很難再去愛別人。"仁"之推廣還需要恭敬
心作爲基礎,《禮記·中庸》"郊社之禮,所以祀上帝也。宗廟之禮,所
以祀乎其先也"⑤,有恭敬心纔知有所畏懼,纔會有內省動力,一個無所
畏懼的人,則缺乏內向的省察力,不知內省就無法推己及人。所謂君
子,"修己以敬"→"修己以安人"→"修己以安百姓"⑥,由恭敬心推廣
出去便是仁,所以説恭敬心是履仁的基礎⑦,也是治國的根本,即《禮

---

① 【按】孫詒讓認爲"室"當作"宮"(《墨子閒詁》卷十二《公孟第四十八》,第 458 頁),以
　《墨子·辭過》《墨子·節用上》本證校勘,當是。
② 《墨子閒詁》卷十二《公孟第四十八》,第 458 頁。
③ 【按】墨子此處邏輯推演,實有詭辯之嫌,或者墨子對"樂以爲樂也"理解有誤。所謂"樂
　以爲樂也",爲了和樂而作樂,與"室以爲室也"不是一回事,應當加以辨明。
④ 《四書章句集注·中庸章句》,第 27 頁。
⑤ 《禮記訓纂》卷三十一《中庸第三十一》,第 775 頁。
⑥ 《論語集釋》卷三十《憲問下》,第 1041 頁。
⑦ 【按】《論語·陽貨》:"子張問仁於孔子。孔子曰:'能行五者,於天下爲仁矣。''請問
　之。'曰:'恭、寬、信、敏、惠。恭則不侮,寬則得衆,信則人任焉,敏則有功,惠則足以使
　人。'"(《論語集釋》卷三十四《陽貨上》,第 1199 頁)恭爲五者之首,正是履仁的基礎。
　又《論語·學而》:"子禽問於子貢曰:'夫子至於是邦也,必聞其政。求之與? 抑與之
　與?'子貢曰:'夫子溫、良、恭、儉、讓以得之。夫子之求之也,其諸異乎人之求之與?'"
　(《論語集釋》卷二《學而下》,第 38—40 頁)端木賜評孔子之氣質,溫、良、恭、儉、讓,恭是
　關鍵點。溫和與善良是恭的前提,適度與謙讓是恭的引申。溫、良、恭、儉、讓,一言以蔽
　之,恭敬而已矣。由修己到安人,從恭敬推廣出去,便是仁德,《論語·憲問》:(轉下頁)

記·中庸》"明乎郊社之禮、禘嘗之義,治國其如示諸掌乎"①,《禮記·仲尼燕居》"明乎郊社之義、嘗禘之禮②,治國其如指諸掌而已乎"③。

如果只有恭敬,會産生間離感,這就需要"樂"來加以調和,《禮記·儒行》"温良者,仁之本也;敬慎者,仁之地也;寬裕者,仁之作也;孫接者,仁之能也;禮節者,仁之貌也;言談者,仁之文也;歌樂者,仁之和也"④,所以孔子説"成於樂"。《荀子·富國》又從學理上加以闡發:

> 人之生,不能無群⑤,群而無分則争,争則亂,亂則窮矣。故無分者,人之大害也;有分者,天下之本利也;而人君者,所以管分之樞要也。故美之者,是美天下之本也;安之者,是安天下之本也;貴之者,是貴天下之本也⑥。古者先王分割而等異之也,故使或美或惡,或厚或薄,或佚或樂,或劬或勞,非特以爲淫泰誇麗之聲,將以明仁之文,通仁之順也。故爲之雕琢、刻鏤、黼黻、文章,使足以辨貴賤而已,不求其觀;爲之鐘鼓、管磬、琴瑟、竽笙,使足以辨吉凶、合歡定和而已,不求其餘;爲之宫室臺榭,使足以避燥濕、養德辨輕重而已,不求其外。《詩》曰"雕琢其章,金玉其相,亹亹我王,綱紀

---

① 《禮記訓纂》卷三十一《中庸第三十一》,第 775 頁。
② 【按】上引《禮記·中庸》"明乎郊社之禮、禘嘗之義",與《禮記·仲尼燕居》"明乎郊社之義、嘗禘之禮"互文。
③ 《禮記集解》卷四十九《仲尼燕居第二十八》,第 1268 頁。
④ 《禮記集解》卷五十七《儒行第四十一》,第 1408 頁。
⑤ 【按】《論語·微子》載,孔子曰:"鳥獸不可與同群,吾非斯人之徒與而誰與?"（《論語集釋》卷三十六《微子上》,第 1270 頁）
⑥ 【按】歷代君主們聽到這裏,一定很高興,荀子從學理上,論證了"尊君"之社會學原理與依據。

四方"①,此之謂也。②

"非特以爲淫泰誇麗之聲,將以明仁之文,通仁之順也",重視禮樂之原因,並不是特意用來製造荒淫、驕傲、奢侈、華麗,而是要明確重視禮法、尊重賢人的禮樂等級制度,並貫徹這種禮樂等級秩序。"爲之鐘鼓、管磬、琴瑟、竽笙,使足以辨吉凶、合歡定和而已,不求其餘",《樂記》"樂之隆,非極音也","先王之制禮樂也,非以極口腹耳目之欲也,將以教民平好惡而反人道之正也"③,所論即是此理。"使足以辨吉凶、合歡定和而已",正道出樂之兩大社會功能。樂觀其深,審樂以知政,可辨吉凶;合歡定和,使人們彼此愉快和諧,用來同民心而出治道。因此,並非如《墨子》所言,樂一定會破壞社會運轉,那是人的原因,不是樂的原因。樂道之精神"仁",有利於社會運轉,使人類詩意地棲息在地球之上,獲得超脱的喜悦,不爲生活苦痛所陷溺,給生命一抹温暖的陽光。

儒道樂論異同

試想一下,如果把樂從社會生活中去除,完全消解掉,人類將毫無詩意地生活在日復一日的勞作之中,這是不符合人性的。"樂"與"性"之關係,下文還會專門講到,這裏先從《莊子》入手,簡單説説筆者看法。

《莊子》與《墨子》都有"非樂"主張,但莊子樂論之價值,其神髓在審美,而不在於消解,墨子樂論是實用主義之消解,莊子樂論是精神層

---

① 【按】《詩經·大雅·棫樸》作"追琢其章,金玉其相。勉勉我王,綱紀四方"(《詩經注析·大雅·棫樸》,第 768 頁)。所謂"雕琢其章,金玉其相",爲文爲飾,盛爲儀容;所謂"亹亹我王,綱紀四方",不在於靡費享樂,而務於治也。
② 《荀子集解》卷六《富國篇第十》,第 179—180 頁。
③ 《禮記集解》卷三十七《樂記第十九之一》,第 982—983 頁。

面之超脱。莊子樂論的關鍵，在於將樂由陽轉陰，由發揚變爲内含。《駢拇》云“吾所謂聰者，非謂其聞彼也，自聞而已矣”①，怎樣自聞？《人間世》“無聽之以耳而聽之以心，無聽之以心而聽之以氣”，“夫徇耳目内通而外於心知，鬼神將來舍②，而況人乎！是萬物之化也”③，可謂完全擺脱感官束縛，《德充符》“且不知耳目之所宜，而游心乎德之和”④，莊子所謂樂，跨越樂之外殼⑤，直指樂之本質“和”，是精神層面之完全超脱。《馬蹄》“五聲不亂，孰應六律。夫殘樸以爲器，工匠之罪也；毁道德以爲仁義，聖人之過也”⑥，作爲哲學返本之論，極盡神妙，但莊子的最終目的是要拋棄樂形式，進入完全的精神體驗，這却不利於樂之發展，連樂的形式都被取消，人人在内心體驗，無論多麽精妙的樂，都是“樸散則爲器”⑦，其理念已接近行爲藝術，如作曲家約翰·凱奇的行爲藝術作品《四分三十三秒》（John Milton Cage Jr, 4′33″），樂本體已不可能存在，畢竟樂出於性情，不應該完全泯滅。而對於後世樂審美而言，莊子倡導空明，《應帝王》“游心於淡，合氣於漠”⑧，《人間世》“氣也者，虚而待物者也，唯道集虚”⑨，此源於《老子》“道之出言，淡乎無其味，視之不足見，聽之不足聞，用之不可既”⑩，其於華夏審美觀影響頗

①　《莊子集釋》卷四上《駢拇第八》，第 327 頁。
②　【按】《周易·豫卦·大象》：“雷出地奮，豫。先王以作樂崇德，殷薦之上帝，以配祖考。”（《宋本周易注疏》卷四《豫》，第 132 頁）
③　《莊子集釋》卷二中《人間世第四》，第 147、150 頁。
④　《莊子集釋》卷二下《德充符第五》，第 191 頁。
⑤　【按】《莊子·天道》“鐘鼓之音，羽旄之容，樂之末也”（《莊子集釋》卷五中《天道第十三》，第 468 頁），《禮記·樂記》“樂者，非謂黄鐘、大吕、弦、歌、干、揚也，樂之末節也，故童者舞之”（《禮記集解》卷三十八《樂記第十九之二》，第 1011 頁），都主張跨越樂之外殼，可見儒、道樂論有相通處。
⑥　《莊子集釋》卷四中《馬蹄第九》，第 336 頁。
⑦　《老子彙校新解·上篇·二十八章》，第 31 頁。
⑧　《莊子集釋》卷三下《應帝王第七》，第 294 頁。
⑨　《莊子集釋》卷二中《人間世第四》，第 147 頁。
⑩　《老子彙校新解·上篇·三十五章》，第 40 頁。

大,所以《莊子》之"非樂"主張,需要我們綜合考慮與全面看待。

儒家也主張跨越樂之外殼,直指樂之本質,如《禮記·樂記》"是故德成而上,藝成而下①;行成而先,事成而後"②,《禮記·孔子閑居》"無聲之樂,無體之禮,無服之喪,此之謂三無"③,《大戴禮記·主言》"至樂無聲而天下之民和"④。但與墨、莊的主張不同,儒家不是拋棄樂,而是極言樂道之和眾作用,弘揚樂道精神"仁",上引《論語·八佾》:"人而不仁,如禮何? 人而不仁,如樂何?"《陽貨》:"禮云禮云,玉帛云乎哉? 樂云樂云,鐘鼓云乎哉?"不是不要鐘鼓,而是呼籲鐘鼓之後要有仁,與《八佾》"禮,與其奢也,寧儉;喪,與其易也,寧戚"同理,這是積極弘揚,屬於陽性,但陽極而陰生,所以"至樂無聲而天下之民和",如果達到民和之目的,即便無聲,又有何妨? 儒家樂論精髓在此。莊子《馬蹄》"道德不廢,安取仁義,性情不離,安用禮樂"⑤,根本超脫仁義禮樂,是反向否定,屬於陰性,但陰極而陽生,所以"庖丁解牛"亦爲樂舞,天地間自然聲響,絕無人爲,《齊物論》:"夫吹萬不同,而使其自己也,咸其自取,怒者其誰邪?"⑥莊子視其爲自然之樂,所謂"天籟",是無樂之樂⑦。

注意,莊子所論不是無聲之樂,儒家講無聲之樂,道家講無樂之樂。無聲之樂是言其極致而已,其實質還是需要人爲介入;無樂之樂是超脫

---

① 【按】所謂"德成而上,藝成而下",亦非全然重德輕藝,德乃藝之根本,藝乃德之菁華。德之不存,藝於何有? 藝能無著,德於何彰? 惟下學上達,内據於德而外游於藝。
② 《禮記集解》卷三十八《樂記第十九之二》,第 1012 頁。
③ 《禮記集解》卷四十九《孔子閑居第二十九》,第 1276 頁。
④ 《大戴禮記彙校集解》卷一《主言第三十九》,第 36 頁。
⑤ 《莊子集釋》卷四中《馬蹄第九》,第 336 頁。
⑥ 《莊子集釋》卷一下《齊物論第二》,第 50 頁。
⑦ 【按】《國語·周語上》:"先時五日,瞽告有協風至","是日也,瞽帥音官以省風土"(《國語集解·周語上第一·宣王即位,不籍千畝》,第 17、19 頁,"帥"或作"師")。我們常說"風土人情",所謂風土,風出於土,古代盲樂師可以聆音辨風,從風聲變化感知季節變換,實乃古代氣象物候,與莊子所謂"天籟"近之。

物外,其實質是去除人爲,"天籟"只是精神之樂曲,具有審美性,但畢竟"聲相應,故生變;變成方,謂之音。比音而樂之,及干戚、羽旄,謂之樂"①,這種"樂"已經不存在,對於樂自身(本體)發展還是不利,可見儒道樂論之別。

　　然兩者亦有同,即都著眼於安定天下,《禮記·孔子閑居》"'夙夜其②命宥密',無聲之樂也"③,可見至樂在於安民;《莊子·在宥》"說聰邪? 是淫於聲也","說禮邪? 是相於技也;說樂邪? 是相於淫也","天下將安其性命之情……存可也,亡可也;天下將不安其性命之情……乃始臠卷獝囊而亂天下也"④,《莊子·胠篋》"彼曾、史、楊、墨、師曠、工倕、離朱,皆外立其德⑤而以爚亂天下者也,法之所無用"⑥,禮樂擾亂天下,爲"法"所不取。所謂"法",《莊子·在宥》"故君子不得已而臨莅天下,莫若無爲⑦。無爲也而後安其性命之情"⑧,《莊子·馬蹄》

①　《禮記集解》卷三十七《樂記第十九之一》,第 976 頁。
②　【按】典出《詩經·周頌·昊天有成命》,《禮記·孔子閑居》鄭玄注:"《詩》讀'其'爲'基',聲之誤也。'基',謀也。'密',靜也。言君夙夜謀爲政教以安民,則民樂之,此非有鐘鼓之聲也。"(《禮記正義》卷五十一《孔子閑居第二十九》,第 3509 頁)鄭注前段,訓詁甚確,可從;後段解"無聲之樂也"爲"非有鐘鼓之聲",義理未允,當是以樂喻治,君夙夜謀爲政教以安民,則民樂之,此即"無聲之樂",乃至樂在於安民之義。
③　《禮記集解》卷四十九《孔子閑居第二十九》,第 1276 頁。【按】觀《孔子閑居》此處記載,孔子將"無聲之樂"作爲樂教最高存在形式,實現樂教與禮教、道德與宗教之合一。孔子答子夏何爲"無聲之樂",所謂"夙夜基命宥密",意即"君子無終食之間違仁"(《論語集釋》卷七《里仁上》,第 235 頁),以"仁"爲價值旨歸,"夙夜基命宥密"即"無聲之樂";"無聲之樂"作爲"樂"之價值根源,則"無聲之樂"即"仁"本身。孔門"爲人生而藝術"之"樂教",不僅其價值根源是"無聲之樂",而且其最高存在形式亦是"無聲之樂",是以等同於"仁"的境界。"樂"與"仁"之互動彰顯,"樂"爲無聲,而"仁"爲無體,亦即孔子所論"成於樂"(《論語集釋》卷十五《泰伯上》,第 530 頁)與"七十而從心所欲,不逾矩"(《論語集釋》卷三《爲政上》,第 76 頁),此乃合藝術、道德與宗教於一體,對於個體生命之最終圓成,先秦儒家認爲正在於此。
④　《莊子集釋》卷四下《在宥第十一》,第 367 頁。
⑤　【按】"樂"屬陽,性質向外發揚,所以莊子認爲屬於"外立其德"。
⑥　《莊子集釋》卷四中《胠篋第十》,第 353 頁。
⑦　【按】"無爲"即順任本然。
⑧　《莊子集釋》卷四下《在宥第十一》,第 369 頁。

“同乎無知,其德不離;同乎無欲,是謂素樸;素樸而民性得矣”,無爲而天下治,素樸而民性得,莊子稱之爲“至德之世”①。

要達到“素樸而民性得”,途徑之一即《胠篋》所論“擢亂六律,鑠絕竽瑟,塞瞽曠之耳,而天下始人含其聰矣”,“人含其聰,則天下不累矣”②,所謂“含其聰”,即歸於素樸,保持人之本性。而儒家以樂和合民衆,也是遵循人之性情。究竟誰對? 莊子樂論,作爲審美觀具有重大意義,但是就“樂”之作用而言,莊子徹底否定一切“樂”之作用,過於絕對化,説到底人還是需要“樂”,《墨子·三辯》引程繁之語:“‘聖王不爲樂’,此譬之猶馬駕而不稅,弓張而不弛,無乃(非)③有血氣者之所不能至邪?”④可謂一語道破。人不能無樂,這也是“樂”通向“仁”的可能性所在。

（四）傳遞介質——“性”

先秦樂道內涵體系之四個層面:“中”“和”“仁”“性”。“中”處於審美心理的形式表層,“和”處於審美心理的傳導中層,“仁”處於審美心理的內核深層,“中”→“和”→“仁”,是“樂”自我實現之全部進程。這一切都要與人相聯繫,纔可能實現,所以“樂”與“性”之關係,是“樂”得以發揮心理作用的傳遞介質,也是樂道之“和”通向“仁”的可能性,下文加以闡明。

樂者,樂也

“性”者,固然也,老莊稱爲“自然”⑤,《荀子·正名》“生之所以然

① 《莊子集釋》卷四中《馬蹄第九》,第336、334頁。
② 《莊子集釋》卷四中《胠篋第十》,第353頁。
③ 俞樾按“‘非’字衍文”(《諸子平議》卷九《墨子一》,第168頁)。
④ 《墨子閒詁》卷一《三辯第七》,第40頁。
⑤ 【按】《老子》曰“人法地,地法天,天法道,道法自然”(《老子彙校新解·上篇·(轉下頁)

者謂之性”，“不事而自然謂之性”①，人有人性，物有物性。己心之誠
→和樂之宣→彼心之感→彼此相和而共鳴→推己及人→樂以安仁，先
秦樂道進程得以推進之基礎在於，聲音的物性與人的人性之間存在聯
繫。如《荀子·樂論》說：

> 　　夫樂者，樂也，人情之所必不免也②，故人不能無樂。樂則必
> 發於聲音，形於動静③，而人之道④，聲音、動静、性術之變⑤盡是
> 矣。故人不能不樂，樂則不能無形，形而不爲道，則不能無亂。先
> 王惡其亂也，故制《雅》《頌》之聲以道之⑥，使其聲⑦足以樂而不
> 流，使其文⑧足以辨而不諰，使其曲直、繁省、廉肉、節奏⑨足以感動
> 人之善心，使夫邪汙之氣無由得接焉。是先王立樂之方也，而墨子
> 非之，奈何！⑩

（接上頁）二十五章》，第 28 頁），又曰“道之尊也，德之貴也，夫莫之爵也，而恒自然也”
（《帛書老子校注·德經·五十一》，第 71 頁），而《莊子·應帝王》曰“順物自然而無容
私焉”（《莊子集釋》卷三下《應帝王第七》，第 294 頁）。

① 《荀子集解》卷十六《正名篇第二十二》，第 412 頁。
② 【按】《荀子·正名》：“性之好惡、喜怒、哀樂謂之情。”（《荀子集解》，第 412 頁）所謂“人
情之所必不免”，如《老子》所云“樂與餌，過客止”（《老子彙校新解·上篇·三十五章》，
第 40 頁）。
③ 【按】“發於聲音，形於動静”，“樂”有聲音（聲樂器樂）與動静（舞蹈），於是聞見相將，詩
樂（聲音）與舞（動静）一體。
④ 【按】此指爲人處世之道。
⑤ 【按】此指思想感情變化。
⑥ 【按】《論語·子罕》：“子曰：‘吾自衛反魯，然後樂正，《雅》《頌》各得其所。’”（《論語集
釋》卷十八《子罕下》，第 606 頁）所謂《雅》《頌》者，即《詩經》思想内容與樂曲風格之
分類。
⑦ 【按】“聲”，樂曲也。
⑧ 【按】“文”，樂章，即配樂之詩。
⑨ 【按】“曲直”，有曲有直，“繁省”，有繁有簡，“廉肉”，清晰又飽滿，“節奏”，有節有奏。
皆異質之平衡，即上文所論“協和”。
⑩ 《荀子集解》卷十四《樂論篇第二十》，第 379 頁。

以上論辯很精彩,所謂"人不能無樂","足以感動人之善心,使夫邪汙之氣無由得接焉",就是"樂"與"性"的問題。《禮記·樂記》也説"樂者,樂也"①,很多人解釋爲樂的本質是快樂,這一説法過於狹窄,應當有更爲廣闊之理解。《樂記》:"樂者,音之所由生也,其本在人心之感於物也。是故其哀心感者,其聲噍以殺;其樂心感者,其聲嘽以緩;其喜心感者,其聲發以散;其怒心感者,其聲粗以厲;其敬心感者,其聲直以廉;其愛心感者,其聲和以柔。六者,非性也,感於物而後動。是故先王慎所以感之者。故禮以道其志,樂以和其聲,政以一其行,刑以防其奸。禮、樂、刑、政,其極一也,所以同民心而出治道也。"②是以可知,樂所能傳達的人類情感,遠比快樂廣闊,所以"樂者,樂也",應當解釋爲樂的本質是"和"③,正面證據爲《禮記·經解》"廣博、易良,《樂》教也"④,《淮南子·泰族》"寬裕簡易者,《樂》之化也",劉文典集解引莊逵吉校記云"《御覽》'裕'作'和'"⑤,而反面證據爲《晏子春秋》卷八"好樂緩於民"⑥,《禮記·經解》"《樂》之失奢"⑦,《淮南子·泰族》"樂之失淫",許、高注"樂變至於鄭聲,淫也"⑧,以語族分析之,正面詞類爲寬、裕、緩、和,反面詞類爲奢、淫。從正反兩面可知,樂性寬裕緩和,亦即樂主和之義,而寬緩過度,則失之淫奢。《樂

---

① 《禮記集解》卷三十八《樂記第十九之二》,第 1005 頁。
② 《禮記集解》卷三十七《樂記第十九之一》,第 976—977 頁。
③ 【按】《荀子·樂論》云"且樂也者,和之不可變者也"(《荀子集解》卷十四《樂論篇第二十》,第 382 頁),不可變者何? 樂之和也。又《吕氏春秋·察傳》:"夫樂,天地之精也,得失之節也,故唯聖人爲能和。[和,]樂之本也。"(《吕氏春秋集釋》卷二十二《慎行論第二·察傳》,第 618 頁)此處"節",非指調節,關鍵之謂也,所謂"和,樂之本也",尤可見樂的本質是"和"。
④ 《禮記集解》卷四十八《經解第二十六》,第 1254 頁。
⑤ 《淮南鴻烈集解》卷二十《泰族訓》,第 674 頁。
⑥ 《晏子春秋校注》卷八《外篇不合經術者第八·仲尼見景公景公欲封之晏子以爲不可第一》,第 369 頁。
⑦ 《禮記集解》卷四十八《經解第二十六》,第 1254 頁。
⑧ 《淮南鴻烈集解》卷二十《泰族訓》,第 674 頁。

記》云"樂以和其聲"①,所謂"和其聲",本質即宣發②與抒發,使内在情感得以宣泄,如果内蘊情感與外顯音聲達到一致,無論何種情感,就能暢達和樂,這正是"樂"之意義,同時也是"和"之價值。

所以上引《樂記》説"六者,非性也,感於物而後動",哀、樂、喜、怒、敬、愛任何一方面,都只是得其一偏而已,不能稱爲"性",六者之共同點爲宣泄抒發,這纔是本然之"性"。《莊子·齊物論》云"道之所以虧,愛之所以成。果且有成與虧乎哉? 果且無成與虧乎哉? 有成與虧,故昭氏之鼓琴也"③,欲成而虧之,作樂欲彰聲,既作則必有遺聲矣。《周易》六十四卦,既濟(完成)之後,以未濟(未完成)爲最後一卦,"有成與虧"之義也。《齊物論》又云"無成與虧,故昭氏之不鼓琴也"④,不成而無虧,即《老子》所謂"聽之不聞,名曰希","大音希聲"⑤。《齊物論》還説"夫大道不稱,大辯不言,大仁不仁,大廉不嗛,大勇不忮。道昭而不道,言辯而不及,仁常而不成,廉清而不信,勇忮而不成。五者圜而幾向方矣"⑥,所謂"仁常而不成",也就是"道之所以虧,愛之所以成"⑦的

---

① 《禮記集解》卷三十七《樂記第十九之一》,第 977 頁。
② 【按】上文已論,"和"可訓爲"宣"。
③ 《莊子集釋》卷一下《齊物論第二》,第 74 頁。
④ 《莊子集釋》,第 74 頁。
⑤ 《老子彙校新解·上篇·十四章》,第 15 頁;《下篇·四十一章》,第 47 頁。【按】《老子》"天下皆知美之爲美,斯惡已;皆知善之爲善,斯不善已","萬物作而不辭,爲而不恃,功成而弗居。夫唯弗居,是以不去"(《老子彙校新解·上篇·二章》,第 3—4 頁),皆不成無虧之義。
⑥ 《莊子集釋》卷一下《齊物論第二》,第 83 頁。
⑦ 【按】《莊子·馬蹄》"夫殘樸以爲器,工匠之罪也",《齊物論》"無成與虧,故昭氏之不鼓琴也",是以無樂之樂方無遺聲,欲求聲彰,反有遺聲,而《老子》所謂"大音希聲",聲希則近全,返歸純樸;《馬蹄》"毁道德以爲仁義,聖人之過也",《齊物論》"道之所以虧,愛之所以成",聖人衛道反而道虧。其實儒家也有相關論述,《論語·爲政》中孔子曰"君子不器"(《論語集釋》卷三《爲政上》,第 96 頁),歸於樸也,樸散爲器者,非君子也。《論語·子罕》"大哉孔子,博學而無所成名"(《論語集釋》卷十七《子罕上》,第 568 頁),純樸不殘,不成無虧,是以君子不器。之所以"尊其樸也""貴其質而已矣"(《禮記集解》卷二十六《郊特牲第十一之二》,第 701 頁),是因爲"素樸而民性得矣"(《莊子集釋》(轉下頁)

哲理。由此可見,道家不是不講仁,而是講"大仁",大仁沒有偏愛,《莊子·庚桑楚》稱爲"至仁無親"①。所以説哀、樂、喜、怒、敬、愛六種樂風,皆非樂的本質,都是因爲"有成與虧";樂的本質是"和",哀心感而聲噍殺,樂心感而聲嘽緩,喜心感而聲發散,怒心感而聲粗厲,敬心感而聲直廉,愛心感而聲和柔,樂之"和",講究表裏如一,内外相應,情感傳達可以包羅萬有,正因爲"無成與虧",唯以心靈宣發爲要。

人有宣泄抒發之本性,聲而爲歌,動而爲舞,這是最爲本能的情感傳達,在人類文化發展歷程中,歌舞的出現遠早於語言文字,原因正在於此。很多民族没有自己的文字,但都有自己的藝術,説明情感傳達是人類本性。《禮記·樂記》"樂者,樂也","樂者,音之所由生也,其本在人心之感於物也"②,説明情感傳達也是"樂"的本質,這樣就把人之人性與聲音之物性聯繫起來。這一聯繫還具有選擇性,即上引《荀子·樂論》"足以感動人之善心,使夫邪汙之氣無由得接焉",所以樂之"和"可以通向"仁"。又因爲情感傳達包羅萬有,由樂之"和"所達到"仁",就是莊子"大仁"的境界,聚而全真,宣而成仁。

成仁之聲,稱爲"仁聲"。《孟子·盡心上》:"仁言,不如仁聲之入人深也;善政,不如善教之得民也。善政,民畏之;善教,民愛之。善政,得民財;善教,得民心。"③仁言,政教法度之令,政令以成義,此法治之謂;而仁聲,合乎《雅》《頌》之樂,樂聲以成仁,此德治之謂。仁言之政令雖明,不如樂道感人心之深。善政使民不違上而已,善教使民尚仁

（接上頁）卷四中《馬蹄第九》,第336頁)。《論語·公冶長》中子貢曰"夫子之言性與天道,不可得而聞也"(《論語集釋》卷九《公冶上》,第318頁),"性與天道",正是"君子不器"的背後原因;而《論語·憲問》"下學而上達"(《論語集釋》卷三十《憲問下》,第1019頁),正是"君子不器"的實現道路。

① 《莊子集釋》卷八上《庚桑楚第二十三》,第808頁。

② 《禮記集解》卷三十八《樂記第十九之二》,第1005頁;卷三十七《樂記第十九之一》,第976頁。

③ 《孟子正義》卷二十六《盡心章句上·十四章》,第897頁。

義,易得歡心擁護①。"善政,得民財",民畏政令法治而不逋怠,賦役雖舉,財聚公家而已;"善教,得民心",民感樂聲德治而自風化,上下相親,崇寬務化,則民心可得。

"樂"與"心"的關係

中華文化,一切一切,都在於"教化"二字,教之使化也②。何以能"教"? 因爲心靈可以溝通,情感需要傳達,"樂"是最本能的情感傳達方式;何以能"化"? 因爲人性有相同處,可以推己及人,"樂"是最純粹的情感共鳴道路。這就是"精通"③之境界,兩精相得,直指人心。如《吕氏春秋·精通》:

> 養由基射兕,中石,矢乃飲羽,誠乎兕也。伯樂學相馬,所見無非馬者,誠乎馬也。宋之庖丁好解牛,所見無非死牛者,三年而不見生牛,用刀十九年,刃若新鄜研,順其理,誠乎牛也。④

養由基射兕,箭却深深射入石中,連尾部羽毛都隱没不見。飲,没也,"飲羽",箭羽没入石中,極言力量之大、入石之深。這是由於他把石頭當成兕,精神集中於兕的緣故。伯樂學相馬,眼睛看到的,除了馬以外没有別的東西,這是由於他的精神集中於馬的緣故。庖丁解牛,用

---

① 【按】《論語·爲政》"道之以政,齊之以刑,民免而無耻;道之以德,齊之以禮,有耻且格"(《論語集釋》卷三《爲政上》,第68頁),即善政與善教之區別。

② 【按】《論語·陽貨》"性相近也,習相遠也"(《論語集釋》卷三十四《陽貨上》,第1177頁),即教化之根據與意義。性相近也,指教化之可能性;習相遠也,指教化之必要性。

③ 【按】"精通",人的精氣相通,精氣相通則易感,易感則通神。錢穆《略論中國科學》:"抑且古代少事物侵擾,其心純深,故易感。後世事物侵擾多,其心雜而浮,則不易感。今則爲科學世界,惟見物,不見心。而又提倡通俗白話新文學,皆由當前事物充塞,不見作者心,又何以感讀者心,今人乃竟有稱之爲短命文學者。非求通神,僅求過目。能傳數十年,斯可名震一世矣。文學如此,其他亦然。"(《現代中國學術論衡》,第49頁)

④ 《吕氏春秋集釋》卷九《季秋紀第九·精通》,第213—214頁。

刀十九年,刃若新磨研,這是由於他分解肢體時,順着牛的肌理,精神集中於牛的緣故。這三個例子,都是爲了説明精誠所至、金石爲開的道理,金石可開,何況人心?《吕氏春秋》的作者用它們來支撐下文“君子誠乎此而諭乎彼,感乎己而發乎人,豈必强説乎哉”,“神出於忠而應乎心,兩精相得,豈待言哉”的觀點,這正是“己心之誠(根據)→和樂之宣(媒介)→彼心之感(受體)→彼此相和而共鳴(效果)→推己及人(目標)→樂以安仁(歸宿)”的學理基礎。樂之“和”要通向“仁”,必須由自己推廣到他人,纔能實現,這一跨越具有人性學之保證。因爲人有宣泄抒發的本性,聲而爲歌,動而爲舞,這是最本能之情感傳達,而情感傳達也是樂的本質,“兩精相得”“感乎己而發乎人”①,這就是“和”之效果,所以“樂”合乎人性。

　　“樂”與“性”之聯繫,具體而言,通過“樂”與“心”的關係得以實現,如《吕氏春秋·精通》:

　　　　鍾子期夜聞擊磬者而悲,使人召而問之曰:“子何擊磬之悲也?”答曰:“臣之父不幸而殺人,不得生;臣之母得生,而爲公家爲酒;臣之身得生,而爲公家擊磬。臣不睹臣之母三年矣。昔爲舍氏睹臣之母②,量所以贖之則無有,而身固公家之財也,是故悲也。”鍾子期嘆嗟曰:“悲夫! 悲夫! 心非臂也,臂非椎、非石也。悲存乎心而木石應之。”故君子誠乎此而諭乎彼,感乎己而發乎人,豈必强説乎哉?

　　此論“樂”與“心”的關係、“樂”與“語言”之比較。父親殺人抵罪,

---

① 　《吕氏春秋集釋》卷九《季秋紀第九·精通》,第 214 頁。
② 　【按】“昔爲舍氏睹臣之母”,昨天晚上在舍氏見到我的母親。“昔”,夜也,此當指昨天擊磬之夜晚。“舍氏”,義未詳,《新序》作“舍市”([漢]劉向編,石光瑛校釋,陳新整理:《新序校釋·卷第四雜事·鍾子期夜聞擊磬聲者而悲章》,中華書局,2009 年,第 613 頁)。

母子没入官府爲奴，擊磬者昨夜見到母親，却無法搭救，悲莫悲兮生别離，悲傷通過擊磬之聲宣泄，此"樂"合乎人性。鍾子期聞之而悲，心靈産生共鳴，情感得以傳達，"悲夫！悲夫！"實現共同的悲憫，"仁"由是生發。具體怎樣實現呢？"心非臂也，臂非椎、非石①也。悲存乎心而木石應之"，木石，椎磬也，此指擊磬之聲。心並不是手臂，手臂也不是椎、磬，但悲哀存於心中，擊磬之聲却能與内心應和，這正是從己心之誠到和樂之宣的過程。"故君子誠乎此而諭乎彼，感乎己而發乎人，豈必强②説乎哉"，所以君子精神集中在這個方面，就會在另一方面表現出來③，自己心中有所感，就可以影響到他人，哪裏用得着一定通過言辭表達呢？和樂之宣→彼心之感→彼此相和而共鳴→推己及人→樂以安仁，最終得以實現，這正是樂道的功用，超越語言文字，可以感動自己（誠乎此、感乎己），就可以感動别人（諭乎彼、發乎人），具有直指人心的感性力量，可謂"神出於忠而應乎心，兩精相得，豈待言哉"，亦見於《吕氏春秋·精通》：

　　　　周有申喜者，亡其母，聞乞人歌於門下而悲之，動於顔色，謂門者内乞人之歌者，自覺④而問焉，曰："何故而乞？"與之語，蓋其母也。故父母之於子也，子之於父母也，一體而兩分，同氣而異息。若草莽之有華實也，若樹木之有根心也。雖異處而相通，隱志相

---

① 【按】"椎"（chuí），擊磬工具，木製；"石"，此指磬也。
② 【按】"感"，發也，感發也；"强"（qiǎng），極力也。
③ 【按】可見君子必有誠，以赤誠之心方能感知，精誠感知方能實現仁之倫理，所以《樂記》有曰"凡音者，生於人心者也。樂者，通倫理者也"，"唯君子爲能知樂"（《禮記集解》卷三十七《樂記第十九之一》，第982頁），"德者，性之端也，樂者，德之華也"，"是故情深而文明，氣盛而化神，和順積中，而英華發外，唯樂不可以爲僞"（《禮記集解》卷三十八《樂記第十九之二》，第1006頁），讀來若合符契。
④ 【按】"自覺"，《太平御覽》卷四八八引作"自見"，第2235頁；《吕氏春秋·慎小》亦有"吴起自見而出"（《吕氏春秋集釋》卷二十五《似順論第五·慎小》，第674頁），謂親自與見也。

及,痛疾相救,憂思相感,生則相歡,死則相哀,此之謂骨肉之親①。神出於忠而應乎心,兩精相得,豈待言哉?

　　此乃"精氣説",正是"樂""心"關係之心理解釋。《樂記》"樂者,音之所由生也,其本在人心之感於物也。是故其哀心感者,其聲噍以殺;其樂心感者,其聲嘽以緩;其喜心感者,其聲發以散;其怒心感者,其聲粗以厲;其敬心感者,其聲直以廉;其愛心感者,其聲和以柔",言外界事物對人内心情感之影響,"六者,非性也,感於物而後動"②,言情感受外物之牽繫;而"精氣説"在於,同類之間情緒的相互感染與溝通,雙方有異有同,亦二亦一。《樂記》與《吕氏春秋》都認爲,人類主體情感受到外界人或物的影響,而生發出各種情緒③,這些情緒都可以通過樂之載體表現出來。所以樂道功用,可以超越語言文字,具有直指人心的感性力量。有個叫申喜的周人,早年與自己母親失散,後來他聽到有個老年女乞丐在門前唱歌行乞,心中感到悲哀,臉色都變了,告訴守門人讓那個唱歌的乞丐進來,親自見她,竟然正是母親。偶然之中,存在必然,母子心中都有對方,纔能如此深沉地傳達與敏鋭地感知,所謂"雖異處而相通,隱志相及",雖身處異處却可彼此相通,心中志向互相聯繫。"隱志",即潛藏於心的情緒動機。毋庸諱言,"精氣説"包含通靈意味,仍具有神秘論色彩,此乃其局限性;但是,以精氣來解釋某些精神、心理現象,已然不求諸鬼神,以歷史主義觀之,實在是一種思想進步,值得肯定。

　　所謂"神出於忠而應乎心,兩精相得,豈待言哉",樂之"和"要通向"仁",必須由自己推廣到他人纔能實現,"兩精相得"正是關鍵所在,因

---

① 【按】"骨肉之親",此仁之始也。
② 《禮記集解》卷三十七《樂記第十九之一》,第976—977頁。
③ 【按】此即情緒動機,可與"樂道起源論"之"'樂'之發生"互見。

爲推己及人需要雙方都有赤誠之心，方能引起共鳴。雙方都有赤誠之心，“樂”便能在兩者之間建立心理聯繫，傳遞至誠之情感，形成同情之理解，“仁”在其中矣。

　　上文所述擊磬者見其母，“量所以贖之則無有，而身固公家之財也，是故悲也”，導致其悲而擊磬，“心非臂也，臂非椎、非石也。悲存乎心而木石應之”，導致“鍾子期夜聞擊磬者而悲”。在擊磬者與鍾子期之間，就形成同情之理解，擊磬者以赤誠之心宣發，鍾子期以赤誠之心感知，此乃“兩精相得”，這種天性出於至誠，而彼此心中互相感應，雙方精氣相通，難道還要靠言語嗎？“誠乎此而諭乎彼，感乎己而發乎人”，皆以“神出於忠”爲基礎，忠即誠，精忠即精誠也。

　　所謂“一體而兩分，同氣而異息”，一個整體而分爲兩處，精氣相通而呼吸各異，形體不易做到，但心靈可以完成。這種人性之本真，不能以物質體現，却可以通過情感傳達，《樂記》“故歌之爲言也，長言之也。説之，故言之；言之不足，故長言之；長言之不足，故嗟嘆之；嗟嘆之不足，故不知手之舞之、足之蹈之也”，可見“樂”正是情感傳達的自然選擇，所以説“樂”源於人性之真，《樂記》“詩，言其志也；歌，咏其聲也；舞，動其容也。三者本於心，然後樂器從之。是故情深而文明，氣盛而化神，和順積中而英華發外，唯樂不可以爲僞”①。就連墨子也承認“樂”源於人性，《墨子·非樂上》“是故子墨子之所以非樂者，非以大鐘、鳴鼓、琴瑟、竽笙之聲以爲不樂也”，“耳知其樂也”②，耳知其樂的內在過程爲：“性”（人性）→“樂”（lè 宣發）→“樂”（yuè 和樂），其本質正是——“性”知其“樂”。

由“性”到“樂”的發展道路

　　“樂”源於人性之真，“性”知其“樂”，天生而來，這是樂道得以實

① 《禮記集解》卷三十八《樂記第十九之二》，第 1038、1006 頁。
② 《墨子閒詁》卷八《非樂上第三十二》，第 250 頁。

現的人性基礎。《孟子·盡心下》云"口之於味也,目之於色也,耳之於聲也,鼻之於臭也,四肢之於安佚也,性也"①,可見人類聽覺對於樂音的愛好,源自天性。《莊子·至樂》云"所樂者,身安厚味美服好色音聲也","所苦者,身不得安逸,口不得厚味,形不得美服,目不得好色,耳不得音聲;若不得者,則大憂以懼","《咸池》②《九韶》之樂,張之洞庭之野,鳥聞之而飛,獸聞之而走,魚聞之而下入,人卒聞之,相與還而觀之。魚處水而生,人處水而死,彼必相與異,其好惡故異也"③,可見水符合魚類本性,樂符合人類本性,《莊子·齊物論》"毛嬙、麗姬,人之所美也,魚見之深入,鳥見之高飛,麋、鹿見之決驟,四者孰知天下之正色哉"④,原因在於"彼必相與異",稟性各別。《莊子·至樂》:"昔者海鳥止於魯郊,魯侯御而觴之於廟,奏《九韶》以爲樂,具太牢以爲膳。鳥乃眩視憂悲,不敢食一臠,不敢飲一杯,三日而死。此以己養養鳥也,非以鳥養養鳥也。"⑤鳥有鳥性,人有人性,《九韶》之樂,人聞之養性(《論語·述而》:"子在齊聞《韶》,三月不知肉味,曰:'不圖爲樂之至於斯也!'"⑥),鳥聞之傷神("眩視憂悲,不敢食一臠,不敢飲一杯"),可見樂不符合海鳥本性,違性而行,三日而死。樂符合人之本性,依性而教,事半功倍,這就是人類以樂爲教的緣由。《論語·微子》:"鳥獸不可與同群,吾非斯人之徒與而誰與?"⑦爲什麼"鳥獸不可與同群",就是因爲稟性有別,所謂"其好惡故異也"。

爲什麼"人不能無樂"? 因爲"夫樂者,樂也,人情之所必不免

---

① 《孟子正義》卷二十八《盡心章句下·二十四章》,第990頁。
② 【按】《莊子·天運》詳論《咸池》之樂(《莊子集釋》卷五下《天運第十四》,第500—510頁)。
③ 《莊子集釋》卷六下《至樂第十八》,第609、621頁。
④ 《莊子集釋》卷一下《齊物論第二》,第93頁。
⑤ 《莊子集釋》卷六下《至樂第十八》,第621頁。
⑥ 《論語集釋》卷十三《述而上》,第456頁。
⑦ 《論語集釋》卷三十六《微子上》,第1270頁。

也"①，"人之生也，與憂俱生"②，樂給人心靈休憩的自由空間。《墨子·三辯》："程繁問於子墨子曰：'夫子③曰："聖王不爲樂。"昔諸侯倦於聽治，息於鐘鼓之樂；士大夫倦於聽治，息於竽瑟之樂；農夫春耕夏耘，秋斂冬藏，息於聆④缶之樂。今夫子曰"聖王不爲樂"，此譬之猶馬駕而不稅，弓張而不弛，無乃有血氣者之所不能至邪？'"⑤程繁所論，尤其重要，人類是"有血氣者"，是有自我意識的生物，從現實束縛之中得到精神超脱，正是自我意識的體現，這是樂道源於人性的心理依據。

　　樂是人情，源於人性，與生俱來。《吕氏春秋·執一》云"目不失其明，而見白黑之殊。耳不失其聰，而聞清濁之聲"⑥，商音爲清，宮音爲濁，所謂"耳不失其聰，而聞清濁之聲"，耳朵不喪失聽力，就能聽出清濁不同的樂音，這種能力與生俱來，源乎天性。《吕氏春秋·情欲》云"天生人而使有貪有欲。欲有情，情有節，聖人修節以止欲⑦，故不過行其情也⑧。故耳之欲五聲，目之欲五色，口之欲五味，情也。此三者，貴賤、愚智、賢不肖欲之若一，雖神農、黄帝，其與桀、紂同。聖人之所以異者，得其情也。由貴生動⑨，則得其情矣；不由貴生動，則失其情矣。此二者，死生存亡之本也"⑩，所謂"耳之欲五聲"，這種欲望也是與生俱來，亦源乎天性。耳朵能够聽出清濁不同的樂音，而且希望聽到悦耳的

---

① 《荀子集解》卷十四《樂論篇第二十》，第 379 頁。
② 《莊子集釋》卷六下《至樂第十八》，第 609 頁。
③ 【按】"夫子"，此處爲程繁尊稱墨子。
④ 【按】"聆"當作"瓴"。
⑤ 《墨子閒詁》卷一《三辯第七》，第 39—40 頁。
⑥ 《吕氏春秋集釋》卷十七《審分覽第五·執一》，第 469 頁。【按】所謂"五音不全"者，不能視唱而已，並非不能聽樂音之清濁，仍有審美感知之能力。
⑦ 【按】"聖人修節以止欲"，即遵循節度來克制欲望。所謂"節"，可參上文"樂道體系論"之"中"。
⑧ 【按】"故不過行其情也"，所以不會放縱自己的感情。有節爲理，無節爲淫。理者，情理之謂也。
⑨ 【按】"由貴生動"，即從尊生出發，《吕氏春秋》有《貴生》篇，與《情欲》篇同在《仲春紀》。
⑩ 《吕氏春秋集釋》卷二《仲春紀第二·情欲》，第 42—43 頁。

樂音,前者是生理,後者是心理,兩者結合,這正是由"性"到"樂"的發展道路。

"性"是能力與欲求,"樂"是心靈的感受,此乃人間世維度,由"人性"到"樂"之發展道路。另有一種廣義道路,"性"是天理與固然,"樂"是心靈的感受,此乃齊物論維度,由"物性"到"樂"之發展道路。聲響如若出於自然,依乎天理,因其固然,即便解牛之聲,既合於道,亦可以爲"樂",如《莊子·養生主》:

> 庖丁爲文惠君解牛,手之所觸,肩之所倚,足之所履,膝之所踦,砉然嚮然,奏刀騞然,莫不中音,合於《桑林》之舞①,乃中《經首》之會②……庖丁釋刀對曰:"臣之所好者道也,進乎技矣……方今之時,臣以神遇而不以目視,官知止而神欲行。依乎天理,批大郤,導大窾,因其固然。"③

"砉然嚮然,奏刀騞然,莫不中音",此處不必拘泥於具體音節,合於天籟之謂也,蘊含着天理與固然。庖丁解牛之聲,合乎自然之理,莊子以自然聲響"天籟"爲"樂",此時物性通乎人性,故曰"合於《桑林》之舞,乃中《經首》之會",反映出心靈的感受,這正是由"性"到"樂"的

---

① 【按】"《桑林》",湯樂名;"舞",此指舞步節奏。

② 【按】"《經首》",堯樂《咸池》之樂章名;"會",此指韵律、節奏,從而構成樂章,如《胡笳十八拍》"笳一會兮琴一拍",胡笳曲吹到一個段落,對應的是琴曲一個樂章,又説"胡笳本自出胡中,緣琴翻出音律同",可知以笳曲風格翻成琴曲,"會"即拍,樂章也。《能改齋漫録·胡笳十八拍》:"王觀國《學林新編》曰:'秦再思《紀異録》云"琴譜,胡笳曲者。本昭君見胡人卷蘆葉而吹之,昭君感焉,爲製曲,凡十八拍"。觀國以爲董祀妻蔡琰文姬爲胡騎所獲,歸作詩二章。今世所傳胡笳曲十八拍,亦用文姬詩中語,蓋非文姬所撰,乃後人所撰,以咏文姬也。《紀異》謂昭君製曲,則誤矣……'予按……有大、小胡笳十八拍……小胡笳又有契聲一拍,共十九拍……李良輔《廣陵止息譜序》曰'契者,明會合之至理,殷勤之餘也'。"([宋] 吳曾:《能改齋漫録》卷五《辨誤》,上海古籍出版社,1979年,第97—98頁)

③ 《莊子集釋》卷二上《養生主第三》,第117—118、119頁。

廣義發展道路。

從"樂"到"性"的教化道路

"樂"與"性"之間的互動關係,一方面是由"性"到"樂"之發展道路,接下來我們探討另一方面,即從"樂"到"性"之教化道路①。

樂可以涵養天性②。上文已論樂的本質是"和","和"即"順",而和順本於天性,和順者必靜,所以《樂記》説"人生而靜,天之性也"③。如何涵養天性,則通過"知"與"恬"交相爲養。《莊子·繕性》云"古之治道者,以恬養知;知生而無以知爲也,謂之以知養恬。知與恬交相養,而和理出其性",智慧與恬靜交相涵養,和順便從本性中流露出來。《莊子·繕性》又云"彼正而蒙己德,德則不冒④,冒則物必失其性也"⑤,守正而隱晦其德,則其德不致外露,這就是恬靜。眩露施加於人,必定違失自然本性,《齊物論》説"道之所以虧,愛之所以成",大德不德,則物性自全。因此,以樂養性,就是以和修靜,樂臻於和,則性歸於靜。靜極而生慧,智慧(理性)與恬靜(感性)交相涵養,和順便從本性中流露出來,和順正是樂的本質,從而完成"樂"與"性"之互動。《周易·泰卦》九三爻辭"無往不復"⑥,《荀子·王制》"始則終,終則始,若

---

① 【按】《莊子·馬蹄》"及至聖人,屈折禮樂以匡天下之形,縣跂仁義以慰天下之心"(《莊子集釋》卷四中《馬蹄第九》,第341頁),《莊子·駢拇》"屈折禮樂,呴俞仁義,以慰天下之心者"(《莊子集釋》卷四上《駢拇第八》,第321頁),反向可證,禮樂用來端正天下人的形態與性情,這正是教化之意義。

② 【按】《莊子·馬蹄》"道德不廢,安取仁義;性情不離,安用禮樂"(《莊子集釋》卷四中《馬蹄第九》,第336頁),此禮樂用於端正性情,《莊子·駢拇》"屈折禮樂,呴俞仁義,以慰天下之心者"(《莊子集釋》卷四上《駢拇第八》,第321頁),由此可見,禮樂的精神本是性情之真,方能用於端正性情。

③ 《禮記集解》卷三十七《樂記第十九之一》,第984頁。

④ 【按】"不冒"即不眩露。

⑤ 《莊子集釋》卷六上《繕性第十六》,第548頁。

⑥ 《宋本周易注疏》卷三《泰》,第104頁。

環之無端也"①,《吕氏春秋·大樂》"天地車輪,終則復始,極則復反,莫不咸當"②,可見循環無端纔能合而爲一,所以説樂道合於人性之真,修心而養性,全真之道也。

以上論證,還有一環需要説明,就是怎樣理解《樂記》"人生而静,天之性也"。荀子與宋鈃的辯論,正好可供參驗印證,《荀子·正論》:

> 子宋子曰:"人之情,欲寡,而皆以己之情爲欲多,是過也。"故率其群徒,辨其談説,明其譬稱,將使人知情之欲寡也。應之曰:然則亦以人之情爲欲。目不欲綦色,耳不欲綦聲,口不欲綦味,鼻不欲綦臭,形不欲綦佚。此五綦者,亦以人之情爲不欲乎? 曰:"人之情欲是已。"曰:若是,則説必不行矣。以人之情爲欲,此五綦者而不欲多,譬之是猶以人之情爲欲富貴而不欲貨也,好美而惡西施也。③

《禮記·樂記》説"人生而静,天之性也。感於物而動,性之欲也。物至知知,然後好惡形焉。好惡無節於内,知誘於外,不能反躬,天理滅矣"④,若對荀、宋之争做一調解,宋子"情之欲寡",所言"天之性也",而非人情,荀子"人情之所必不免",所言"性之欲也",而非天性,各得一端而已,適爲《樂記》注脚,可謂兼而論之也。"感於物而動,性之欲也","耳欲綦⑤聲","人之情欲是已",這正是人情所企求,誠《樂記》所謂"樂由中出,故静"⑥,並非外在施加,而是源於本性,如《荀子·正名》"性之好惡、喜怒、哀樂謂之情"⑦。但是,源於本性不等於天性本

----

① 《荀子集解》卷五《王制篇第九》,第163頁。
② 《吕氏春秋集釋》卷五《仲夏紀第五·大樂》,第109頁。
③ 《荀子集解》卷十二《正論篇第十八》,第344—345頁。
④ 《禮記集解》卷三十七《樂記第十九之一》,第984頁。
⑤ 【按】"綦"(qí),極也。
⑥ 《禮記集解》,第987頁。
⑦ 《荀子集解》卷十六《正名篇第二十二》,第412頁。

身,《樂記》云"人生而静,天之性也"①,此乃"性静欲動"説。"性静欲動"説對"樂"之意義在於動中有静,從而爲先秦樂道審美找到哲學依據。

　　樂以舞動節奏、跳動音律感人,所謂"聲一無聽"②,樂必須變動纔能存在,追求異質的動感。而先秦樂道之"中和"審美,追求同質的適度,樂不至淫,哀不及傷,講究不偏激、恰到好處的相對趨静狀態③。外在聲響的動感配合,目的是内在心理的趨静選擇,流而不盈,持中守正,所以《樂記》歸結爲性静而欲動,本質在於"樂"之動中取静、臻於"中和"的審美觀。"欲動"是"性"之釋放,"樂和"是"性"之修養④,"性静"是"性"之本體⑤。而先秦樂道審美觀之精神,又通向"仁"。跨越

---

① 【按】《老子》:"致虚,極也;守静,篤也。萬物並作,居以須復也。天物芸芸,各復歸其根。歸根曰静,是謂覆命。覆命曰常,知常曰明","知常容,容乃公。公乃王,王乃天,天乃道。道乃久,没身不殆"。(《老子彙校新解·上篇·十六章》,第17—18頁)

② 《國語集解·鄭語第十六·桓公爲司徒》,第472頁。

③ 【按】這是由於中國古代社會之農耕性質,農業文明的基本特點就是"静"。人口依附於土地,不能隨便遷移;靠天吃飯,收成之好壞,主要依靠風調雨順。重複而持續地耕種與開發(深耕細作),是當時國民經濟最根本的生産模式與生活方式。其指導思想由不誤農時、因地制宜,到尊重天時、依循地利,由治理江河、農耕定居,到向心統一、崇尚人和,這與游牧民族逐水草而居的生産生活方式完全不同,反映到文化氣質上,自然就有動、静之别。

④ 【按】即"樂"以養"性"。王夫之《思問録》云"静者静動,非不動也"([清]王夫之著,王伯祥點校:《思問録·内篇》,中華書局,2009年,第14頁),可見"静動"之要,在於持中,持中之德,修於樂和,所以説"樂和"是"性"之修養。

⑤ 【按】試論"欲動""樂和""性静"三者之關係。《樂記》云"人生而静,天之性也;感於物而動,性之欲也"(《禮記集解》卷三十七《樂記第十九之一》,第984頁),可見"欲動"而"性静"。王夫之《思問録》云"方動即静,方静旋動。静即含動,動不舍静","陽含静德,故方動而静;陰儲動能,故方静而動"(《思問録·外篇》,第35頁),可見"欲"與"性",不是兩物,而是一體。性爲陰,欲爲陽,静則爲性,動則爲欲,静性儲欲,動欲含性。《樂記》"物至知知,然後好惡形焉。好惡無節於内,知誘於外,不能反躬,天理滅矣"(《禮記集解》卷三十七《樂記第十九之一》,第984頁),如若欲動失度,不能反躬自省,則傷及性静,欲與性離。《樂記》"夫物之感人無窮,而人之好惡無節,則是物至而人化物也。人化物也者,滅天理而窮人欲者也"(《禮記集解》,第984頁),本性即天理,所謂"滅天理而窮人欲",窮欲而滅性也。何以救之? 以樂養性,以和修静,樂臻於和,則性歸於(轉下頁)

樂的音響外殼,直指樂的本質"和",體驗樂道精神"仁",整體就是一個趨静過程。以樂養性就是以和修静,樂臻於和則性歸於静,有得於内則無待乎外。内静則心和,和順則至誠,至誠相應,通乎仁矣,所以《論語·雍也》説"仁者静"①。

　　觀《荀子·勸學》"及至其致好之也,目好之五色,耳好之五聲,口好之五味,心利之有天下"②,以人性作喻,等到極其愛好學習時,便如耳朵喜愛聽五聲。由此可見,五聲乃人性所喜,而學習未必人人所好,《論語·公冶長》載孔子曰"十室之邑,必有忠信如丘者焉,不如丘之好學也"③,所以需要加"勸"④;"五聲"借代"樂",而"樂"是人情之所必不免,管理社會、治理國家,本質就是管理人情,所以先秦樂道會走向"成於樂"的教化道路,如《禮記·禮運》"故人情者,聖王之田也,修禮以耕之,陳義以種之,講學以耨之,本仁以聚之,播樂以安之"⑤,所謂"播樂以安之",即"樂以安德",通過"和其心"⑥之途徑,最終實現"成於樂"⑦。

（接上頁）静。如若樂臻於和,修養持中之德,則欲動有度,不離性静,即《樂記》所謂"反人道之正"(《禮記集解》,第 983 頁),反同返也。人道之正,即天理,即本性,即性之静。静非不動,《思問録》"静者静動"(《思問録·内篇》,第 14 頁),欲動有度,不離性静,静動之謂也。静動何來? 持中適度;持中何修? 樂和之道,亦即樂道。此乃"欲動""樂和""性静"三者關係,今略言辨之,以明原理焉。

① 《論語集釋》卷十二《雍也下》,第 408 頁。

② 《荀子集解》卷一《勸學篇第一》,第 19 頁。

③ 《論語集釋》卷十《公冶下》,第 358 頁。

④ 【按】是以古今中外多有"勸學"名篇,如《荀子·勸學》、福澤諭吉《勸學篇》、張之洞《勸學篇》,皆爲傳世之作。

⑤ 《禮記集解》卷二十二《禮運第九之二》,第 618 頁。

⑥ 【按】《左傳·襄公十一年》"夫樂以安德",杜預注"和其心也"(〔日〕竹添光鴻:《左傳會箋·襄公十一年·傳》,遼海出版社,2008 年,第 318 頁),又《莊子·繕性》"夫德,和也"(《莊子集釋》卷六上《繕性第十六》,第 548 頁)。上文"論'樂'以安'仁'的保障"已論,"成於樂"講的是人格修養,是從"樂和"到"心和"再到"仁和"之樂教成果,此可與杜注説解契合。

⑦ 《論語集釋》卷十五《泰伯上》,第 530 頁。

　　《荀子·臣道》:"恭敬,禮也;調和,樂也;謹慎,利也;鬥怒,害也。故君子安禮、樂、利,謹慎而無鬥怒,是以百舉不過也。"①"敬"是禮之本質,"和"是樂之本質,講的都是人情。"君子安禮、樂、利,謹慎而無鬥怒,是以百舉不過也",即《論語·爲政》"七十而從心所欲,不逾矩"②之境界,孔子年過七旬,因爲修養全備,所以付諸踐行時能百舉不過,《左傳·襄公十一年》亦云"夫樂以安德,義以處之,禮以行之,信以守之,仁以屬之,而後可以殿邦國、同福禄、來遠人,所謂樂也"③,由此可見,"從心所欲,不逾矩"就是"成於樂"的境界。

　　《論語·泰伯》:"興於《詩》,立於禮,成於樂。"④《論語·憲問》:"子路問成人。子曰:'若臧武仲之知,公綽之不欲,卞莊子之勇,冉求之藝,文之以禮樂,亦可以爲成人矣。'"⑤《泰伯》所謂"成於樂","成"就是全,修養全備的意思。《禮記·禮運》:"故治國不以禮,猶無耜而耕也;爲禮不本於義,猶耕而弗種也;爲義而不講之以學,猶種而弗耨也;講之於學而不合之以仁,猶耨而弗穫也;合之以仁而不安之以樂,猶穫而弗食也;安之以樂而不達於順,猶食而弗肥也。"⑥修養全備,這是樂道效用;達於和順,這是樂道本質。修養全備而達於和順,這正是從"樂"到"性"的教化道路。由"性"到"樂"的發展道路⑦與從"樂"到"性"的教化道路⑧,共同構成"樂"與"性"之間完整的互動

---

① 《荀子集解》卷九《臣道篇第十三》,第256—257頁。
② 《論語集釋》卷三《爲政上》,第76頁。
③ 《左傳會箋·襄公十一年·傳》,第318頁。
④ 《論語集釋》卷十五《泰伯上》,第529—530頁。
⑤ 《論語集釋》卷二十八《憲問上》,第969頁。
⑥ 《禮記集解》卷二十二《禮運第九之二》,第619頁。
⑦ 【按】"性"是能力與欲求,"樂"是心靈感受,"性"是"樂"得以發揮心理作用的先決條件。人耳能够聽出清濁不同之樂音,而且希望聽到悦耳的樂音,前者是生理,後者是心理,兩者結合,正是由"性"到"樂"的發展道路。
⑧ 【按】"樂"源於人性之真,"性"知其"樂",天生而來,此乃樂道得以實現的心性基礎。"樂"是人情之所必不免,管理社會、治理國家,其本質就是管理人情,追求"成於樂"境界,正是從"樂"到"性"的教化道路。

關係。

　　綜上而論,先秦樂道内涵體系,包括"中""和""仁""性"四個層面:"中"處於先秦樂道内涵之形式表層,"中"是"和"的基礎;"和"處於先秦樂道内涵之傳導中層,"和"是"中"的追求;"仁"處於先秦樂道内涵之内核深層,"仁"是"和"的目的;"性"處於先秦樂道内涵之心理介質,是"和"通向"仁"的保障。"中""和""仁""性"四個層面,内外互動,表裏聯繫,融通一體,交相輔成,形成獨具特色的先秦樂道"審美鏈"。

三、先秦樂道應用論（樂之用）

"先秦樂道體系論"，是講"樂"之本質與精神是什麽（内涵）；"先秦樂道應用論"，是講哪些範疇屬於"樂"（外延）。換句話説，"先秦樂道應用論"之研究對象，就是用來承擔先秦樂道價值的現實載體。

（一）"舞""歌""樂"之統一

先秦"樂"之範疇，是三位一體的綜合體，包括"舞"（舞蹈）、"歌"（聲樂①）、"樂"（器樂），早在上古時代，已是如此，如《尚書·舜典》（由《尚書·堯典》分出）：

> （舜帝曰：）"詩言志，歌永言；聲依永，律和聲，八音克諧；無相奪倫，神人以和。"夔曰："於！予擊石拊石，百獸率舞。"②

---

① 【按】"聲樂"，有徒歌與樂歌之分。徒歌爲謡，是無樂器伴奏的誦咏；合樂爲歌，即《樂記》"昔者舜作五弦之琴以歌南風"（《禮記集解》卷三十七《樂記第十九之一》，第995頁），又如弦歌、笙歌，是有樂器伴奏的歌唱，樂歌之辭即爲詩。
② 《尚書正義》卷三《舜典》，第276頁。

　　《尚書》這段文字,歷來解釋紛紜,筆者試從先秦樂道角度加以解讀。"詩言志",詩就是歌辭①,用來表達思想感情,"歌永言",永言即咏言,歌是唱出來的語言,"詩言志,歌永言",講的就是聲樂;"聲依永②",聲,這裏指五聲,五聲指調式,配樂之樂曲調式,要根據所唱内容來選擇,"律和聲",律,這裏指六律,是定調標準音,用六律來調和五聲,即用標準音高爲所選調式確定起始主音的絶對音高,"八音克諧",八音是古代對樂器之統稱,根據金、石、土、革、絲、木、匏、竹八種不同材質,對樂器進行分類,"聲依永,律和聲,八音克諧",講的就是器樂,《吕氏春秋·孝行覽》所謂"正六律,龢五聲,雜八音,養耳之道也"③(使律高準確、使調式和諧、使器樂協調④,這是保養耳聰的方法),即來源於

------

① 錢穆《略論中國科學》:"中國音樂又以辭爲主,聲爲副。古《詩》三百首,皆求語語直接出自人心肺腑中,又能語語深入人人心肺腑中。傳至今三千年,讀其辭,仍能感人心,不啻若自其口出,亦不啻若自其心出。《離騷》楚辭繼之,亦然。漢樂府及五言古詩、唐詩、宋詞、元曲亦莫不皆然。皆配以聲,附以氣,但必以辭爲主。辭則必以心爲主。如漢賦之務爲堆砌炫耀,所争在字句上,則雕蟲小技,壯夫不爲。此則中國一套大哲學,科學藝術文學一以貫之,而科學轉見爲末矣。自明代昆曲以至近代之平劇(即京劇),亦一貫相承,樂聲僅爲副,人聲心聲歌聲始爲主。一歌一唱,皆能深入人心。劇中人事,亦皆由此選定,皆重在劇中當事人之心,而遂以感通聽衆之心,此乃成爲中國之藝術。劇場中一切表現,皆配有科學,隱於一旁,似可無見。"(《現代中國學術論衡》,第48—49頁)
② 【按】"永"即咏唱。
③ 《吕氏春秋集釋》卷十四《孝行覽第二·孝行覽》,第308頁。
④ 【按】"六律"者,此泛指律吕,分爲六陽律(黄鐘 C、太簇 D、姑洗 E、蕤賓#F 或♭G、夷則#G 或♭A、無射#A 或♭B);六陰吕,又稱六同(大吕#C 或♭D、夾鐘#D 或♭E、中吕 F、林鐘 G、南吕 A、應鐘 B),即定調標準音。"五聲",宫、商、角、徵、羽五種調式,此爲上古審美文化選擇之結果,河南舞陽賈湖骨笛已能吹出七聲自然音階。"早期人類對樂音的選擇來自於對自然存在的音響規律的選擇和把握","自然倍音列對於早期人類的樂律思維有着重要的影響……直接爲律制的産生提出生律法的基本規範,例如三分損益率、純律就是在倍音列提供的(1—6倍音列)基準框架音程下建立起來的"。(郭樹群:《試論自然倍音列對中華民族早期樂律思維的影響》,《天津音樂學院學報》1999年第1期)"八音",以金、石、土、革、絲、木、匏、竹八種材質對樂器分類,此泛指器樂。"六律""五聲""八音"之概念出現很早,如《尚書·益稷》"予欲聞六律、五聲、八音,在治忽"(《尚書正義》卷五《益稷》,第298頁)。而且,三者之間關係也很明確,如《尚書·舜典》"律和聲,八音克諧;無相奪倫,神人以和",即以六律調和五聲,再用已調和的聲律去規範八音,八音即器樂;奪倫即失序,無相奪倫,使器樂與聲樂和諧有序。《周禮·大師》:"掌六律、六同,（轉下頁）

此;"無相奪倫,神人以和",這是聲樂與器樂之配合及其效果;"百獸率舞",講的就是原始扮演舞蹈;"予擊石拊石,百獸率舞",即以石磬打擊樂作爲伴奏,使扮演各種獸類的人類舞隊,依着節奏舞蹈起來①,這是舞蹈與器樂之配合②。

以上《尚書·舜典》之樂道應用記載,還比較學理化,關於"舞""歌""樂"的具體樂道實踐,我們可以進一步看《尚書·益稷》(由《尚書·皋陶謨》分出):

> 夔曰:"戞擊鳴球、搏拊,琴、瑟以咏!"祖考來格,虞賓在位,群后德讓。下管鼗鼓,合止柷敔,笙鏞以間。鳥獸蹌蹌,《簫韶》九

(接上頁)以合陰陽之聲。陽聲:黃鐘、大簇、姑洗、蕤賓、夷則、無射。陰聲:大呂、應鐘、南呂、函鐘、小呂、夾鐘。皆文之以五聲:宮、商、角、徵、羽;皆播之以八音:金、石、土、革、絲、木、匏、竹。教六詩:曰風、曰賦、曰比、曰興、曰雅、曰頌,以六德爲之本,以六律爲之音。"(《周禮正義·春官宗伯第三下·大師》,第1832—1846頁)由此可見,古人用六律規範五聲,用五聲規範器樂,所以六律、五聲是樂之根本,以至於"六律""五聲"成爲樂之代名詞,如《莊子·駢拇》"多於聰者,亂五聲,淫六律,金石絲竹、黃鐘大呂之聲非乎? 而師曠是已"(《莊子集釋》卷四上《駢拇第八》,第314頁)。又按《大師》所謂"以六德爲之本",即《周禮·大司樂》"以樂德教國子:中、和、祗、庸、孝、友"(《周禮正義·春官宗伯第三下·大司樂》,第1723頁)是也。

① 【按】《吕氏春秋·古樂》載帝嚳"因令鳳鳥、天翟舞之"(《吕氏春秋集釋》卷五《仲夏紀第五·古樂》,第125頁),即角色扮演之舞隊。上古樂舞,供娛神靈,所謂"百獸率舞",以鳥之翅翎尾羽、獸之犄皮角革,作爲舞具,猶如舞儺之面具,樂舞即角色扮演,增强溝通天人的神秘氛圍。又《春秋公羊傳·宣公八年》"壬午,猶繹。《萬》入,去籥",何休注"祭必有尸者,節神也。禮,天子以卿爲尸,諸侯以大夫爲尸,卿大夫以下以孫爲尸。夏立尸,殷坐尸,周旅酬六尸"(《公羊義疏》卷四十六《宣七年盡九年》,第1735、1736頁),古代祭祀之時,猶如情景再現,"尸"乃代表死者受祭的活人,亦爲角色扮演,其理近之。

② 【按】《世本·作篇》"夔作樂"(七家輯本同,《世本八種》,第5、9、23、39、82、117、361頁),此"作樂"指創作樂舞,即《尚書·舜典》夔"擊石拊石,百獸率舞",《禮記·樂記》"夔始制樂以賞諸侯"(《禮記集解》卷三十七《樂記第十九之一》,第995頁);《世本·作篇》"黃帝世伶倫作樂"(引自陳其榮增訂本,王謨、秦嘉謨、茆泮林、張澍、雷學淇輯本作"伶倫造律吕",見《世本八種》,第4、10、36、77、110、356頁),此"作樂"指創作器樂,即《吕氏春秋·古樂》"昔黃帝令伶倫作爲律"(《吕氏春秋集釋》卷五《仲夏紀第五·古樂》,第120頁)。可見"樂"之應用範疇,所指有别,特此説明。

成,鳳皇來儀。夔曰:"於! 予擊石拊石,百獸率舞,庶尹允諧!"①

　　所謂"戛擊鳴球、搏拊,琴、瑟以咏"②,這是堂上器樂與聲樂之具體配合,營造出神聖莊嚴的儀式氛圍,誠如"祖考來格,虞賓在位,群后德讓";所謂"下管鼗鼓,合止柷敔,笙鏞以間。鳥獸蹌蹌,《簫韶》九成,鳳皇來儀",這是堂下庭中器樂與舞蹈之具體配合,"於! 予擊石拊石,百獸率舞,庶尹允諧③",啊! 我輕敲重擊着石磬,扮演百獸的舞隊都跳起舞來,各位官長也合着樂曲一同舞蹈吧。扮演百獸的人類舞隊,包括"鳥獸蹌蹌""鳳皇來儀","《簫韶》九成④"是以簫、鼗作爲器樂配樂之祭祀舞蹈。這些都是具有巫術性質的遠古樂舞,"舞""歌""樂"融爲一體,洋溢着原始宗教熱情,成爲溝通天人的重要媒介。

　　歷史發展到商代,仍然遺存這一原始特色,如《史記·殷本紀》:

---

① 《尚書正義》卷五《益稷》,第302—303頁。

② 【按】"戛擊鳴球、搏拊,琴、瑟以咏",沈括《夢溪筆談》另辟新解,"《虞書》曰'戛擊鳴球、搏拊琴瑟以咏,祖考來格',鳴球非可以戛擊,和之至,咏之不足,有時而至於戛且擊;琴瑟非可以搏拊,和之至,咏之不足,有時而至於搏且拊。所謂'手之舞之、足之蹈之'而不自知其然,和之至,則宜祖考之來格也。和之生於心,其可見者如此"(《夢溪筆談·筆談卷五·樂律一》,第46頁),與歷代經學訓解有異,可備一說。

③ 【按】"諧"通"偕",亦與祭祀舞蹈相關,加入樂舞儀式之義。

④ 【按】"韶"爲"韜"(韸)之訛誤,本就所用樂器而言。以類言之,簫、韶即管樂與打擊樂,此處代指以簫、鼗爲配樂之舞蹈。"九成",樂之九個段落、九首樂章,即"九奏",又稱"九變",《益稷》鄭玄注"成,猶終也,每曲一終,必變更奏"(《尚書正義》卷五《益稷》,第303頁),《周禮·大司樂》"若樂九變,則人鬼可得而禮矣"(《周禮正義·春官宗伯第三下·大司樂》,第1757頁),九成者,九變而樂備也。"成",即終、竟,亦即章也,樂曲終止之段落,如《論語·泰伯》"師摯之始,《關雎》之亂"(《論語集釋》卷十六《泰伯下》,第542頁),由始至亂,謂之一成。《説文》"章,樂竟爲一章",段玉裁注"歌所止曰章"(《説文解字注》三篇上《音部》,第102頁),《禮記·曲禮下》"讀樂章",孔穎達疏"樂章,謂樂書之篇章,謂詩也"(《禮記正義》卷四《曲禮下第二》,第2723頁),觀《詩經》每篇,大多分爲數章。又《説文》"竟,樂曲盡爲竟",徐鍇《繫傳》"樂人曲所終也"(《説文解字繫傳·通釋第五》,第217頁),段玉裁注"曲之所止也"(《説文解字注》三篇上《音部》,第102頁),《周禮·樂師》"凡樂成則告備",鄭玄注"成,謂所奏一終",賈公彥疏"竟則終也,所奏八音俱作一曲,終則爲一成"(《周禮注疏》卷二十三《樂師》,第1714頁)。是以"九成"即"九章"。

　　（帝紂）於是使師涓作新淫聲，北里之舞，靡靡之樂……大冣
樂戲於沙丘，以酒爲池，縣肉爲林，使男女倮相逐其間，爲長夜之
飲……殷之大師、少師乃持其祭樂器奔周。周武王於是遂率諸侯
伐紂。①

　　司馬遷此處記載，歷代學者都視爲商紂王罪證，却很少看到其中蘊
涵樂道因素（哲學原本起於宗教）。帝紂“於是使師涓作新淫聲，北里
之舞，靡靡之樂”，這正是歌、舞、樂三位一體之格局；“大冣樂戲於沙
丘，以酒爲池，縣肉爲林，使男女倮相逐其間”，即北里之舞，其實反映
出由商紂王主持的社祭巫舞場面②，即《墨子》所謂“此男女之所屬而
觀也”③；“爲長夜之飲”，是巫舞祭祀的典型特徵，大量飲酒，使精神狀
態游移恍惚，有助於營造通神氛圍。若去除後世的有色眼鏡④，以上樂
道因素記載，都是爲溝通天人服務的祭祀行爲。既然樂是溝通天人之重
要媒介，樂器就是國之重器，所以“殷之大師、少師乃持其祭樂器奔周”。

　　歷史發展到周代，周樂之範疇，也是三位一體的綜合體，誠可謂淵
源有自⑤，如《墨子·公孟》：

　　　　誦《詩》三百，弦《詩》三百，歌《詩》三百，舞《詩》三百。⑥

　　同樣都是《詩》三百，《詩經》之思想内容⑦，可誦、可弦、可歌、可

---

① 《史記》卷三《殷本紀第三》，第 105、108 頁。
② 【按】關於社祭考證，可參考上文“樂道起源論”之“‘樂’之字源”。
③ 《墨子閒詁》卷八《明鬼下第三十一》，第 227 頁。
④ 可參田君：《“和水而飲”和夏桀、商紂的“酒池”》，刊於《文史知識》2009 年第 12 期，《新
　華文摘》2010 年第 3 期全文轉載。
⑤ 【按】先秦之“樂”作爲原藝術體，是上古文化之大宗。
⑥ 《墨子閒詁》卷十二《公孟第四十八》，第 455 頁。
⑦ 【按】《論語·爲政》載，子曰：“《詩》三百，一言以蔽之，曰‘思無邪’。”（《論語集釋》卷三
　《爲政上》，第 65 頁）

舞,誦、歌即聲樂,弦即器樂,舞即舞蹈,聲樂、器樂、舞蹈皆是一體,"誦
《詩》三百,弦《詩》三百,歌《詩》三百,舞《詩》三百",正是先秦樂道應
用的生動體現。又如《詩經·商頌·那》,是春秋時代宋國祭祀殷商始
祖成湯之樂歌:

> 猗與那與,置我鞉鼓。奏鼓簡簡,衎我烈祖。湯孫奏假,綏我
> 思成。鞉鼓淵淵,嘒嘒管聲。既和且平,依我磬聲。於赫湯孫,穆
> 穆厥聲。庸鼓有斁,萬舞有奕。我有嘉客,亦不夷懌。自古在昔,
> 先民有作。溫恭朝夕,執事有恪。顧予烝嘗,湯孫之將。①

據《國語·魯語下》:"昔正考父校商之名《頌》十二篇於周太師,以
《那》爲首,其輯之亂②曰:'自古在昔,先民有作。溫恭朝夕,執事有

---

① 《詩經注析·商頌·那》,第1024頁。
② 【按】"亂",樂曲最後樂章,即尾聲,如《論語·泰伯》"子曰'師摯之始,《關雎》之亂,洋
洋乎盈耳哉'"(《論語集釋》卷十六《泰伯下》,第542頁),《論語·八佾》"子語魯大師
樂,曰'樂其可知也:始作,翕如也;從之,純如也,皦如也,繹如也,以成'"(《論語集釋》
卷六《八佾下》,第216頁),可見《國語·魯語下》"輯之亂",即繹如以成,"亂"之情狀,
既洋洋盈耳,又繹如不絕。上古樂舞尾聲,鐘鼓管弦齊鳴,一唱三嘆投足,屈伸俯仰反復,
器樂繹如,聲樂洋洋,舞步交錯,三者合樂偕配,既交錯雜處,又和諧共存,謂之"亂"。
《説文》"亂,不治也。從乙、𤔔,乙,治之也",段玉裁注:"亂本訓不治,不治則欲其治,故
其字從乙,乙以治之,謂詘者達之也。轉注之法,乃訓亂爲治。如'武王曰'予有亂[臣]
十人''是也。叒部𤔔,'不治也,幺子相亂,叒治之也',文法正同。"(《説文解字注》十四
篇下《乙部》,第740頁)徐灝《段注箋》"絲亂而以手治之,有亂義,亦有治義。就其體言,
則亂也;言其用,則治也"(丁福保編纂:《説文解字詁林》四下《叒部》,中華書局,1988
年,第1690—1691頁引),即"不治則欲其治"之義。尾聲合樂,舞歌樂紛呈,洋洋盈溢,
有如絲結,可謂亂矣,然三者偕配,既亂則欲其理,皦如繹如,有條不紊,亦可理理,尾聲大
合樂,並作而有章,此蓋命名之原。樂舞之"亂",尤重餘韵,尚需反復歸位,是以"復亂",
如《禮記·樂記》論《大武》樂舞"六成復綴,以崇天子","再始以著往,復亂以飭歸"。奮
疾而不拔,極幽而不隱",子夏論古樂"始奏以文,復亂以武,治亂以相,訊疾以雅",亂之
反復,餘韵悠長,其目的在於"君子於是語,於是道古",由此可知,"君子之聽音,非聽其
鏗鎗而已也,彼亦有所合之也"(《禮記集解》卷三十八《樂記第十九之二》,第1024、
1006、1013、1020頁)。又《楚辭》篇末,亦多有"亂曰",即末樂章之辭也。

恪。'先聖王之傳恭,猶不敢專,稱曰'自古',古曰'在昔',昔曰'先民'。"①又《史記·宋微子世家》:"襄公之時②,修行仁義,欲為盟主。其大夫正考父美之,故追道契、湯、高宗,殷所以興,作《商頌》。"③宋國正考父④將先代頌祖樂歌改寫成頌詩⑤,用以祭祀祖先、贊美宋襄公⑥,並到周太師處校對音節、配合樂調⑦,後又經孔子自衛反魯而正樂⑧,此與屈原據楚地民間祭歌創作《九歌》之過程相似。這些樂歌都有器樂伴奏,而且載歌載舞,如上引《商頌·那》"鞉鼓淵淵,嘒嘒管聲。既和且平,依我磬聲。於赫湯孫,穆穆厥聲⑨。庸鼓有斁,萬舞有奕",其間

① 《國語集解·魯語下第五·齊閭丘來盟》,第 205 頁。
② 【按】即宋襄公,公元前 650—前 637 年在位。
③ 《史記》卷三十八《宋微子世家第八》,第 1633 頁。
④ 【按】"正考父",宋湣公嫡嗣弗父何之曾孫,佐戴公、武公、宣公三朝,孔父嘉之父,孔子七世祖,詳見《史記》卷四十七《孔子世家第十七》,第 1908 頁。
⑤ 【按】司馬貞《史記索隱》:"《毛詩·商頌序》云正考父於周之太師'得《商頌》十二篇,以《那》為首',《國語》亦同此說。今五篇存,皆是商家祭祀樂章,非考父追作也。"(《史記》卷三十八《宋微子世家第八》,第 1633 頁)論正考父之功,乃將先代頌祖樂歌改寫成頌詩。今上古曲調已佚,然歌辭猶有五篇,賴《詩經·商頌》以存。若無正考父將樂歌整理成頌詩,孔子正樂之時,亦無文本依據,則《商頌》不傳矣。
⑥ 【按】裴駰《史記集解》云"《韓詩·商頌章句》亦美襄公",司馬貞《史記索隱》辨曰"又考父佐戴、武、宣,則在襄公前且百餘歲,安得述而美之? 斯謬說耳。"(《史記》卷三十八《宋微子世家第八》,第 1633 頁)此如漢初竇公之年歲,文帝得魏文侯樂工竇公,齊召南《漢書藝文志考證》、顧實《漢書藝文志講疏》皆考證二百餘歲,乃載籍傳訛所致,今人於此等處,但知老壽即可,不必拘泥年歲,亦或樂工世代家傳,漢文帝之竇公蓋魏文侯竇公之後裔。
⑦ 【按】商之名《頌》,存於周太師,此"太師",即《周禮·春官宗伯》"大師",乃樂官世守之職,商之名《頌》,其曲調詩辭,口耳相傳,師弟相受,降商迄周,至春秋之時,尚存十二篇,由正考父寫定為《商頌》文本。可見周王室樂官掌,亦傳殷商雅樂,此處體現商周之樂的歷史聯繫,猶如堯修黃帝之樂《咸池》、舜修夔樂《九招》(《呂氏春秋·仲夏紀·古樂》),皆是繼承與創作相結合,"樂"作為上古文化大宗,乃官學教育之所本,此種積澱式發展,亦成為上古文化之傳承方式,應當加以注意,詳見下文"樂舞源流及其系統"。
⑧ 【按】《論語·子罕》:"子曰:'吾自衛反魯,然後樂正,《雅》《頌》各得其所。'"(《論語集釋》卷十八《子罕下》,第 606 頁)
⑨ 【按】《禮記·郊特牲》有"殷人尚聲,臭味未成,滌蕩其聲。樂三闋,然後出迎牲。聲音之號,所以詔告於天地之間也"(《禮記集解》卷二十六《郊特牲第十一之二》,第 711—712 頁)。所謂"滌蕩其聲",指在未殺牲之前,先演奏抑揚頓挫的樂曲;"樂三（轉下頁）

配合,乃舞、歌、樂三位一體。

　　樂舞之興,舞蹈必有唱詩相配,而唱詩必以器樂伴奏①,《左傳·襄公十六年》:"晋侯與諸侯宴於温②,使諸大夫舞,曰:'歌詩必類!'齊高厚之詩不類。苟偃怒,且曰:'諸侯有異志矣。'使諸大夫盟高厚,高厚逃歸。於是,叔孫豹、晋苟偃、宋向戌、衛甯殖、鄭公孫蠆、小邾之大夫盟曰:'同討不庭。'"③由此可見,周人很講究舞、歌、樂之配合,認爲這是傳達情志的重要方式,從而形成上述獨特文化現象,其文化本質是,先秦樂道重視人心與舞、歌、樂之内在聯繫,所以纔會以樂爲教、以樂爲政,而政教之根本就在於人心。舞、歌、樂具有溝通與感召人心的感性能力,先秦之"樂",正是以理性精神("中""和")催動感性能力("性"),産生涵養心志的教化力量("仁"),所以《樂記》説"正聲感人而順氣應之,順氣成象而和樂興焉","然後發以聲音,而文以琴瑟,動以干戚,飾以羽旄,從以簫管","故樂行而倫清,耳目聰明,血氣和平,移風易俗,天下皆寧"④。其中"發以聲音"就是聲樂⑤,"文以琴瑟"

(接上頁)闋",樂曲奏過三節,即三成、三終。《商頌·那》所謂"穆穆厥聲",即《禮記·郊特牲》"聲音之號",可見殷商雅樂尚聲之旨。

① 【按】《禮記·樂記》"樂者,非謂黄鐘大吕、弦歌干揚也,樂之末節也,故童者舞之","是故德成而上,藝成而下;行成而先,事成而後"(《禮記集解》卷三十八《樂記第十九之二》,第 1011、1012 頁),主張跨越樂的外殼,直指樂的本質,上文"樂道體系論"之"仁"已論及。這裏要説明的是,從另一個角度來看,"黄鐘大吕"講的是器樂,"弦歌"講的是聲樂與器樂之偕配,"干揚"講的是舞蹈,所以,也可以作爲歌、樂、舞三位一體的證據。又蘇軾《九成臺銘》云"使耳聞天籟,則凡有形有聲者,皆吾羽旄、干戚、管磬、匏弦"([宋]蘇軾著,李之亮箋注:《蘇軾文集編年箋注·卷一九·九成臺銘》,巴蜀書社,2011 年,第83 頁),"樂"乃"有形有聲者",則可聞亦可觀,其"統一體"之概念,也很明確。

② 【按】此事在公元前 557 年。
③ 《春秋左傳詁》卷十三《傳·襄公十六年》,第 539 頁。
④ 《禮記集解》卷三十八《樂記第十九之二》,第 1003、1004、1005 頁。
⑤ 【按】《禮記·樂記》:"凡音之起,由人心生也。人心之動,物使之然也。感於物而動,故形於聲。聲相應,故生變,變成方,謂之音。比音而樂之,及干戚羽旄,謂之樂。"(《禮記集解》卷三十七《樂記第十九之一》,第 976 頁)這段文字極爲重要,歷代解釋却很模糊,有必要加以闡明。"感於物而動,故形於聲",這是指人類自發的歌聲;"聲相應,(轉下頁)

“從以簫管”就是器樂，“動以干戚，飾以羽旄”就是舞蹈，歌、樂、舞之一體化，在在可見。

　　舞、歌、樂三位一體格局，從藝術史角度來看，“舞”出現最早①，肢體的情感傳達方式，其產生遠在語言形成之前；真正意義上的“歌”②，產生於語言形成之後③；器“樂”晚於“舞”與“歌”④，因爲樂器創制與完善，需要相應的聲學認識與技術支持。“舞”（舞蹈）、“歌”（聲樂）、“樂”（器樂），三者產生之後，又融爲一體，成爲承擔先秦樂道價值的現實載體。舞、歌、樂三位一體的内部結構，是以舞蹈爲中心，融合聲樂與

（接上頁）故生變，變成方，謂之音”，這是指藝術化的聲樂；“比音而樂之”，這是指器樂與聲樂的配合；“及干戚羽旄”，這是指舞蹈與樂歌的配合。歌、樂、舞三者結合，纔能“謂之樂”。

① 【按】《禮記·檀弓下》“人喜則斯陶，陶斯咏，咏斯猶，猶斯舞”（《禮記集解》卷十《檀弓下第四之一》，第271頁），又《風俗通義》卷六“《易》稱‘先王作樂崇德，殷薦之上帝，以配祖考’……夫樂者，聖人所以動天地，感鬼神，按萬民，成性類者也。故黄帝作《咸池》，顓頊作《六莖》，嚳作《五英》，堯作《大章》，舜作《韶》，禹作《夏》，湯作《護》，武王作《武》，周公作《勺》。《勺》，言能斟勺先祖之道也；《武》，言以功定天下也；《護》，言救民也；《夏》，大承二帝也；《韶》，繼堯也；《大章》，章之也；《五英》，英華茂也；《六莖》，及根莖也；《咸池》，備矣”（［漢］應劭撰，王利器校注：《風俗通義校注·聲音第六》，中華書局，1981年，第267頁），所論歷代之樂，皆上古樂舞之煌煌者，可參《吕氏春秋·仲夏紀·古樂》。

② 【按】遠在真正意義上的“歌”出現之前，可將聲樂起源“定位爲非語義性的吶喊，不僅合乎音樂發生的早期特徵，也合乎音樂作爲一種非語義化藝術品種的獨特的本質特徵”，“音樂起源於某個（或某些）有音樂靈性的人，在身心放鬆、無任何功利目的制約的條件與狀態下，平生某種莫名激情的衝動，自在哼鳴或呼喊而自由尋得的產物”（蒲亨建：《循聲説——音樂起源新論》，《華南師範大學學報（社會科學版）》2007年第5期，第75頁）。既然如此，則“非語義性的吶喊”作爲發聲的情感傳達方式，與作爲肢體的情感傳達方式之“舞”，起源發生可謂同樣古老。子游所謂“人喜則斯陶，陶斯咏，咏斯猶，猶斯舞”，“愠斯戚，戚斯嘆，嘆斯辟，辟斯踴矣”（《禮記集解》卷十《檀弓下第四之一》，第271頁），正説明“舞”之發生與“歌”之源頭，兩者相輔相成，皆順乎人情宣發之本然。

③ 【按】《尚書·堯典》云“詩言志，歌永言”（《尚書校釋譯論·堯典·校釋》，第192頁），歌辭用來表達情感，歌正是唱出來的語言。“歌永言”指的是語歌，其實在語歌之前，還存在聲歌階段，上文已論。

④ 【按】《尚書·堯典》“詩言志，歌永言（聲樂），聲（調式）依永（咏唱），律（調高）和聲，八音（器樂）克諧，無相奪倫，神人以和”（《尚書校釋譯論》，第192頁），已經從藝術起源學角度，説明器樂產生於聲樂之後。

器樂,稱之爲"樂舞"①。歷代功成作樂,既全面繼承前代舊有樂舞的豐碩成果,又法古開新,創制代表本時代的新生樂舞,繼承與創作相結合,從而構成先秦樂舞之主流形態。

綜上所論,既然先秦"樂"之範疇,是"舞""歌""樂"的綜合體,而"樂舞"又以舞爲中心、融合歌與樂,因此論述先秦樂舞源流,也就是探討先秦樂道應用之整體來源。

(二) 樂舞源流及其系統

歷史是一條河流,既傳承又變異,纔得以生生不息。先秦樂舞之獨特地位,必須到歷史發展的長河裏去追尋,纔能真正厘清先秦樂道應用源流,從而得到更爲系統的認識。

先秦樂舞,可分爲三大歷史階段:第一階段是大禹之前的遠古時期②,秉持萬物有靈觀念,以神靈樂舞爲特徵,處於自然崇拜時代;第二階段是大禹至商湯之時,洋溢着歌頌部族首領的飽滿熱情,以神聖樂舞爲特徵,處於英雄崇拜時代;第三階段是從商到周,由商代祖先神祭祀發源,特別是周代尊祖敬宗之制度建構完成後,以祭祖樂舞爲特徵,全面進入祖先崇拜時代,對中華文化影響至大,孝道由此產生。後一個時代對於前一個時代,既有發展又有繼承,是歷史性發展,不可截然分開,例如神聖樂舞也有祭神成分,祭祖樂舞也有神聖性質,如《周易·豫

---

① 朱載堉曰"有樂而無舞,似瞽者知音而不能見;有舞而無樂,如啞者會意而不能言"([明]朱載堉撰,馮文慈點注:《律呂精義·外篇卷之九·論舞學不可廢第八之上》,人民音樂出版社,2006年,第1132頁)。
② 【按】《呂氏春秋·仲夏紀·古樂》稱爲黃帝、帝顓頊、帝嚳、帝堯、帝舜,以此爲"五帝",論述五帝之樂。

卦·大象》"先王以作樂崇德，殷薦之上帝，以配祖考"①，《吕氏春秋·季夏紀》"令民無不咸出其力，以供皇天上帝、名山大川、四方之神，以祀宗廟社稷之靈，爲民祈福"②。本書爲了研究方便，而作此區分，用來説明先秦樂舞三階段各自的主導因素。

陰康氏之舞

探討先秦樂舞産生發展之歷史，《吕氏春秋·古樂》不可不讀，歷代學者論樂，都會提及此篇，但是大多以傳説視之，對其歷史價值認識不够，美玉蘊於頑石，世人莫知，甚爲可惜。筆者試從樂道角度，加以解讀，從中得見先秦樂舞的歷史發展脉絡。

對於先秦樂舞的起源，可以追溯到陰康氏之舞，《吕氏春秋·古樂》：

> 昔陰康氏③之始，陰多，滯伏而湛積，水道壅塞，不行其原，民氣鬱閼而滯著，筋骨瑟縮不達，故作爲舞以宣導之。④

觀《吕氏春秋》原文，將陰康氏列於葛天氏之後（班固《漢書·古今人表》亦同之⑤），但是就所反映樂舞形態而論，陰康氏舞應當更爲古老。世界範圍的史前大洪水，即史前全球性海浸，導致在世界各大陸生活的不同民族，幾乎都有關於大洪水之群體記憶，正是陰康氏舞産生的歷史背景，與"陰多，滯伏而湛積，水道壅塞，不行其原"之記載相符。

---

① 《宋本周易注疏》卷四《豫》，第 132 頁。
② 《吕氏春秋集釋》卷六《季夏紀第六·季夏紀》，第 131 頁。
③ 【按】"陰康氏"，屬於傳説遠古部落名。高誘注本誤作"陶唐氏"，據《漢書·古今人表》及《司馬相如傳》顏師古注改正。
④ 《吕氏春秋集釋》卷五《仲夏紀第五·古樂》，第 119 頁。
⑤ 《漢書》卷二十《古今人表第八》，第 865 頁。

所謂"陰多",因爲洪水橫行、一片澤國,當然使得陰氣過盛,不適宜人類生存①,"水道壅塞,不行其原"的混亂局面,直到大禹治水,纔得以最終解決②。對於當時生存環境,孟子描述爲"水逆行,泛濫於中國","草木暢茂,禽獸繁殖,五穀不登,禽獸逼人,獸蹄鳥迹之道,交於中國"。造成大洪水之原因,與全球氣候變遷有關,所謂"草木暢茂",過度瘋長的植物帶來巨大蒸騰作用,造成蒸發量大幅度上升,暴雨不止,又加劇洪水蔓延。世界範圍之大洪水記憶,是人類初文明所經歷的大浩劫,人類之幸存者必須頑强自存,纔能得以繁衍生息。所謂"民氣鬱閼而滯著,筋骨瑟縮不達",民衆精神抑鬱阻塞而不舒暢,身體蜷縮而不舒展,"故作爲舞以宣導之",所以樂舞最初產生的動因,不是爲了祭祀,也不是爲了藝術,而是爲了疏通筋骨、引導氣息,磨煉體魄,適應環境而獲得生存,陰康氏舞正是先秦樂舞的原始形態。

葛天氏樂舞

葛天氏"八闋之樂",與陰康氏之舞相比較,已經是先秦樂舞發展到比較成熟的歷史階段,《呂氏春秋·古樂》:

---

① 【按】《淮南子·覽冥》:"往古之時,四極廢,九州裂,天不兼覆,地不周載,火爁炎而不滅,水浩洋而不息,猛獸食顓民,鷙鳥攫老弱。於是女媧煉五色石以補蒼天……陰陽之所壅沈不通者,竅理之;逆氣戾物、傷民厚積者,絕止之。"(《淮南鴻烈集解》卷六《覽冥訓》,第206—207頁)
② 【按】《山海經·海內經》:"洪水滔天。鯀竊帝之息壤以堙洪水,不待帝命。帝令祝融殺鯀於羽郊。鯀復生禹,帝乃命禹卒布土以定九州。"(《山海經箋疏》第十八《海內經》,第5034—5035頁)《孟子·滕文公上》:"當堯之時,天下猶未平,洪水橫流,泛濫於天下……堯獨憂之,舉舜而敷治焉……禹疏九河,瀹濟、漯而注諸海,決汝、漢,排淮、泗而注之江,然後中國可得而食也。"(《孟子正義》卷十一《滕文公章句上·四章》,第374—377頁)又《孟子·滕文公下》:"當堯之時,水逆行,泛濫於中國,蛇龍居之,民無所定,下者爲巢,上者爲營窟。《書》曰'洚水警余'。洚水者,洪水也。使禹治之,禹掘地而注之海,驅蛇龍而放之菹,水由地中行,江淮河漢是也。險阻既遠,鳥獸之害人者消,然後人得平土而居之。"(《孟子正義》卷十三《滕文公章句下·九章》,第447—448頁)

　　昔葛天氏①之樂，三人操牛尾，投足以歌八闋②：一曰《載民》，二曰《玄鳥》，三曰《遂草木》，四曰《奮五穀》，五曰《敬天常》，六曰《建帝功》，七曰《依地德》，八曰《總禽獸之極》。③

　　葛天氏樂舞，包括八個樂章，即"八闋"：一曰《載民》，載，負載；二曰《玄鳥》，王念孫《讀書雜志》云"《史記·司馬相如傳》索隱引'玄鳥'作'玄身'，身與民韵"④；三曰《遂草木》，遂，順也；四曰《奮五穀》，奮，茂盛；五曰《敬天常》，常，常道也，天常，指自然規律；六曰《建帝功》，舊本作"達帝功"⑤，達，通也；七曰《依地德》，德，得也，地德，猶言地之所宜；八曰《總禽獸之極》，舊本作"總萬物之極"⑥，極，至也。對於葛天氏樂舞，歷代有多種解釋，但都不盡滿意，涵泳白文，筆者以爲"八闋之樂"內涵與結構如下：

　　第一樂章《載民》，歌頌負載人民的大地母親，英國歷史學家湯因比的晚年代表作即《人類與大地母親》⑦，大地作爲物質生活之根本來源，人類維持生存的一切物質資料都生長或蘊藏於大地，此樂章反映先民原始樸素的大地母親崇拜；

---

① 【按】"葛天氏"，亦屬傳說遠古部落名。
② 【按】"投足"即頓足，踏着脚；"闋"，指樂章。
③ 《呂氏春秋集釋》卷五《仲夏紀第五·古樂》，第118頁。
④ 【按】《呂氏春秋集釋》卷五《仲夏紀第五·古樂》，第118頁，許維遹集釋引。今本三家注《史記·司馬相如列傳》司馬貞《史記索隱》引張揖曰"《呂氏春秋》云'其樂三人持牛尾，投足以歌，八闋：一曰《載人》，二曰《玄鳥》，三曰《遂草木》，四曰《奮五穀》，五曰《敬天常》，六曰《建帝功》，七曰《依地德》，八曰《總禽獸之極》'"（《史記》卷一百一十七《司馬相如列傳第五十七》，第3039頁），仍作"玄鳥"，與王念孫所論不同，蓋後世又據《呂氏春秋》傳本篡改所致，古本當作"玄身"，且"載人"當作"載民"，此爲後世諱改，以供佐證焉，可見今本《史記》三家注亦有誤改之處。
⑤ 《呂氏春秋集釋》卷五《仲夏紀第五·古樂》，第118頁，許維遹集釋引畢沅《〈呂氏春秋〉新校正》。
⑥ 同上，許維遹集釋引畢沅《〈呂氏春秋〉新校正》。
⑦ 〔英〕阿諾德·湯因比（Arnold Joseph Toynbee）著，徐波、徐鈞堯、龔曉莊等譯：《人類與大地母親》，上海人民出版社，1992年。

　　第二樂章《玄鳥》,歌頌作爲東方氏族圖騰的“玄鳥”,古本作“玄身”,《開元占經·馬占》引應劭《漢書注》“騕褭,古駿馬,赤喙玄身,日行一萬五千里”①,可指稱鳥獸身體之黑色,後世宋國祭祀歌頌祖先之樂歌有《玄鳥》,開篇即爲“天命玄鳥,降而生商,宅殷土芒芒。古帝命武湯,正域彼四方。方命厥后,奄有九有。商之先后,受命不殆,在武丁孫子”②,實際上具有祭祀氏族始祖之祭歌性質。《載民》與《玄鳥》相配,具有歌頌生民、祭祀本始之意味。

　　第三樂章《遂草木》,祝草木順利生長,蘊涵母系氏族社會特徵,以采摘收集植物根莖果實爲主要食物來源;

　　第四樂章《奮五穀》,祝五穀生長茂盛,蘊涵父系氏族社會特徵,以農業耕作種植五穀爲主要食物來源。《遂草木》與《奮五穀》相配,具有祝願植物繁茂、農耕無虞之意味。

　　第五樂章《敬天常》,表達先民對自然規律、自然力量的敬畏與崇拜;

　　第六樂章《建帝功》,舊本作“達帝功”,《呂氏春秋·古樂》下文有“以明帝德”,對比可知,明帝德即達帝功,“帝功”,天帝之功德也,蘊涵先民祈求通達天帝功德的原始信仰。《敬天常》與《建帝功》相配,具有效法上天、祈禱風調雨順之意味。

　　第七樂章《依地德》,體現先民依照地產所宜,開展生產活動;

　　第八樂章《總禽獸之極》,舊本作“總萬物之極”,説明先民祈求聚合牲畜,使畜牧繁衍至於極致。《依地德》與《總禽獸之極》相配,具有依靠大地、祝禱百畜興旺之意味。

　　綜上可知,“八闋之樂”是反映遠古先民物質生活(生産勞動)與精神生活(宗教信仰)的原始樂舞。遠古先民最關心的事情,莫過於個體

---

① 《廣雅疏證》卷十下《釋畜》,第898頁。
② 《詩經注析·商頌·玄鳥》,第1030頁。

生存與種族延續,而農牧興盛,正是個體生存與種族延續的物質基礎,歌頌生民與祭祀本始,正是個體生存與種族延續的精神寄托,"八闋之樂"的文化内涵,充分體現出這一思想特點,可謂頗具典型性。

黃帝時代樂舞

歷史發展到黃帝時代,先秦樂舞之藝術化,比較明顯,舞蹈與器樂的配合,已經相當成熟,《吕氏春秋·古樂》:

> 黃帝又命伶倫與榮將①鑄十二鐘,以和五音,以施英韶。以仲春之月,乙卯之日,日在奎,始奏之,命之曰《咸池》。②

此處"十二鐘",是用於規定標準音高的律鐘,十二鐘所發音準,與十二律對應,因此可以"和五音",用十二律確定五聲調式起始主音之絶對音高,進而根據五聲調式内部音程關係,可以明確各音級之具體發音,這就是"鑄十二鐘,以和五音"的樂律學内涵。"鑄十二鐘,以和五音"之目的,在於"以施英韶③",即藉以展示華美的音樂。從理論上講,以十二律和五音,可以形成六十調,即使僅選取其中部分用來譜曲,在當時也是相當豐富多彩,所以能夠藉以展示華美的音樂,即"以施英韶"。《孟子·梁惠王下》:"(齊景公)召大師曰:'爲我作君臣相説之樂!'蓋《徵招》《角招》是也。"④此"招"即《韶》,"《徵招》""《角招》",指徵調式的《韶》樂與角調式的《韶》樂,由此可知,《韶》樂舞之配樂,有調式區分。同理類推,《咸池》作爲黃帝之樂,既然"黃帝又命伶倫與榮將鑄十二鐘,以和五音,以施英韶。以仲春之月,乙卯之日,日在奎,

---

① 【按】"伶倫與榮將",傳説爲黃帝之臣,"榮將"或作"榮援""榮猨"。
② 《吕氏春秋集釋》卷五《仲夏紀第五·古樂》,第123頁。
③ 【按】"英韶",華美之音,此"韶",美好之謂也。
④ 《孟子正義》卷四《梁惠王章句下·四章》第128頁。

始奏之,命之曰《咸池》",《咸池》樂舞之配樂,也當有調式區分,而且明言"鑄十二鐘,以和五音",其調式轉變的可能性,也比較多樣化。

"以①仲春之月,乙卯之日,日在奎,始奏之,命之曰《咸池》",一方面,説明先民對樂舞鄭重其事,有宗教信仰之虔誠;另一方面,也透露出太陽崇拜的歷史信息。"咸池"在古人心中,是日浴之處,如《楚辭·離騷》"飲余馬於咸池兮,總余轡乎扶桑",王逸注"咸池,日浴處也"②,《淮南子·天文》"日出於暘谷,浴於咸池,拂於扶桑,是謂晨明"③。先民在這片大地上,看到太陽東升西落,是千古不變的規律景象,華夏大地東臨大海,太陽東升,如同躍海而出,東方海濱盛産海鹽,"咸池"之稱,由此而來,以《咸池》作爲樂名,就是指稱太陽升起的地方。

炎帝、黄帝部族對於太陽的崇拜,本身就具有文化傳承性④。"原始時代最引人類驚愕的恐怕無過於晝夜的遞嬗"⑤,炎帝部落視太陽爲始祖之母,因爲在古人看來,太陽周而復始,照耀大地,生長萬物,具有"生"之意義。而且"帝"由"日"而來,對於"日"之崇拜,實爲"帝"義本源。張舜徽先生曾考定"帝"字受義根源,是由"日"字而來⑥。"任姒"生"炎帝"之文獻記載,背後是"日"生"帝"的文化理念,反映出遠古人

---

① 【按】"以"作"於",此處爲時間介詞。

② [宋]洪興祖撰,白化文等點校:《楚辭補注》卷一《離騷經章句第一》,中華書局,1983年,第27頁。

③ 《淮南鴻烈集解》卷三《天文訓》,第108頁。

④ 詳論可參田君:《炎帝、黄帝關係考辨》,《尋根》2010年第6期。

⑤ 林惠祥:《文化人類學》,商務印書館,1991年,第227頁。【按】《吕氏春秋·音初》"有娀氏有二佚女,爲之九成之臺,飲食必以鼓。帝令燕往視之"(《吕氏春秋集釋》卷六《季夏紀第六·音初》,第141—142頁),類似遠古祭典儀式,建造高臺,以美女處子爲祭品,獻於天帝,祈求降福人間。俄國作曲家斯特拉文斯基爲舞劇《春之祭》配樂(筆者推薦 Igor Stravinsky:*Le Sacre du Printemps*,Columbia Symphony Orchestra,Sony公司發行,此版本爲作曲家本人于1960年指揮美國哥倫比亞交響樂團的録音),芭蕾由尼金斯基(Vaslav Nijinsky)編舞,舞劇即同此意境,如有興趣,不妨一觀,音樂舞蹈可謂無國界、泯古今,甚有啓發性。

⑥ 張舜徽《解釋"帝"字受義的根源答友人問》,見於張君和選編:《張舜徽學術論著選》,華中師範大學出版社,1997年,第149頁。

類之太陽崇拜,同時也起到神化祖先的實用效果。至於黃帝之母與炎帝之母,皆源於有蟜氏,正説明黃帝部落也秉承或具有類似信仰。炎帝其人爲神農氏姜姓始祖,黃帝所取代的不是炎帝本人,而是神農氏後代子孫;炎帝、黃帝之關係是同血緣,但不同世代。從文化學上分析,"同血緣"實質在於,炎帝、黃帝部族都視太陽爲始祖之母;"不同世代"實質在於,炎帝、黃帝部族對於太陽崇拜具有文化傳承性。

　　而且,黃帝《咸池》樂舞儀式,還具有明確時間規定,如上引《吕氏春秋·古樂》"以仲春之月,乙卯之日,日在奎,始奏之"。日在奎,即太陽在天空之視運行位置,處於奎宿區域的時候,纔能開始獻上樂舞,這正是先民太陽崇拜的祭祀樂舞。

　　後世不斷稱引《咸池》,如《莊子·天下》"黃帝有《咸池》,堯有《大章》,舜有《大韶》,禹有《大夏》,湯有《大濩》,文王有《辟雍》之樂,武王、周公作《武》"①,《莊子·天運》"北門成問於黃帝②,曰'帝張《咸池》之樂於洞庭之野'"③,《莊子·至樂》"《咸池》《九韶》之樂,張之洞庭之野","人卒聞之,相與還而觀之"④。所謂"張之洞庭之野"⑤,即《墨子·明鬼下》"燕之有祖,當齊之[有]社稷,宋之有桑林,楚之有雲夢也",所謂"人卒聞之,相與還而觀之",即《明鬼下》"此男女之所屬而觀也",可見亦社祭樂舞之屬⑥,如《周禮·大司樂》"乃奏大蔟,歌應鐘,舞《咸池》,以祭地示"⑦。由此可見,以自然神崇拜爲核心的祭祀樂舞,其歷史影響綿遠,屬於先秦樂舞第一階段神靈祭祀樂舞之萌芽形態。

---

① 《莊子集釋》卷十下《天下第三十三》,第 1074 頁。
② 【按】對話雖係寓設,但據此可推知《咸池》所在歷史時代。
③ 《莊子集釋》卷五下《天運第十四》,第 501 頁。
④ 《莊子集釋》卷六下《至樂第十八》,第 621 頁。
⑤ 【按】晚清名臣張之洞取名本此。
⑥ 【按】可參"樂道起源論"之"'樂'之字源"。
⑦ 《周禮正義·春官宗伯第三下·大司樂》,第 1747 頁。

帝嚳時代樂舞

　　歷史繼續前進,到帝嚳時代,舞蹈與樂歌之配合已完全成熟,樂舞所使用樂器的種類更加豐富,《呂氏春秋·古樂》:

> 　　帝嚳命咸黑①作爲聲,歌《九招》《六列》《六英》②。有倕作爲
> 鼙、鼓、鐘、磬、笭、管、塤、篪、鼗、椎、鐘③。帝嚳乃令人抃,或鼓鼙、
> 擊鐘磬、吹笭、展管篪。因令鳳鳥、天翟舞之。帝嚳大喜,乃以康
> 帝德。④

　　"帝嚳命咸黑作爲聲,歌《九招》《六列》《六英》",此乃聲樂;"有倕作爲鼙、鼓、鐘、磬、笭、管、塤、篪、鼗、椎、鐘。帝嚳乃令人抃,或鼓鼙、擊鐘磬、吹笭、展管篪",此乃器樂;"因令鳳鳥、天翟舞之",此乃舞蹈。從行文可知,聲樂與器樂皆集成於舞蹈,即以舞爲中心、融合歌與樂,是爲"樂舞"。所謂"有倕",傳説爲古代巧匠,又作"垂",《尚書·舜典》:"(舜)帝曰:'疇若予工?'僉曰:'垂哉!'帝曰:'俞,諮! 垂,汝共工。'垂拜稽首,讓于殳斨暨伯與。帝曰:'俞,往哉! 汝諧。'"⑤又作"工倕",《莊子·胠篋》"毀絶鉤繩而棄規矩,擺工倕之指,而天下始人有其巧矣","彼曾、史、楊、墨、師曠、工倕、離朱,皆外立其德而以爟亂天下者也"⑥,《世

---

① 【按】"咸黑",傳説爲帝嚳之臣。
② 【按】"六英"命名,"六"當爲六成,《呂氏春秋·古樂》上文有"鱓乃偃寢,以其尾鼓其腹,其音英英"(《呂氏春秋集釋》卷五《仲夏紀第五·古樂》,第124頁),"英"(bong),當以音律視之,與擬音詞"彭彭"類似,可參證。
③ 【按】此處引文,前已有"鐘",不當複見,《太平御覽》卷五六六引《呂氏春秋》作"衝"(《四部叢刊》三編子部),當爲"衡"之訛誤,"衡"是懸鐘的横木。
④ 《呂氏春秋集釋》卷五《仲夏紀第五·古樂》,第125頁。
⑤ 《尚書正義》卷三《舜典》,第275頁。
⑥ 《莊子集釋》卷四中《胠篋第十》,第353頁。

本》"俥作鐘"①(孫馮翼集本與張澍稡集補注本同),有俥,可以作爲樂器多樣化時代之集中代表。

"鼗、鼓、鐘、磬","戛、椎、衡",都屬於打擊樂範疇。鼗是古代小鼓,具有指揮作用,所以放在首位;鼓,長柄搖鼓,是古代打擊樂器;椎是捶擊樂器的工具;衡是用來懸鐘的橫木。"笭、管、塤、篪",都屬於管樂範疇。笭即笙,是最爲典型的管樂;塤是陶製腔鳴樂器,也屬於廣義的管樂;篪是古代竹製管樂器,單管橫吹。由此可見,打擊樂與管樂,都呈現多樣化,這就意味着樂曲配器之發展與完善。多種器樂帶來不同音色,而不同音色相互配合,使得樂舞更具色彩氛圍。"帝嚳乃令人抃②,或鼓鼗、擊鐘磬、吹笭、展管篪",帝嚳就令人演奏這些樂器,有的擊鼗作爲樂隊指揮,有的敲鐘、磬作爲器樂伴奏的穩定主體,有的吹笙,有的演奏管、篪,穿插於鐘磬樂聲之中,增加器樂伴奏的靈動性。這些都是爲了舞蹈的整體效果。所謂"因令鳳鳥、天翟舞之",翟,長尾野鷄,天翟,神話中的天鳥。衆樂器合奏之時,帝嚳又令鳳鳥、天翟隨樂起舞,即樂舞相配的意思,如上引《尚書·舜典》夔曰"於!予擊石拊石,百獸率舞",即在祭祀活動中,以石磬樂聲作爲伴奏,使扮演各種獸類的人類舞隊,依着音樂舞蹈起來,帝嚳"因令鳳鳥、天翟舞之",亦爲扮演舞隊之屬。樂舞以娛神靈,加以扮演,猶如巫儺戴上面具起舞,從而增强溝通天人的神秘氛圍。

《吕氏春秋·古樂》"帝嚳大喜,乃以康帝德",帝嚳時代樂舞以這句話收束,歷來讀者容易放過,其實很重要。康,褒揚,贊美。帝,這裏指皇天上帝。"乃以康帝德",就用這樂舞來宣揚天帝的功德。上文所論葛天氏八闋之樂,"六曰《建帝功》",帝功猶帝德也。這實際上可以

---

① 《世本八種·孫馮翼集本·作篇》,第 5 頁;《世本八種·張澍稡集補注本·作篇》,第 16 頁。
② 【按】"抃"(biàn),兩手相擊,此處泛指演奏樂器。

爲帝嚳時代樂舞確定性質,從以自然神崇拜爲核心的祭祀樂舞,發展到以人格神崇拜爲核心的祭祀樂舞,屬於先秦樂舞第一階段神靈祭祀樂舞之進階形態。

唐堯時代樂舞

先秦樂舞第一階段的神靈祭祀樂舞,繼續發展,到唐堯時代,呈現出提升表現力之趨勢,《呂氏春秋·古樂》:

> 帝堯立,乃命質①爲樂。質乃效山林溪谷之音以歌,乃以麋鞈②置缶③而鼓之,乃拊石擊石,以象上帝玉磬之音,以致舞百獸。瞽叟乃拌五弦之瑟,作以爲十五弦之瑟。命之曰《大章》,以祭上帝。④

《呂氏春秋·古樂》上文有"帝顓頊生自若水,實處空桑,乃登爲帝。惟天之合,正風乃行,其音若熙熙凄凄鏘鏘。帝顓頊好其音,乃令飛龍作[樂],效八風之音,命之曰《承雲》,以祭上帝"⑤,飛龍所作,爲器樂,而"質乃效山林溪谷之音以歌",質所作,爲聲樂。兩者屬於同例,皆爲摹仿自然之音而作樂(此乃天人合一之樂源論,認爲"樂"之本原爲天人合一),都遵循自然崇拜時代的思維理路,是從萬物有靈觀念出發,經過藝術創作,提煉爲神靈樂舞的樂道載體。

並且唐堯時代"樂舞",出現了提升表現力之趨勢。"乃以麋鞈置

---

① 【按】"質",傳說爲堯舜時樂官,《呂氏春秋·古樂》下文亦有"帝舜乃令質修《九招》《六列》《六英》"(《呂氏春秋集釋》卷五《仲夏紀第五·古樂》,第 126 頁)。

② 【按】"麋鞈",麋鹿的皮革。

③ 【按】"缶",本爲盛酒漿的瓦器,小口大腹,可作樂器共鳴腔。

④ 《呂氏春秋集釋》卷五《仲夏紀第五·古樂》,第 125—126 頁。

⑤ 《呂氏春秋集釋》,第 123 頁。

缶而鼓之”，將麋鹿的皮革蒙在瓦器上，做成缶鼓來敲打它①，可見樂器規制更爲考究。“乃拊石擊石”，拊，拍擊也，拊石擊石，“拊”與“擊”，渾言皆敲擊之義，並列而析言之，則“拊”輕而“擊”重，可見敲擊石磬的力度已有輕重之別，從樂器演奏技法上，開始細緻劃分，使得樂聲更富表現力。

“以象上帝玉磬之音，以致舞百獸”，敲擊石磬②摹仿天帝玉磬的聲音，用以引來百獸舞蹈(亦屬於祭祀扮演舞隊)。唐堯樂舞此種特徵，也影響到了虞舜樂舞，如上引《尚書·舜典》夔曰“於！予擊石拊石，百獸率舞”，《尚書·益稷》夔曰“於！予擊石拊石，百獸率舞，庶尹允諧”。由此亦可見，磬樂與舞蹈相配合，所謂引來百獸舞蹈，實指其間加上扮演生靈之巫舞。

“瞽叟乃拌五弦之瑟，作以爲十五弦之瑟”，拌，判也，分開。在五弦瑟基礎上，製成十五弦瑟，從樂器構造規制方面，提升樂器表現力。而且值得注意的是，在打擊樂與管樂之後，弦樂開始出現，如此符合歷史事實，因爲弦樂需要更爲深入的律學認識，纔可能産生。“拊石擊石”，“拌五弦之瑟，作以爲十五弦之瑟”，在樂器演奏技法與樂器構造

① 【按】缶，原爲生活器皿，供日常使用，先民興之所至，圍着篝火，隨手就便，鼓盆擊節而歌，以缶爲鼓，即來源於此，今之缸鼓亦類之。如《周易·離卦》九三爻辭“日昃之離，不鼓缶而歌”(《宋本周易注疏》卷五《離》，第206頁)，《詩經·宛丘》“坎其擊缶，宛丘之道”(《詩經注析·陳風·宛丘》，第364頁)，皆其原始形態。秦人善擊缶，《説文》“缶，瓦器。所以盛酒漿。秦人鼓之以節歌”(《説文解字》標點整理本《弟五·缶部》，第131頁)，《史記·廉頗藺相如列傳》“秦王爲趙王擊缻”(《史記》卷八十一《廉頗藺相如列傳第二十一》，第2442頁)，缶爲瓦器，缻即缶，李斯《諫逐客令》“夫擊甕叩缶，彈筝搏髀，而歌呼嗚嗚快耳(目)者，真秦之聲也”(《史記》卷八十七《李斯列傳第二十七》，第2543—2544頁)，楊惲《報孫會宗書》“家本秦也，能爲秦聲。婦，趙女也，雅善鼓瑟。奴婢歌者數人，酒後耳熱，仰天拊缶而呼嗚嗚”(《漢書》卷六十六《公孫劉田王楊蔡陳鄭傳第三十六·楊惲》，第2895頁)，由此可見，秦樂質樸，尚存遠古之遺。至於“以麋輅置缶而鼓之”，則屬於正式的膜鳴鼓樂器，其規制更爲考究，缶口蒙皮，由體鳴樂器之鼓缶，變爲膜鳴樂器之缶鼓，其聲愈顯。

② 【按】石磬，當源於石鐮，原爲生産工具，先民於長期勞動過程中，使用石鐮等石製片狀工具，逐漸發現其敲擊發聲的原理，可以將其作爲樂器。

規制兩方面,體現出唐堯時代提升樂器表現力的兩大方法,從而爲烘托樂舞氛圍服務。

此處描述的唐堯時代之樂舞,名爲《大章》,綜觀上文,可見堯樂《大章》,乃聲樂、器樂、舞蹈一體。"帝堯立,乃命質爲樂。質乃效山林溪谷之音以歌",這是聲樂;"乃以麋䋿置缶而鼓之,乃拊石擊石,以象上帝玉磬之音",這是調節舞步的打擊樂,"瞽叟乃拌五弦之瑟,作以爲十五弦之瑟",這是爲聲樂伴奏①的弦樂;"以致舞百獸",這是舞蹈。供舞蹈配樂之用的樂器,至少包括麋䋿缶、石磬、十五弦瑟,扮演百獸的祭祀舞隊依循樂聲,翩翩起舞。所謂"命之曰《大章》,以祭上帝",上帝,還是指皇天上帝,《呂氏春秋·古樂》"帝顓頊好其音","命之曰《承雲》,以祭上帝","帝嚳命咸黑作爲聲,歌《九招》《六列》《六英》","帝嚳大喜,乃以康帝德",皆與此同類,這些都屬於神靈祭祀樂舞。

虞舜時代樂舞

先秦樂舞既有所傳承又有所變異,纔得以生生不息,到虞舜時代,在承繼堯樂的基礎上,樂舞表現力進一步發展提升,《呂氏春秋·古樂》:

> 舜立,命延②乃拌③瞽叟之所爲瑟,益之八弦,以爲二十三弦之瑟。帝舜乃令質修《九招》《六列》《六英》,以明帝德。④

虞舜"命延"之內容,從下文"乃拌瞽叟之所爲瑟"可知,是令延改

---

① 【按】此即後世之弦歌,《周禮·小師》"掌教鼓鼗、柷、敔、塤、簫、管、弦、歌",鄭玄注"弦,謂琴瑟也。歌,依咏詩也"(《周禮正義·春官宗伯第三下·小師》,第1856頁)。
② 【按】"延",傳說爲舜之臣。
③ 【按】"拌",判也,分開,此承接唐堯時代"瞽叟乃拌五弦之瑟,作以爲十五弦之瑟",對弦樂器續作改進。
④ 《呂氏春秋集釋》卷五《仲夏紀第五·古樂》,第126頁。

造樂器，唐堯時代已有"瞽叟乃拌五弦之瑟，作以爲十五弦之瑟"，虞舜時代"命延乃拌瞽叟之所爲瑟，益之八弦，以爲二十三弦之瑟"，是從樂器構造規制上，進一步提升配樂表現力。不僅如此，"帝舜乃令質修《九招》《六列》《六英》"，《吕氏春秋·古樂》上文有"帝嚳命咸黑作爲聲，歌《九招》《六列》《六英》"，"帝嚳大喜，乃以康帝德"，"帝堯立，乃命質爲樂"，"命之曰《大章》，以祭上帝"，由此可見，質歷任堯舜樂官，曾經主持創作唐堯《大章》樂舞。

　　此處言"修《九招》《六列》《六英》"，乃研習、修訂之義，可見虞舜時代之樂繼承了前代樂歌《九招》《六列》《六英》。不僅如此，《九招》《六列》《六英》之源流，通觀上下文意，分爲三部分：（1）"帝嚳命咸黑作爲聲，歌《九招》《六列》《六英》……帝嚳大喜，乃以康帝德"，可見此《九招》《六列》《六英》，屬於樂歌性質，起始於帝嚳時代，創作目的是"康帝德"，其後有虞舜時代的修訂；（2）"帝舜乃令質修《九招》《六列》《六英》，以明帝德"，可見修訂之目的，是"明帝德"，其後又經殷湯時代的修訂；（3）"湯乃命伊尹作爲《大護》，歌《晨露》，修《九招》《六列》[《六英》]，以見其善"①，續行修訂之目的，亦是"見其善"，《九招》《六列》《六英》之主旨，可謂前後一致。如是歷代遞嬗，其本質在於，上古文化遺産之歷史傳承與文化理念之生生不息。

　　虞舜時代樂舞中，最爲人所熟知的，無疑是《韶》樂②，下文將有詳

---

① 《吕氏春秋集釋》卷五《仲夏紀第五·古樂》，第 126 頁。
② 【按】虞舜之《韶》樂，爲先秦樂舞最爲人知者，文獻屢見稱引，如《論語·八佾》："子謂《韶》：'盡美矣，又盡善也。'謂《武》：'盡美矣，未盡善也。'"（《論語集釋》卷六《八佾下》，第 222 頁）其評價標準爲形式美與内容善。《論語·衛靈公》："顔淵問爲邦。子曰：'行夏之時，乘殷之輅，服周之冕，樂則《韶》《舞》。放鄭聲，遠佞人，鄭聲淫，佞人殆。'"（《論語集釋》卷三十一《衛靈公上》，第 1077—1087 頁）此處《韶》《舞》即《大韶》《大武》。又上引《莊子·至樂》"《咸池》《九韶》之樂，張之洞庭之野"，《莊子·天下》"黄帝有《咸池》，堯有《大章》，舜有《大韶》，禹有《大夏》，湯有《大濩》，文王有《辟雍》之樂，武王、周公作《武》"；《荀子·儒效》"武王之誅紂也"，"反而定三革，偃五兵，合天下，立聲樂，於是《武》《象》起而《韶》《護》廢矣。四海之内，莫不變心易慮以化順之"（轉下頁）

論。逮及周代,仍對《韶》樂加以繼承與續修。後來由於王權衰微,先代樂舞在周王室已失傳,但是《韶》樂仍保存於魯國與齊國。何以見之? 春秋時代,吳公子季札①聘魯,請觀周樂,《左傳·襄公二十九年》:"(季札)見舞《韶箾》者,曰:'德至矣哉! 大矣! 如天之無不幬也,如地之無不載也。雖甚盛德,其蔑以加於此矣。觀止矣! 若有他樂,吾不敢請已。'"②其中就包括《韶箾》,即《簫韶》,而且,既然是季札"請觀周樂",則《韶》樂已包括在周樂範圍内,這正是遺存於魯國的周代《韶》樂。《論語·述而》:"子在齊,聞《韶》,三月不知肉味,曰:'不圖爲樂之至於斯也。'"③孔子爲樂,即欣賞樂舞,可見春秋齊地亦有《韶》樂遺存。又《孟子·梁惠王下》:"景公説,大戒於國,出舍於郊,於是始興發,補不足。召大師曰:'爲我作君臣相説之樂!' 蓋《徵招》《角招》是也。其詩曰:'畜君何尤?' 畜君者,好君也。"④所謂"《徵招》《角招》",招即韶,即徵調式的《韶》樂與角調式的《韶》樂,其思想内容爲君臣相悦之樂,這正是遺存於齊國的周

（接上頁）《荀子集解》卷四《儒效篇第八》,第 134、136—137 頁),《荀子·禮論》"和鸞之聲,步中《武》《象》,趨中《韶》《護》,所以養耳也","《韶》《夏》《護》《武》《汋》《桓》《箾(簫)象》,是君子之所以爲悍詭其所喜樂之文也",王先謙集解引王念孫《讀書雜志》云"《簫象》,即《左傳》之《象箾》也。自'鐘鼓管磬'以下,皆四字爲句,則'箾''象'之間,不當有'簫'字,疑即'箾'字之誤而衍者"(《荀子集解》卷十三《禮論篇第十九》,第347、376—377 頁)。以上樂舞,皆是君子用來表達感情變化、喜樂情緒的禮儀形式。《荀子·樂論》云"紳端章甫,舞《韶》歌《武》,使人之心莊"(《荀子集解》卷十四《樂論篇第二十》,第 381 頁),舞《韶》歌《武》,乃互文,即古樂之歌舞。《樂記》:"故觀其舞,知其德;聞其謚,知其行也。《大章》,章之也。《咸池》,備矣。《韶》,繼也。《夏》,大也。殷、周之樂盡矣。"(《禮記集解》卷三十七《樂記第十九之一》,第 995 頁)《周禮·春官宗伯·大司樂》云舞《大磬》,"《大磬》"即《大韶》,鄭玄注"《大磬》,舜樂也,言其德能紹堯之道也"(《周禮注疏》卷二十二《大司樂》,第 1700—1701 頁)等等。是以可知,《韶》爲虞舜之樂舞,承自上古,延及周代。《韶》樂遺風,存留於齊魯故地,直到春秋時代,季札觀《韶》於魯,魯地有《韶》樂遺存;孔子聞《韶》於齊,齊地確有《韶》樂遺存,正可與《孟子·梁惠王下》齊國《徵招》《角招》之記載,相互印證。

① 【按】吳公子季札,泰伯之苗裔,春秋吳王壽夢少子,又稱延陵季子。
② 《春秋左傳詁》卷十四《傳·襄公二十九年》,第 613 頁。
③ 《論語集釋》卷十三《述而上》,第 456 頁。
④ 《孟子正義》卷四《梁惠王章句下·四章》,第 128—129 頁。

代《韶》樂。從《周禮·春官宗伯》可知,大師之職,精通音律,《孟子·梁惠王下》記載齊景公命本國大師,根據《韶》樂繼加改編①,從作曲技法而言,相當於移調與變奏,所以稱其爲《徵招》與《角招》。

【按】關於《韶》樂,《尚書·益稷》有虞舜時代樂舞場景,"鳥獸蹌蹌,《簫韶》九成,鳳皇來儀","百獸率舞"②,《左傳·襄公二十九年》有季札樂評:"見舞《象箾③》《南籥》者,曰:'美哉!猶有憾。'見舞《大武》者,曰:'美哉!周之盛也,其若此乎!'見舞《韶濩》者,曰:'聖人之弘也,而猶有慚德,聖人之難也。'見舞《大夏》者,曰:'美哉!勤而不德,非禹,其誰能修之?'見舞《韶箾》④者,曰:'德至矣哉!大矣!如天之無不幬也,如地之無不載也。雖甚盛德,其蔑以加於此矣。觀止矣!若有他樂,吾不敢請已。'"⑤

上引《呂氏春秋·古樂》有"黄帝又命伶倫與榮將鑄十二鐘,以和五音,以施英韶",所謂"英韶",指華美之音,此"韶",美好之義也。"以施英韶",意思是藉以展示華美的音樂。上引《左傳·

---

① 【按】可舉西方變奏曲例,以類證之:如貝多芬《狄亞貝里變奏曲》(Ludwig van Beethoven: *Diabelli Variations in C Major*, Op.120),當時奧地利作曲家兼音樂出版商狄亞貝里(Anton Diabelli)寫出一首圓舞曲,約請51位音樂家,依據此曲改寫變奏曲,包括貝多芬、舒伯特、車爾尼、胡梅爾、李斯特等,貝多芬所寫成變奏曲,規模宏大,單獨成册,作爲上卷,其餘50部作品合成下卷,以愛國藝術家協會名義出版。其中所收51部變奏曲,都是圍繞狄亞貝里圓舞曲主題創作而成;又如勃拉姆斯《舒曼主題變奏曲》(Johannes Brahms: *Variations on a Theme by Schuman*, Op.9)、《亨德爾主題變奏曲》(*Variations and Fugue on a Theme by Handel*, Op.24)、《帕格尼尼主題變奏曲》(*Variations on a Theme by Paganini*, Op.35)、《海頓主題變奏曲》(*Variations on a Theme of Haydn*, Op.56A),都是依據前人原有作品主題,擴充改寫而成的變奏曲。齊景公召本國大師,根據《韶》樂繼加改編,創作《徵招》《角招》,此《韶》樂即原有作品主題,此《徵招》《角招》即變奏曲。雖地別中西、時隔古今,其中原理,實可相通。
② 《尚書正義》卷五《益稷》,第302、303頁。
③ 【按】此"箾"即簫。
④ 【按】"《韶箾》"即《簫韶》。
⑤ 《春秋左傳詁》卷十四《傳·襄公二十九年》,第612—613頁。

襄公二十九年》之"《韶濩》",濩通護,所謂《韶濩》,意思是美好的《大護》樂舞,此美稱也。如若這般理解,《韶濩》可以説得通,但對於《韶箾》,箾通簫①,豈不解釋成美好的《箾》? 考諸群典,未見以《箾》單獨作樂名之用例。由此可見,《韶濩》《韶箾》之"韶",不應作此解,當另有本義。

經過考證,"韶"爲"韜"(鼗)之訛誤,本就所用樂器而言,其中演變,頗有趣味,待筆者道來。朱載堉《樂學新説》:"此六舞第三也。《大磬》即《簫韶》之別名,舜所造也。其略見於《虞書》。古文'磬'與'韶'通。或從聲旁,或從音旁,其義一也。"②"磬"與"韶"通,《大磬》即《簫韶》,《周禮·大司樂》"乃奏姑洗,歌南吕,舞《大磬》,以祀四望"③,可見《簫韶》與姑洗、南吕之樂相配,用於祭祀四望,上引《樂記》"《韶》,繼也",如此則認爲,"韶"通"紹",《大司樂》"舞《大磬》",鄭玄注"言其④德能紹堯之道也",此處"韶"也解釋爲繼承。據桂馥《説文解字義證》卷八,"磬,籀文韜",據王筠《説文解字句讀》卷六,韜"從革,召聲"⑤,則朱載堉"古文'磬'與'韶'通",所論未允,當是古文"磬"與"韜"通。"韜"應爲一鼓類樂器名,《説文解字義證》卷八"韜"字條下,引《急就篇》"鐘磬、韜簫、鼙鼓鳴",顔師古注"韜,貫把鼓也,搖而鳴之"⑥。"韜"爲長柄

---

① 【按】《説文》"箾,以竿擊人也。從竹,削聲。虞舜樂曰《箾韶》",徐鉉校定"所角切,又音簫"(《説文解字》標點整理本《弟五·竹部》,第 115 頁),《左傳·襄公二十九年》孔穎達疏"箾即簫也",陸德明《釋文》"韶箾音簫",與上文"見舞《象箾》《南籥》者"《釋文》"箾音朔"有所不同(《春秋左傳正義》卷三十九《襄公二十九年》,第 4359—4360 頁)。據孔疏解説,"象箾"之箾乃舞竿,"韶箾"之箾爲舞簫,皆屬舞具,然所指有别。

② 【按】《樂學新説》收入朱載堉《樂律全書》,有《北京圖書館古籍珍本叢刊》本,乃據潘邸原刻本影印,版本精善,可供參考。

③ 《周禮正義·春官宗伯第三下·大司樂》,第 1747 頁。

④ 【按】此指虞舜。

⑤ 《説文解字詁林》三下《革部》,第 1171 頁。

⑥ 《説文解字詁林》,第 1170 頁。

搖鼓，此乃小者，形制大者曰“鞀”，有柱貫穿，用時樹立，亦爲“鞀”屬，曾侯乙墓即有此樂器出土。且《急就篇》將“鞀簫”並稱，皆以樂器之名列入歌括，由是觀之，“《簫韶》”當作“《簫鞀》”，即“鞀簫”也。

而且“鞀”“韶”二音，上古本近。據唐作藩《上古音手册》，“鞀”“韶”皆爲宵韵平聲調，韵、調相同。“鞀”屬定紐，“韶”屬禪紐。定、禪二紐，唐末沙門守溫三十六字母音位，定紐爲舌頭音，禪紐爲正齒音，此乃中古音位，而上古音寬，據黄侃古聲十九紐，正齒音併入舌頭音，禪紐入定紐。由此可知，上古“鞀”“韶”聲紐之音位，皆屬舌頭音，其韵、調又相同，語音極近。則“鞀”“韶”字形相似，更兼音近。

綜上所論，《大磬》命名之原，乃虞舜時代樂舞配有簫、鞀之樂，此當爲正解。以類言之，簫、鞀之樂即管樂與打擊樂，管樂與打擊樂相配合，音響效果恢弘而莊重，可以烘托肅穆氛圍，多用於大型祭祀活動，如《詩經・商頌・那》“籔鼓淵淵，嘒嘒管聲。既和且平，依我磬聲。於赫湯孫，穆穆厥聲。庸鼓有斁，萬舞有奕”[1]，而且《雅》《頌》之聲，節奏緩慢，特別是《頌》，文辭不押韵，以其聲緩之故，從而使得氛圍凝重，所以《荀子・樂論》説“故聽其《雅》《頌》之聲，而志意得廣焉”[2]。古文“磬”通“鞀”，後世“鞀”又訛作“韶”，説經之人據此，又解作“韶”與“紹”通，言舜德能紹堯之道，此乃據訛體解經，遂失本義，今圍繞《韶》樂，略作辨正焉。

《吕氏春秋・古樂》所謂“《九招》”，早在帝嚳時代已經出現，屬於樂歌性質，《九招》乃《九韶》之樂歌，即聲樂部分，而《九韶》樂舞，即《尚書・益稷》“《簫韶》九成”。是以可知，虞舜時代之《韶》樂舞，亦爲繼承前代的改易之作。既然如此，就可以發現《韶》樂傳承譜系如下：

---

① 《詩經注析・商頌・那》，第 1024 頁。
② 《荀子集解》卷十四《樂論篇第二十》，第 380 頁。

　　帝嚳《九招》→虞舜《九招》→商湯《九招》→周王室→魯國
　　《韶箾》(證據爲季札觀周樂)與齊國《韶》樂(證據爲孔子聞《韶》、
　　齊景公令大師作《徵招》與《角招》)

　　《韶》樂之譜系傳承,從原始樂歌《九招》,發展爲盡善盡美的樂舞
《大韶》,藝術表現力可謂不斷發展提升。然而,其應用功能完全一致,
皆爲"以明帝德",即用來彰明天帝之功德,還是屬於先秦樂舞第一階
段,即溝通天人關係的神靈祭祀樂舞。

大禹時代樂舞

　　從大禹時代開始,先秦樂舞開始進入歷史發展的第二階段,樂舞充
滿歌頌部族首領的昂揚熱情,以神聖樂舞爲主要特徵,由自然崇拜時代
過渡到英雄崇拜時代。《呂氏春秋·古樂》:

　　　　禹立①,勤勞天下,日夜不懈,通大川,決壅塞,鑿龍門,降通潦
　　水以導河②,疏三江五湖③,注之東海,以利黔首④。於是,命皋陶

---

①　【按】此處記載時序,乃禹立而後治水,歷來傳說爲禹治水有功而立,前後順序,有所
　　區別。
②　【按】"降通潦水以導河",降,大也,降通,即大力疏通;潦(liáo),流也,潦水即洪水;導
　　河,導入黃河。
③　【按】"疏三江五湖",即疏浚長江水系溝渠與太湖地區湖泊水系,《國語·越語下》范蠡
　　諫言"與我爭三江五湖之利者,非吳耶"(《國語集解·越語下第二十一·居軍三年,吳師
　　自潰》,第587頁),《淮南子·本經》"舜乃使禹疏三江五湖"(《淮南鴻烈集解》卷八《本
　　經訓》,第256頁),《漢書·溝洫志》載禹"於吳,則通渠三江五湖"(《漢書》卷二十九《溝
　　洫志第九》,第1677頁),由此可見,"三江五湖"位於吳越之地。《國語·越語上》伍員諫
　　言"夫吳之與越也,仇讎敵戰之國也。三江環之,民無所移,有吳則無越,有越則無吳,將
　　不可改於是矣",韋昭注"環,繞也。三江,岷江、松江、浙江也。此言二國之民,三江繞
　　之,遷徙非吳則越也"(《國語集解·越語上第二十·越王句踐栖於會稽之上》,第568—
　　569頁);又《國語·越語下》載越王句踐"果興師而伐吳,戰於五湖",韋昭注"五湖,今太
　　湖"(《國語集解·越語下第二十一·越王句踐即位三年而欲伐吳》,第576頁)。
④　【按】"黔首",衆庶黎民,此乃《呂氏春秋》之秦語痕迹。

作爲《夏籥》九成，以昭其功。①

　　大禹治水，最終結束大洪水時代，"禹立，勤勞天下，日夜不懈，通大川，決壅塞，鑿龍門，降通漻水以導河，疏三江五湖，注之東海，以利黔首"，禹有大功德於百姓，這是現實中的偉大功績，也是英雄崇拜時代到來之契機。"於是，命皋陶作爲《夏籥》九成"，學者大多忽略"於是"二字，"於是"，在這時，即治水成功、百姓安居之時，可見大禹樂舞是功成而作樂，此樂舞不是獻給虛幻的神靈，而是獻給現實的英雄。

　　禹令皋陶作樂，皋陶乃禹臣，傳說在虞舜時代曾職掌刑獄，《尚書·舜典》："（舜）帝曰：'皋陶，蠻夷猾夏，寇賊奸宄。汝作士，五刑有服，五服三就。五流有宅，五宅三居。惟明克允。'"②皋陶所作樂舞，爲"《夏籥》九成"，與《尚書·益稷》"《簫韶》九成"命名類似。夏禹樂舞《大夏》，其間用籥伴奏起舞③，因此又名《夏籥》，籥同籥，故稱《夏籥》，上引《左傳·襄公二十九年》季札樂評："見舞《大夏》者，曰：'美哉！勤而不德，非禹，其誰能修之？'"所謂"九成④"，是樂舞之九個段落、九個樂章，即"九奏"，又稱"九變"。《尚書·益稷》記載虞舜樂舞"鳥獸蹌蹌，《簫韶》九成，鳳皇來儀"，"百獸率舞"，可見"《簫韶》九成"，其性

----

① 《呂氏春秋集釋》卷五《仲夏紀第五·古樂》，第126頁。
② 《尚書正義》卷三《舜典》，第274—275頁。
③ 【按】《說文》"籥，樂之竹管，三孔，以和衆聲也"，段玉裁注"此與竹部'籥'異義，今經傳多用籥字，非也"，"和衆聲，謂奏樂時也；萬舞時，只用籥以節舞，無他聲"（《說文解字注》二篇下《籥部》，第85頁）。經傳所謂秉籥而舞是也，《詩經·小雅·賓之初筵》"籥舞笙鼓，樂既和奏"，毛傳"秉籥而舞，與笙鼓相應"（《毛詩傳箋》卷十四《甫田之什詁訓傳第二十一·賓之初筵》，第328頁），《公羊傳·宣公八年》"萬者何？干舞也。籥者何？籥舞也"，何休注"籥，所吹以節舞也，吹籥而舞，文樂之長"（《公羊義疏》卷四十六《宣七年盡九年》，第1742、1743頁），可見經傳皆借"籥"爲"籥"。
④ 【按】"九成"，九變而樂備也。成，終、竟，即章也，樂曲終止之段落。上文已證"九成"即"九章"，《楚辭》也有《九章》，即爲九個段落，九首樂章。而《九歌》更是巫風濃郁的祭歌組曲。又《離騷》，即流操，離人曲也，流放之歌。騷，風也，有歌唱之義，如《詩經》之國風；騷，操也，又有樂曲之義，如《箕子操》《文王操》，由此可見，亦與樂道相關。

質屬於自然崇拜。與之對比，"《夏籥》九成"，即《大夏》，目的在於"以昭其功"，其性質已經屬於英雄崇拜。

從大禹時代開始，前代"以祭上帝""以康帝德""以明帝德"的神靈祭祀，開始轉變爲"以昭其功"，以部族首領爲崇拜對象的英雄歌頌興起，先秦樂舞的内容性質，出現由歌頌神向歌頌人轉變之迹象，這正是先秦樂舞歷史發展的有力體現，由此可見禹所作貢獻極大，領導有方，治平水土，拯黎庶於陷溺，其威望驟隆，被敬稱爲"大禹"，功成而作樂，惟有如此，方能推動先秦樂舞之主流發展，使崇拜對象實現由神向人這一歷史性轉變。大禹治水，民獲重生之惠，無異於上天生民之功，使得祭神樂舞用於歌頌活人，由神靈崇拜時代，開始步入英雄崇拜時代，從而逐漸發展爲"神聖樂舞"，同時具有祭神與頌聖之雙重功能。

商湯時代樂舞

歷史發展到商湯時代，以英雄崇拜爲特徵的"神聖樂舞"，既有對前作的繼承，又有興作。《吕氏春秋·古樂》：

> 殷湯即位，夏爲無道，暴虐萬民，侵削諸侯，不用軌度，天下患之。湯於是率六州①以討桀罪，功名大成，黔首安寧。湯乃命伊尹作爲《大護》，歌《晨露》，修《九招》《六列》[《六英》]，以見其善。②

---

① 【按】"六州"，指古九州中的荆、兖、雍、豫、徐、揚六州，《逸周書·程典》"維三月既生魄，文王合六州之侯，奉勤於商"，孔晁注"三分天下有其二，以伏事殷也"（黄懷信、張懋鎔、田旭東整理：《逸周書彙校集注·程典解第十二》，上海古籍出版社，1995年，第176頁），似乎"六州"又非實指，乃三分天下有其二，衆望所歸之謂也。九州者，《尚書·禹貢》作冀、兖、青、徐、揚、荆、豫、梁、雍，《爾雅·釋地》有幽、營而無青、梁，《周禮·夏官司馬·職方》有幽、并而無徐、梁。《吕氏春秋》解曰："何謂九州？河、漢之間爲豫州，周也。兩河之間爲冀州，晋也。河、濟之間爲兖州，衛也。東方爲青州，齊也。泗上爲徐州，魯也。東南爲揚州，越也。南方爲荆州，楚也。西方爲雍州，秦也。北方爲幽州，燕也。"（《吕氏春秋集釋》卷十三《有始覽第一·有始覽》，第278頁）

② 《吕氏春秋集釋》卷五《仲夏紀第五·古樂》，第126頁。

　　商湯安定了夏朝末年的動蕩局面("夏爲無道,暴虐萬民,侵削諸侯,不用軌度,天下患之")於是"功名大成,黔首安寧",湯伐桀,商革夏命,武功既成,謂之成湯①。從大禹時代開始,形成"王者功成作樂""其功大者其樂備"②的樂舞傳統,《禮記·樂記》總結爲"夫古者天地順而四時當,民有德而五穀昌,疾疢不作而無妖祥,此之謂大當。然後聖人作爲父子君臣以爲紀綱,紀綱既正,天下大定。天下大定,然後正六律,和五聲,弦歌《詩》《頌》,此之謂德音。德音之謂樂"③,所以"湯乃命伊尹作爲《大護》",正是承繼"其功大者其樂備"的神聖樂舞體系。上引《左傳·襄公二十九年》季札評《大護》:"見舞《韶濩》者,曰:'聖人之弘也,而猶有慚德,聖人之難也。'"上文已證,"韶""韜"字形相似,更兼音近,因此《簫韶》命名本原,蓋舜時配有簫、韜伴奏的祭祀樂舞④。古文"磬"通"韜",後世"韜"又訛作"韶",説經之人據此又解作"韶"與"紹"通,言舜德能紹堯之道,此乃據訛體解經,遂失本義。同理可知,"《韶濩》"本義爲配有鼗鼓伴奏的《大護》樂舞,而且鼗鼓在《大護》配樂構成中占有重要地位,所以特別加以强調,稱作"《韶濩》",此其命名之原。由是可見,商湯《大護》樂舞,需要鼗鼓伴奏,而且鼗鼓之打擊樂成分,在樂舞整體結構中,具有主導作用。

　　商湯又命伊尹"歌《晨露》","修《九招》《六列》[《六英》],以見其善"。所謂"以見其善",可見"《大護》"之性質與"《夏籥》九成"類似,是以英雄崇拜爲主體特徵的"神聖樂舞",抒發歌頌部族首領的昂揚熱情。而且值得注意的是,"湯乃命伊尹作爲《大護》,歌《晨露》,修《九招》《六列》[《六英》],以見其善",前後語意連貫,主語共用,是一整

———————————

① 【按】《逸周書·史記》"成商伐之,有洛以亡",孔晁注"湯號曰成,故曰成湯",盧文弨校"'成湯'作'成商'"(《逸周書彙校集注·史記解第六十一》,第1036頁)。

② 《禮記集解》卷三十七《樂記第十九之一》,第991頁。

③ 《禮記集解》卷三十八《樂記第十九之二》,第1015頁。

④ 【按】以類言之,即管樂與打擊樂,作爲祭祀舞蹈的背景配樂。

句,換言之,即湯乃命伊尹"修《九招》《六列》[《六英》],以見其善",《呂氏春秋·古樂》上文有"帝嚳命咸黑作爲聲,歌《九招》《六列》《六英》","帝嚳大喜,乃以康帝德","帝舜乃令質修《九招》《六列》《六英》,以明帝德",通過綜合考察,《韶》樂發展之歷史脈絡,的然可見,從帝嚳、到虞舜、再到商湯,可謂代有修訂。

帝嚳時代樂舞重自然崇拜,到虞舜時代,樂舞開始煥發人文色彩。何以知之?《尚書·益稷》可資稽考:"夔曰:'戛擊鳴球、搏拊①,琴、瑟以咏②!'祖考來格,虞賓在位,群后德讓。下管鼗鼓,合止柷敔,笙鏞以間。鳥獸蹌蹌,《簫韶》九成,鳳皇來儀。夔曰:'於!予擊石拊石,百獸率舞,庶尹允諧。'"③這段記載,具有明顯的樂舞分期之過渡特徵,既"鳥獸蹌蹌,《簫韶》九成,鳳皇來儀","百獸率舞"④,又"祖考來格,虞賓在位,群后德讓",前者爲自然崇拜之樂舞,後者爲人文色彩之樂舞。

《呂氏春秋·古樂》所謂"殷湯即位,夏爲無道,暴虐萬民,侵削諸侯,不用軌度,天下患之。湯於是率六州以討桀罪,功名大成,黔首安寧",這是叙述湯之歷史功績,接着按照"王者功成作樂"的樂舞傳統,"湯乃命伊尹作爲《大護》,歌《晨露》,修《九招⑤》《六列》[《六英》],以見其善",顯然此處"以見其善",已不是帝嚳時代、虞舜時代樂舞自然崇拜中的天帝,而是指現實中的成湯自己。因此,承自上古的《韶》樂,在商湯時代爲英雄崇拜所用,既完成了從"神靈樂舞"到"神聖樂舞"的先秦樂舞性質轉變,也實現了由神到人的先秦思想史跨越。

周代祭祖樂舞

從商代到周代,是先秦樂舞發展歷史之第三階段——祖先崇拜時

---

① 【按】此皆屬器樂。
② 【按】此皆屬聲樂。
③ 《尚書正義》卷五《益稷》,第303頁。
④ 【按】此皆屬舞蹈。
⑤ 【按】此"招"通"韶"。

代。其由商代祖先神祭祀發源,特別是周代尊祖敬宗之制度建構完成後,以祭祖樂舞爲主體特徵,全面進入先秦樂舞的祖先崇拜時代。《呂氏春秋·古樂》:

> 武王即位,以六師伐殷。六師未至,以銳兵克之於牧野。歸,乃薦俘馘於京太室①,乃命周公爲作《大武》。②

所謂"武王即位,以六師伐殷",周制天子六軍,此言"六師",不在實指,而在於將武王伐紂之性質,由臣伐君轉化爲天子討逆。"六師未至,以銳兵克之於牧野。歸,乃薦俘馘於京太室,乃命周公作爲《大武》",由此可見,《大武》創作之目的,在於歌頌武王克商的偉大軍功。《大武》樂舞,既有英雄崇拜性質:武王領導伐紂討逆,小邦周消滅天邑商,在當時人眼中是曠世奇功;也有祖先崇拜意味:文王、武王兩代經營,建立周王朝,《詩經·周頌·武》保留《大武》樂舞的部分聲詩歌辭,其間既頌武王軍功("於皇武王③,無競維烈"),亦頌武王之父文王,爲武王克商創立基業("允文文王,克開厥後"),最後合贊文武興周滅殷的偉大功業("嗣武受之,勝殷遏劉,耆定爾功"④)。涵泳《周頌·武》詩章構思,敘述父子相繼、奠定周朝根基,歌頌感恩之心,溢於言表,目的在於使後世周王銘記祖先功業,具有明顯的祖先崇拜取向。這一價

---

① 【按】"乃薦俘馘於京太室",就在太廟中獻上俘虜(活口),稟報斬殺人數(殺敵),此即獻俘禮。"薦",獻也。"俘",俘虜;"馘"(guó),從敵人屍首所割左耳,携帶計算斬殺人數,便於考核軍功。"京",國都;"太室",太廟的中室。《呂氏春秋·季夏紀》"天子居太廟太室"(《呂氏春秋集釋》卷六《季夏紀第六·季夏紀》,第134頁),即南向居中的明堂。

② 《呂氏春秋集釋》卷五《仲夏紀第五·古樂》,第127頁。

③ 【按】《詩經·周頌·武》"於皇武王",《大武》樂章有"武王"稱號,上引《呂氏春秋·古樂》載"(武王)乃命周公作爲《大武》",如此則"武王"爲生時稱號,亦可見西周初期尚無諡法。

④ 《詩經注析·周頌·武》,第971頁。

值取向,對中華文化影響至大,孝道由此產生。

歷代史籍屢稱周公"制禮作樂",除了《大武》樂舞贊頌克殷偉業,還有《三象》樂舞,也與周公有關。周成王命作《三象》,用來贊美周公攝政的勛勞,《吕氏春秋·古樂》:

> 成王立,殷民反,王命周公踐①伐之。商人服象,爲虐於東夷②。周公遂以師逐之,至於江南,乃爲《三象》,以嘉其德。③

周人取得天下不久,周武王去世,"成王立,殷民反,王命周公踐伐之。商人服象,爲虐於東夷",周朝局勢危如累卵,"周公遂以師逐之,至於江南",周公對鞏固周朝統治,可謂有再造之功,"乃爲《三象》,以嘉其德",《三象》樂舞,就是用來贊美周公之功德。周公輔成王,踐位攝政,有天子之實,率軍東征,穩定周初政局,對於周王朝功勞很大,所以時人也創作樂舞來紀念周公。所謂"以嘉其德",在當時看來,是英雄崇拜性質的樂舞;在周朝後裔看來,也就是祖先崇拜性質的樂舞。周王室特許魯國以天子之禮祭祀周公,亦是此意。

另外需要強調的是,周人還全面繼承前代樂舞,再加上自己周民族的創業史詩性樂舞,整理爲六代之樂,即黄帝、堯、舜、禹、湯、周武王六代的大型樂舞(與後世道統説相關。周人構築樂舞體系,以示政權正統性),合稱"六樂",《周禮·大司徒》"以六樂防萬民之情,而教之和",鄭玄注引鄭司農云"六樂,謂《雲門》《咸池》《大韶》《大夏》《大濩》《大武》"④。六代大舞,最終成爲周代樂舞之主體,而研討周代樂

---

① 【按】"踐",往也;或謂殺,如《尚書大傳》"遂踐奄。踐之云者,謂殺其身,執其家,瀦其宫"(〔清〕皮錫瑞疏證,吴仰湘編:《尚書大傳疏證》卷五《周傳·大誥》,中華書局,2015年,第237頁)。
② 【按】"東夷",此泛指上古時代東方諸民族所居之地。
③ 《吕氏春秋集釋》卷五《仲夏紀第五·古樂》,第128頁。
④ 《周禮正義·地官司徒第二上·大司徒》,第761—762頁。

舞,也必須從前代樂舞談起,方能得其門而入。

《呂氏春秋·古樂》云"故樂之所由來者尚矣,非獨爲一世之所造也"①,所以先秦樂道應用(外延)之由來,相當久遠,經過歷代損益,絶非一個時代所能創制。先秦樂舞歷代累積,每個時代在繼承與修訂前代樂舞之基礎上,再創制自己時代的樂舞,如此繼承與創作相結合,實現積澱式發展,形成上古文化獨特的傳承方式。而且,孔子"述而不作,信而好古"②之觀念、後世董仲舒"先聖爲後世立法"之理論,其思想來源,亦與此種文化傳承方式相關。

綜上所論,先秦樂舞的發展歷史可分爲三大階段,要之如下:(1)萬物有靈的觀念→自然崇拜時代→神靈樂舞;(2)歌頌首領的熱情→英雄崇拜時代→神聖樂舞;(3)尊祖敬宗的制度→祖先崇拜時代→祭祖樂舞。此乃先秦樂舞源流及其系統概況。

(三) 樂舞類型及其職能

周代是先秦樂舞之集大成時期,樂舞在周代成爲官學教育的主體內容,如《禮記·文王世子》"凡學③世子及學士,必時:春夏學干戈,秋冬學羽籥,皆於東序。小樂正學干,大胥贊之;籥師學戈,籥師丞贊之。胥鼓南。春誦夏弦,大師詔④之;瞽宗秋學禮,執禮者⑤詔之;冬讀書,典

---

① 《呂氏春秋集釋》卷五《仲夏紀第五·古樂》,第128頁。"尚",既久遠又尊崇。
② 《論語集釋》卷十三《述而上》,第431頁。【按】實際上孔子是寓作於述,後世經學傳統之形成,即昉於斯。
③ 【按】"學",教習,下同。
④ 【按】"詔",教導,下同。
⑤ 【按】《禮書通故》:"鄭玄云:'《論語》"雅言,《詩》《書》、執禮",讀先王典法,必正言其音,然後義全,故不可有所諱也。禮不誦,故言執。'朱熹云:'雅,常也。執,守 (轉下頁)

書者詔之。禮在瞽宗,書在上庠。凡祭與養老、乞言、合語①之禮,皆小
樂正詔之於東序。大樂正學舞干戚②。語說③,命乞言④,皆大樂正授
數⑤,大司成論說⑥在東序。凡侍坐於大司成者,遠近間三席⑦,可以
問,終則負墙。列事未盡,不問"⑧,記載甚詳。所謂"春誦夏弦",春季
背誦歌詞,夏季用弦樂伴奏歌唱,這是"歌"與"樂"之内容,而貫穿整年
的學習任務是"舞","春夏學干戈,秋冬學羽籥","小樂正學干,大胥贊
之;籥師學戈,籥師丞贊之。胥鼓南",其間所謂"干戈""羽籥",正是武
舞與文舞之代稱。

　　武舞與文舞,是先秦樂舞的主要類型,《樂記》指稱武舞與文舞,用
"干戚羽旄"或者"羽籥干戚",文舞執羽牦,或執羽籥,羽籥象徵文教德
治,而武舞執干戚,干是盾牌,戚是大斧,斧鉞象徵王權征伐。先秦樂舞
之武舞與文舞,泛稱爲"萬舞",《詩經·邶風·簡兮》"簡兮簡兮,方將
萬舞",毛傳"以干、羽爲萬舞,用之宗廟山川",陳奐傳疏"干舞有干與
戚,羽舞有羽與旄,曰干曰羽者,舉一器以立言也。干舞,武舞;羽舞,文

（接上頁）也。獨言執者,以人所執守而言,非徒誦說而已也。'以周案:《記》有'讀喪禮'
'讀祭禮''讀樂章'之文,禮非不誦也。朱子謂非徒誦說而已,較爲可通。然揆諸文義,
終嫌不類。'執'猶'掌'也。'執禮',猶後人所謂掌故是也。《文王世子》篇:'秋學禮,
執禮者詔之;冬讀書,典書者詔之。''執禮'與'典書'同。'執禮者'爲掌故之人,則'執
禮'猶云掌故也。《周官》《禮經》爲周人掌故之書。'《詩》《書》、執禮',猶云'《詩》
《書》《周官》《禮》'也。春秋之時,踵事增華,象數滋生,其奇邪傀詭而不守正者已多,故
夫子正言其失,無所隱諱,斥流失,明故實,不干議禮之條。'雅言'當依古注訓'正言'。
孔子正言其失,如緇冠有緌、朝服以縞之類是,《曾子問》篇尤詳。"（[清] 黃以周撰,王文
錦點校:《禮書通故》第一《禮書通故》,中華書局,2007 年,第 18 頁）
① 【按】"合語",在旅酬禮之中,相互討論禮樂義理。
② 【按】"干戚",代稱盾舞、斧舞。
③ 【按】"語說",即上文旅酬禮中的"合語"。
④ 【按】"乞言",在養老禮之中,乞取善言的環節。
⑤ 【按】"授數",給予理論與方法上的指導。
⑥ 【按】"論說",給予總結性評論。
⑦ 【按】"間三席",能容三席,即一丈之距離。"函丈"即源於此,函,容也。
⑧ 《禮記集解》卷二十《文王世子第八》,第 555—559 頁。

舞。曰萬者,又兼二舞以爲名也"①。

萬舞可以指稱武舞,舞者手持兵器,如《左傳·莊公二十八年》:"楚令尹子元欲蠱文夫人,爲館於其宮側,而振萬焉。夫人聞之,泣曰:'先君以是舞也,習戎備也。今令尹不尋諸仇仇,而於未亡人之側,不亦異乎!'御人以告子元。子元曰:'婦人不忘襲仇,我反忘之!'"②此處萬舞即爲武舞。萬舞也可以指稱文舞,舞者手持鳥羽與樂器,如《左傳·隱公五年》"九月,考仲子之宮,將萬焉。公問羽數於衆仲。對曰:'天子用八,諸侯用六,大夫四,士二。夫舞,所以節八音而行八風,故自八以下。'公從之。於是初獻六羽,始用六佾也"③,此處萬舞即爲文舞。

論武舞之來源

先秦武舞,手執斧盾起舞,其内容爲歌頌統治者之武功,主要在祭祀場合出現,如《禮記·明堂位》"朱干玉戚,冕而舞《大武》"④,《大武》樂舞,正是最典型的武舞⑤。武舞適用於祭祀活動,然而論其起源,武舞應當源於戰陣。

殷墟甲骨卜辭中,有"若干'伐'"之句式,如《甲骨文合集釋文》編號00890"[三十]伐",編號00891正"**屮**(有)于成三十伐",編號00892正"貞三十伐[下]乙",編號00893正"有于上甲十伐""上甲,十

---

① [清]陳奐撰,王承略、陳錦春校點:《詩毛氏傳疏》卷三《邶風·簡兮》,《儒藏精華編》三三册,北京大學出版社,2009年,第102頁。
② 《春秋左傳詁》卷六《傳·莊公二十八年》,第258頁。
③ 《春秋左傳詁》卷五《傳·隱公五年》,第197—198頁。
④ 《禮記集解》卷三十一《明堂位第十四》,第845頁。
⑤ 【按】《樂記》記載賓牟賈與孔子之對話,"賓牟賈侍坐於孔子,孔子與之言,及樂"云云,子曰"夫樂者,象成者也。總干而山立,武王之事也。發揚蹈厲,大公之志也。《武》亂皆坐,周召之治也。且夫《武》,始而北出,再成而滅商,三成而南,四成而南國是疆,五成而分,周公左,召公右,六成復綴,以崇天子。夾振之而駟伐,盛威於中國也。分夾而進,事蚤濟也。久立於綴,以待諸侯之至也"(《禮記集解》卷三十八《樂記第十九之二》,第1021、1023—1024頁),對話内容正是討論《大武》樂舞,由此得見,武舞歌頌統治者之武功,可供參考焉。

伐有五""貞二十伐上甲",編號 07043"貞伐利",編號 32202"三伐"
"五伐""十伐"①;又如《柏根氏舊藏甲骨文字》編號 233"貞三伐利",
編號 234"[貞]八伐[利]"②。以上所引,即三十伐舞、二十伐舞、十五
伐舞、十伐舞等等,所謂"伐",指兵器的擊刺動作。《禮記·樂記》論
《大武》樂舞,有"夾振之而駟伐",鄭玄注"一擊一刺爲一伐"③,此即
《禮記·曲禮》所謂"進退有度,左右有局,各司其局"④,羅振玉《殷虛
書契考釋》據鄭注逆推,認爲"伐"即武舞,董作賓《釋羌》亦主張"伐"
爲舞名⑤,可見商代已有武舞,又《山海經·海外西經》"大樂之野,夏
后啓於此儛九代"⑥,袁珂支持清人郝懿行《山海經箋疏》之説⑦,認爲
"九代"確當是樂名。筆者以爲,"代"是"伐"之缺字,此"九伐"之舞亦
屬武舞,其文化來源,當溯及夏代以前。這令人聯想到《尚書·牧誓》:

> 時甲子昧爽,王朝至于商郊牧野,乃誓。王左杖黄鉞,右秉白
> 旄以麾……嗟!我友邦冢君御事,司徒、司馬、司空,亞旅、師氏,千
> 夫長、百夫長,及庸、蜀、羌、髳、微、盧、彭、濮人。稱爾戈,比爾干,
> 立爾矛,予其誓……今日之事,不愆于六步、七步,乃止齊焉,夫子
> 勖哉!不愆于四伐、五伐、六伐、七伐,乃止齊焉,勖哉夫子!尚桓
> 桓,如虎如貔、如熊如羆,于商郊。⑧

---

① 【按】胡厚宣主編《甲骨文合集釋文》,此書無頁碼,按郭沫若主編《甲骨文合集》甲骨片
　號排序,檢索釋文亦甚便。
② 明義士:《柏根氏舊藏甲骨文字》,《齊魯大學季刊》1935 年第 6—7 期,可參嚴一萍:《柏
　根氏舊藏甲骨文字考釋》,臺灣藝文印書館,1978 年。
③ 《禮記集解》卷三十八《樂記第十九之二》,第 1024、1025 頁。
④ 《禮記集解》卷四《曲禮上第一之四》,第 86 頁。
⑤ 徐正英:《甲骨刻辭中的文藝思想因素》,《甘肅社會科學》2003 年第 2 期,第 36 頁。
⑥ 袁珂校注:《山海經校注》第七《海外西經》,上海古籍出版社,1980 年,第 209 頁。
⑦ 《山海經箋疏》第七《海外西經》,第 4897 頁。
⑧ 《尚書正義》卷十一《牧誓》,第 387—389 頁。

　　商周之際牧野決戰前，周武王率領諸侯，召開誓師大會，進行戰爭總動員。武王誓詞"不愆于六步、七步，乃止齊焉"，"不愆于四伐、五伐、六伐、七伐，乃止齊焉"，可見當時戰爭注重步伐與陣型，如此戰法特點，一直延續到春秋時代尚有遺存，《左傳》戰役例證很多，所以協調步伐、保持陣型，成為商周時代軍事訓練的主題①。教習武舞之重要內容，正是操練步伐節奏，使群體動作協調一致，如《荀子·樂論》"行其綴兆，要其節奏，而行列得正焉、進退得齊焉"②，勤加操練，等將來走上戰場的時候，就能穩定保持陣型，並且快速變換陣型，井然有序而不混亂，因此，武舞具有準軍事訓練之職能。而後世以狩獵活動為軍事演習，亦與此類似。

　　又《尚書·牧誓》所謂"如虎如貔、如熊如羆"，以虎、貔、熊、羆比喻戰陣，具有巫術性質，起到戰前激勵士卒與恐嚇敵人的作用，對於己方有心理暗示，其目的是在氣勢上壓倒敵方。這令人聯想到《尚書·舜典》"予擊石拊石，百獸率舞"，《尚書·益稷》"鳥獸蹌蹌，《簫韶》九成，鳳皇來儀"，"百獸率舞，庶尹允諧"，皆以鳥獸比喻舞隊，是具有巫術性質的假面舞蹈，起到祭祀角色扮演的作用，交染通感，溝通神人。兩相比較，戰陣與舞隊，在原始思維模式上，確實存在密切聯繫，進而可見，武舞起源於戰陣，而文舞起源於巫術③。

　　干戚之武舞，具有準軍事訓練的社會職能，證據尚夥，如《周禮·司戈盾》"掌戈盾之物而頒之。祭祀，授旅賁殳、故士戈盾；授舞者兵，亦如之。軍旅、會同，授貳車戈盾，建乘車之戈盾，授旅賁及虎士戈盾。及舍，設藩盾，行則斂之"④，可知軍旅會同與祭祀舞蹈，戈盾等兵甲器物，均是通用。楚文王夫人息嬀說得很直接，"先君以是舞也，習戎備

---

① 【按】以中西戰法比較，歐洲至18世紀中葉英法七年戰爭仍采用陣型步伐，士兵腳踩軍鼓節奏，隊列前進，其場景可見於庫布里克（Stanley Kubrick）1975年所執導電影《巴里·林登》（*Barry Lyndon*）。
② 《荀子集解》卷十四《樂論篇第二十》，第380頁。
③ 【按】關於"文舞"考證，詳見下文"論文舞之來源"。
④ 《周禮正義·夏官司馬第四下·司戈盾》，第2549—2551頁。

也"①,更可見"執其干戚"之武舞具有準軍事演練的實際功用。而且春秋以前,作戰本身就比較"藝術化",先秦文獻之戰爭史料中,皆有詳細記載,這使得樂舞"演武"之用成爲可能,於是《荀子·樂論》纔會這樣說:"樂者,出所以征誅也","執其干戚,習其俯仰屈伸,而容貌得莊焉;行其綴兆,要其節奏,而行列得正焉、進退得齊焉"②。教習樂舞,既可使儀態莊重,又可使"行列得正""進退得齊",其準軍事訓練之意味,可謂不言而喻,亦即先秦武舞之樂道應用論。

論文舞之來源

先秦文舞,手執羽籥③起舞,其内容爲歌頌統治者之文德,也主要在祭祀場合出現,如《周禮·春官宗伯·籥師》"掌教國子舞羽吹籥",鄭玄注"文舞有持羽吹籥者,所謂籥舞也"④。文舞亦有手執羽旄起舞,即雉羽與旄牛尾,如《禮記·樂記》"比音而樂之,及干戚羽旄,謂之樂",鄭玄注"羽,翟羽,旄,旄牛尾也,文舞所執"⑤。文舞適用於祭祀活動,論其起源,文舞應當源於巫術。

根據殷墟甲骨卜辭,"舞"事多與祈雨有關,如《殷契粹編》編號813"茲舞,有從(縱)雨"⑥;《殷虛文字甲編》編號3069"庚寅卜:辛卯奏舞,雨"⑦;《殷虛文字乙編》編號6857"勿舞何,亡從雨"⑧;《甲骨文

① 《春秋左傳詁》卷六《傳·莊公二十八年》,第 258 頁。
② 《荀子集解》卷十四《樂論篇第二十》,第 380 頁。
③ 【按】《詩經·簡兮》:"簡兮簡兮,方將萬舞。日之方中,在前上處。碩人俁俁,公庭萬舞。有力如虎,執轡如組。左手執籥,右手秉翟。赫如渥赭,公言錫爵。"(《詩經注析·邶風·簡兮》,第 103—104 頁)此處"萬舞","左手執籥,右手秉翟",就是典型的文舞。
④ 《周禮正義·春官宗伯第三下·籥師》,第 1903 頁。
⑤ 《禮記集解》卷三十七《樂記第十九之一》,第 976 頁。
⑥ 郭沫若編:《殷契粹編》,考古學專刊乙種第十二號,科學出版社,1965 年,第 558 頁。
⑦ 【按】此處卜辭,當爲疑問語氣。屈萬里《殷虛文字甲編考釋》下冊(初版於 1961 年)考釋曰"'奏',前已屢見;此處義當如《詩·六月》'以奏膚公'之'奏',爲也。'奏舞',謂爲舞雩之祭也"(《屈萬里全集》第七冊,臺北聯經出版事業公司,1984 年,第 662 頁)。
⑧ 董作賓主編:《殷虛文字乙編》,臺灣"中研院"歷史語言研究所,1994 年。

合集釋文》編號 12819"庚寅卜：辛卯奏舞，雨"，"庚寅卜：癸巳奏舞，雨"，"庚寅卜：甲午奏舞，雨"，編號 12820"辛未卜：貞自今至乙亥雨"，"乙未卜：今夕奏舞，有從雨"，編號 12835"舞有雨"，編號 12836 反"□□［卜］：［殷］，貞舞有雨"，編號 12837"舞有雨"，編號 12838"貞舞□雨"，編號 14207 正"貞舞岳有雨"等。由此可見，商朝有以樂舞祈雨的文化傳統。

《論語·爲政》云"周因於殷禮，所損益，可知也"①，樂舞也是如此，從商代到周代具有傳承性，如《周禮·司巫》亦有"若國大旱，則帥巫而舞雩"②。中國所處地理環境與氣候特點，使得自古以農業爲本，在上古生產力條件下，風調雨順，是農業豐收之決定性因素，所以祈雨成爲人神溝通（巫術）的主要話題。巫舞，作爲人神溝通之特有"語言"，便成爲經常性祭祀行爲，陳夢家《殷虛卜辭綜述》云"巫之所事，乃舞號以降神求雨，名其舞者曰巫，名其動作曰舞，名其求雨之祭祀行爲曰雩"，"巫、舞、雩、靈，都是同音的，都是從求雨之祭分衍出來的"③，所論甚辨，巫舞之目的，在於祈求上天，降下恩澤。又由於意識形態之文化慣性，後世歌頌英雄與祖先，進而祈求祂們降下福佑④，也通過樂舞作爲媒介，這就是先秦文舞的起源。

今以《桑林》爲例，談談從祈雨巫舞到祭祖文舞。其實，文舞也有手執旌旗⑤作爲樂舞道具之情況，《桑林》即是此類，如《左傳·襄公

① 《論語集釋》卷四《爲政下》，第 127 頁。
② 《周禮正義·春官宗伯第三下·司巫》，第 2062 頁。
③ 陳夢家：《殷虛卜辭綜述》，中華書局，1988 年，第 600—601 頁。
④ 陳夢家：《帝賜雨——上帝與先祖的分野》，《陳夢家學術論文集·商代的神話與巫術》，中華書局，2016 年，第 86—87 頁。
⑤ 【按】上古常用五采鳥羽與旄牛尾作旗飾，所以"羽旄"可以作爲旌旗之代稱，如《墨子·非攻中》"今嘗計軍上，竹箭、羽旄、幄幕、甲盾、撥劫，往而靡斃［腐爛］不反者，不可勝數"（《墨子閒詁》卷五《非攻中第十八》，第 129—130 頁），《孟子·梁惠王下》"今王田獵於此，百姓聞王車馬之音，見羽旄之美"（《孟子正義》卷四《梁惠王章句下·一章》，第 104 頁），皆是。

十年》"宋公享晉侯於楚丘,請以《桑林》","舞,師題以旌夏。晉侯懼而退入於房。去旌,卒享而還"。按《左傳》原文,《桑林》乃樂舞,杜預注曰"殷天子之樂名"①。關於《桑林》樂舞來源,《帝王世紀》載"大旱七年",商湯"禱於桑林之社"②,《吕氏春秋・順民》亦云"湯乃以身禱於桑林"③。歷代商王以及周代之宋國,爲了紀念先祖商湯,將其延續下來,《吕氏春秋・誠廉》記載周武王使召公與微子啓盟誓,"世爲長侯,守殷常祀,相奉桑林,宜私孟諸"④,可見《桑林》樂舞傳統已然形成。

《桑林》樂舞之主題,其源頭正是商湯祈雨,後世逐漸演變爲用於祈福的文舞。《左傳・襄公十年》對於《桑林》樂舞之描述是"舞,師題以旌夏",文舞亦有手執羽旄者,而羽旄可以作爲旌旗的代稱,如上引《尚書・牧誓》"時甲子昧爽,王朝至于商郊牧野,乃誓。王左杖黄鉞,右秉白旄以麾",正屬於旌旗原型,在上古時代,旄牛尾本身就具有旌旗類型之指揮功能。所謂"旌夏",是旌旗之一種,杜預注"旌夏,大旌

---

① 《春秋左傳正義》卷三十一《襄公十年》,第 4227—4228 頁。
② 《帝王世紀輯存・殷商第三》,第 64 頁。【按】《莊子・人間世》云"匠石之齊,至乎曲轅,見櫟社樹,其大蔽數千牛,絜之百圍,其高臨山十仞而後有枝"(《莊子集釋》卷二中《人間世第四》,第 170 頁),櫟樹高大林茂,櫟葉與桑葉類似,皆可養蠶,有益人類生活,先民視爲神樹,此即《莊子》"櫟社樹"之義。陳雙新認爲"'樂'字中添加象'櫟'實形的'白',可能主要是爲了與桑樹區别開來。櫟葉雖可飼蠶,但效果不及桑葉,殷人在轉用桑葉飼蠶,對桑樹、桑林又産生神性崇拜","文獻中所説的'桑林''桑中''桑間'都是因爲在桑林中祭祀、宴樂、歌舞、合歡而逐漸成爲縱於淫樂的代名詞"(陳雙新:《"樂"義新探》,《故宫博物院院刊》2001 年第 3 期,第 59 頁),其説可取。考諸殷墟卜辭,如《甲骨文合集釋文》編號 35584"癸巳王[卜],桑[在],貞[旬]亡畎",編號 37562"□□[卜],在,桑,貞[王田]湿衣[逐]亡災",於植桑之地貞卜,乃桑林崇拜明證。又馬林諾夫斯基説"《金枝》以乃米地方林木神祇縶人心目的神秘儀式作起點,述及形形色色的巫術宗教等信儀"([英]馬林諾夫斯基著,李安宅譯:《巫術、科學、宗教與神話》,上海文藝出版社,影印商務印書館本,1987 年,第 8 頁),亦是人類學佐證。
③ 《吕氏春秋集釋》卷九《季秋紀第九・順民》,第 200 頁。
④ 《吕氏春秋集釋》卷十二《季冬紀第十二・誠廉》,第 268 頁。

也"①，是《桑林》樂舞所用大旗。夏，大也。旌，《説文》云"析羽注旄首，所以精進士卒"②，可知"羽"與"旄"，正是旌旗竿頭之顯著標誌，所以"羽旄"成爲"旌"的代稱，後世又以旌作爲旗的總稱。所謂"師題以旌夏"，舞人行列以大旌表識之，孔穎達疏"謂舞初入之時，舞師建旌夏以引舞人而入，以題識其舞人之首"③，即舞師手舉大旗引領舞隊，進入舉行饗禮所在正室，觀《桑林》樂舞之效果，"晋侯懼而退入於房。去旌，卒享而還"，晋悼公見旌夏而驚嚇，竟然"退入於房"，即躲避到正室東西兩旁之室，《左傳·襄公十年》下文還有記載，晋悼公因受到驚嚇，甚至在返國途中生病。由此可見，這種旌旗不同尋常，帶有相當濃烈的原始特徵。

究其原由，正因爲《桑林》樂舞本身，具有顯著的商代巫舞性質，舞風奇譎詭異，周代之宋國將《桑林》作爲文舞，用於大饗禮，對於從未看過《桑林》樂舞的姬姓晋侯，卒見之，驚慌失措，"退入於房"，亦屬情理之中。《吕氏春秋·侈樂》："凡古聖王之所爲貴樂（yuè）者，爲其樂（lè）也。夏桀、殷紂作爲侈樂，大鼓、鐘、磬、管、簫之音，以鉅爲美，以衆爲觀；侔詭殊瑰，耳所未嘗聞，目所未嘗見，務以相過，不用度量。宋之衰也，作爲千鐘；齊之衰也，作爲大吕；楚之衰也，作爲巫音。侈則侈矣，自有道者觀之，則失樂之情。失樂之情，其樂不樂。樂不樂者，其民必怨，其生必傷。其生之與樂也，若冰之於炎日，反以自兵。此生乎不知樂之情，而以侈爲務故也。"④其中提到"夏桀、殷紂作爲侈樂，大鼓、鐘、磬、管、簫之音，以鉅爲美，以衆爲觀"，所謂"大"者，指隨意增大樂器規制，舞、歌、樂三位一體，舞具當然也屬於樂器，"旌夏"即大旌，正符合商樂"以鉅爲美，以衆爲觀"的審美特徵，把聲音巨大當作美好，把樂器

---

① 《春秋左傳正義》卷三十一《襄公十年》，第 4227 頁。
② 《説文解字》標點整理本《弟七·㫃部》，第 170 頁。
③ 《春秋左傳正義》卷三十一《襄公十年》，第 4227 頁。
④ 《吕氏春秋集釋》卷五《仲夏紀第五·侈樂》，第 112—113 頁。

眾多當作壯觀，風格"俶詭殊瑰"，瑰麗而奇異。這種樂風被稱作"侈樂"，因爲"務以相過，不用度量"，務求過分，不遵法度，"耳所未嘗聞，目所未嘗見"，所以晋侯見《桑林》而懼。

綜上可知，文舞起源於巫舞，商代降神祈雨之樂，務爲奇異瑰麗，營造人神溝通的神秘巫術氛圍，《桑林》樂舞仍有其遺風；晋侯之所以"懼而退入於房"，是因爲他深受本民族周樂熏陶。周代安民之樂，稱爲"德音"，以中正平和爲要，構築君臣同樂之和諧社會氛圍，樂風大不相同。由"巫音"到"德音"的樂風轉變，論其文化本質，實現了中華文化之偉大轉型，由神壇到人間、由宗教到倫理、由侈樂到和樂，所以説周樂具有劃時代的跨越意義，表層影響藝術，深層影響社會思想、塑造民族精神，從而完成商周之際的人文轉向。

羽籥、羽旄之文舞，更具有等級區分①與和合教化②的社會職能。如上引《左傳·隱公五年》"九月，考仲子之宮，將萬焉。公問羽數於眾仲。對曰：'天子用八，諸侯用六，大夫四，士二。夫舞，所以節八音而行八風，故自八以下。'公從之"，可見文舞作爲等級區分之標誌，與禮制緊密聯繫。又《尚書·舜典》："（舜）帝曰：'夔！命汝典樂，教胄子，直而温，寬而栗，剛而無虐，簡而無傲。詩言志，歌永言，聲依永，律和聲。八音克諧，無相奪倫，神人以和。'夔曰：'於！予擊石拊石，百獸率舞。'"③《尚書·益稷》："夔曰：'戛擊鳴球、搏拊，琴、瑟以咏！'祖考來格，虞賓在位，群后德讓。下管鼗鼓，合止柷敔，笙鏞以間。鳥獸蹌蹌，《簫韶》九成，鳳皇來儀。夔曰：'於！予擊石拊石，百獸率舞，庶尹允諧！'"④論其目的，都在於和合教化，而且禮樂相互配合，其過程也很"藝術化"，既具有外在形式美感，同時也要求内在有仁義情懷，是形式

---

① 【按】此"禮樂相將"之謂也，《禮記正義》卷三十七《樂記第十九》，第3318頁。
② 【按】此即"樂者，通倫理者也"，《禮記集解》卷三十七《樂記第十九之一》，第982頁。
③ 《尚書正義》卷三《舜典》，第276頁。
④ 《尚書正義》卷五《益稷》，第303頁。

與内容之和諧統一,所以《荀子·樂論》"故樂者……入所以揖讓
也"①,所論正是此道理,亦即先秦文舞之樂道應用論。

"武備"與"文備"

武舞與文舞,構成先秦樂舞之兩面。《荀子·樂論》:"故樂者,出
所以征誅也,入所以揖讓也。征誅、揖讓,其義一也。出所以征誅,則莫
不聽從;入所以揖讓,則莫不從服。故樂者,天下之大齊也,中和之紀
也,人情之所必不免也。是先王立樂之術也。"②武舞征誅,文舞揖讓,
相互補充,剛柔並濟。武舞具有準軍事訓練、紀律養成的社會職能,文
舞具有等級區分、和合教化的社會職能,兩者形成合力,皆務於治道,亦
即先秦樂道應用論。

《孔子家語·相魯》云"有文事者,必有武備;有武事者,必有文
備"③,武舞與文舞,皆屬於養成教育,正是武備與文備的重要積累。
《逸周書·程典》:"於安思危,於始思終,於邇思備,於遠思近,於[者]
思行,[乃]備。無違,嚴戒。"④《左傳·襄公十一年》:"夫樂以安德,義
以處之,禮以行之,信以守之,仁以厲之,而後可以殿邦國、同福禄、來遠
人,所謂樂也。《書》曰:'居安思危。'思則有備,有備無患。敢以此
規。"⑤居安思危、有備無患,這既是"武備"與"文備"的思想來源,也是
"武舞"與"文舞"之應用職能。

---

① 《荀子集解》卷十四《樂論篇第二十》,第380頁。
② 《荀子集解》,第380頁。
③ 【按】《孔子家語·相魯》"定公與齊侯會於夾谷,孔子攝相事,曰:'臣聞有文事者,必有
　　武備;有武事者,必有文備。古者諸侯並出疆,必具官以從,請具左右司馬。'定公從之"
　　(《孔子家語通解》卷一《相魯第一》,第4頁),與《史記·孔子世家》(《史記》卷四十七
　　《孔子世家第十七》,第1915頁)同,司馬遷寫作取材,蓋源於此。齊景公與魯定公夾谷
　　會盟,事在魯定公十年,即公元前500年。
④ 黄懷信:《逸周書校補注譯·程典解第十二》,三秦出版社,2006年,第79—80頁。
⑤ 《春秋左傳詁》卷十二《傳·襄公十一年》,第524—525頁。

四、先秦樂道道德論（樂之止）

　　所謂先秦樂道道德論，即先秦樂道價值觀，如《禮記·樂記》"是故不知聲者不可與言音，不知音者不可與言樂，知樂則幾於禮矣。禮、樂皆得，謂之有德。德者，得也"①，"德者"即道德論，"得也"即價值觀。樂與德，原本一體，《禮記·樂記》云"樂也者，施也"，"樂，樂其所自生"，"樂章德"②，《荀子·樂論》云"君子明樂，乃其德也"③。又如《莊子·繕性》"夫德，和也；道，理也。德無不容，仁也；道無不理，義也"，"中純實而反乎情，樂也；信行容體而順乎文，禮也"④，可見德—仁—樂，所謂"和也"，即宣發，所謂"無不容"，即"保合大和"⑤，所謂"中純實"，即内在陽明，其哲學性質皆屬陽，則"萬物資始"⑥，"是以大生焉"⑦；而道—義—禮，所謂"理也"，即"反其所自始"⑧，所謂"無不

①　《禮記集解》卷三十七《樂記第十九之一》，第 982 頁。
②　《禮記集解》卷三十八《樂記第十九之二》，第 1008 頁。
③　《荀子集解》卷十四《樂論篇第二十》，第 382 頁。
④　《莊子集釋》卷六上《繕性第十六》，第 548 頁。
⑤　《宋本周易注疏》卷一《乾》，第 11 頁。
⑥　《宋本周易注疏》，第 10 頁。
⑦　《宋本周易注疏》卷十《繫辭上》，第 397 頁。
⑧　《禮記集解》卷三十八《樂記第十九之二》，第 1008 頁。

理”,即“含弘光大”①,所謂“順乎文”,即“柔順利貞”②,其哲學性質皆屬陰,則“萬物資生”③,“是以廣生焉”④;由此可見,與道—義—禮哲學性質相對待而論,德—仁—樂具有内在統一性。

　　上文已證,大禹時代以後的樂舞,逐漸形成“王者功成作樂”“其功大者其樂備”⑤之創作理念,將時代樂舞與王者功業聯繫起來,想要欣賞最和諧完美的樂舞,必定要有最完美的政治,孟子所謂“王之好樂甚,則齊其庶幾乎! 今之樂,由古之樂也”,“此無他,與民同樂也,今王與百姓同樂,則王矣”⑥,從而賦予先秦樂道以道德倫理價值觀。《樂記》“然則先王之爲樂也,以法治也,善則行象德矣”⑦,“故樂行而倫清,耳目聰明,血氣和平,移風易俗,天下皆寧。故曰:‘樂者,樂也。’君子樂得其道,小人樂得其欲。以道制欲,則樂而不亂;以欲忘道,則惑而不樂。是故君子反情以和其志,廣樂以成其教。樂行而民鄉方,可以觀德矣。德者,性之端也。樂者,德之華也。金石絲竹,樂之器也。詩,言其志也。歌,咏其聲也。舞,動其容也。三者本於心,然後樂器從之。是故情深而文明,氣盛而化神,和順積中,而英華發外,唯樂不可以爲

────────────

① 《宋本周易注疏》卷二《坤》,第 41 頁。
② 《宋本周易注疏》,第 41 頁。
③ 《宋本周易注疏》,第 41 頁。
④ 《宋本周易注疏》卷十《繫辭上》,第 398 頁。
⑤ 《禮記集解》卷三十七《樂記第十九之一》,第 991 頁。
⑥ 《孟子正義》卷四《梁惠王章句下·一章》,第 100、105—106 頁。【按】孟子此觀念,法家慎到已論及,《慎子·威德》:“古者,立天子而貴之者,非以利一人也。曰: 天下無一貴,則理無由通,通理以爲天下也。故立天子以爲天下,非立天下以爲天子也;立國君以爲國,非立國以爲君也;立官長以爲官,非立官以爲官長也。”(許富宏:《慎子集校集注·威德》,中華書局,2013 年,第 16 頁)亦可取《孟子》本證之:“民爲貴,社稷次之,君爲輕。是故得乎丘民而爲天子,得乎天子爲諸侯,得乎諸侯爲大夫。諸侯危社稷,則變置。犧牲既成,粢盛既絜,祭祀以時,然而旱乾水溢,則變置社稷。”(《孟子正義》卷二十八《盡心章句下·十四章》,第 973—974 頁)三國吳孫權詔曰“君非民不立”(《三國志》卷四十七《吳書二·吳主傳第二》,第 1144 頁),亦效法此義。
⑦ 《禮記集解》卷三十七《樂記第十九之一》,第 997 頁。

僞”①，可見樂爲德之象②。所謂“德者，性之端也。樂者，德之華也。
金石絲竹，樂之器也”，值得我們注意，性→德（精神文化）→樂（制度文
化）→器（物質文化），從精神文化到制度文化，從制度文化再到物質文
化，此與現代文化學分層理論相符合。而性→德→樂之邏輯推進，可以
結合“樂道體系論”之研究内涵，“中”“和”“仁”作爲價值取向，皆可以
“德”括之，所謂“德者，性之端也”，即“性”作爲樂道發揮心理作用之
傳遞介質。所謂“樂者，德之華也”，可以結合“樂道應用論”之研究對
象，即承擔先秦樂道價值之現實載體。因此，性→德→樂之邏輯推進，
正是先秦樂道内涵體系與外延應用之哲學關聯。

又《吕氏春秋・制樂》云“欲觀至樂③，必於至治。其治厚者其樂
（治）厚，其治薄者其樂（治）薄”④，國家治理美善，其樂舞風格就美善；
國家治理粗疏，其樂舞風格就粗疏。政風與樂風，爲何能有如此對應關
係？首先，在於心與樂之互動。《樂記》論《大武》舞，曰：“樂者，心之動
也。聲者，樂之象也。文采節奏，聲之飾也。君子動其本，樂其象，然後
治其飾。是故先鼓以警戒，三步以見方，再始以著往，復亂以飭歸，奮疾
而不拔，極幽而不隱，獨樂其志，不厭其道，備舉其道，不私其欲。是故
情見而義立，樂終而德尊，君子以好善，小人以聽過。故曰：‘生民之
道，樂爲大焉。’”⑤辨析其邏輯關係，雙向互動非常明確，文采節奏（治

---

① 《禮記集解》卷三十八《樂記第十九之二》，第 1005—1006 頁。
② 【按】“樂”與“易”，皆有哲學象徵屬性，都與藝術審美相關。
③ 【按】《莊子》有《至樂》篇，亦可資比較。
④ 《吕氏春秋集釋》卷六《季夏紀第六・制樂》，第 143 頁。【按】《樂記》：“故其治民勞者，
　其舞行綴遠；其治民逸者，其舞行綴短。”（《禮記集解》卷三十七《樂記第十九之一》，第
　995 頁）《韓非子・十過》：“（晉平）公曰：‘清商固最悲乎？’師曠曰：‘不如清徵。’公曰：
　‘清徵可得而聞乎？’師曠曰：‘不可。古之聽清徵者，皆有德義之君也。今吾君德薄，不
　足以聽。’”“（晉平公）反坐而問曰：‘音莫悲於清徵乎？’師曠曰：‘不如清角。’平公曰：
　‘清角可得而聞乎？’師曠曰：‘不可……（黄帝）大合鬼神，作爲清角。今主君德薄，不足
　聽；聽之，將恐有敗。’”（《韓非子集解》卷三《十過第十》，第 64—65 頁）
⑤ 《禮記集解》卷三十八《樂記第十九之二》，第 1006—1007 頁。

其飾）→聲→樂（樂其象）→心（動其本），此乃由表及裏，治其飾←樂其象←動其本，此乃從内至外，因此樂風與人心存在雙向互動，所謂"樂終而德尊，君子以好善，小人以聽過"，這是先秦樂道之道德倫理價值觀，亦即"緒論"所論貞下起元①，所謂"生民之道，樂爲大焉"，即樂道道德論復歸於樂道起源論。其次，在於政風、民風、樂風之互動，《管子·牧民》"倉廩實則知禮節，衣食足則知榮辱"②，政治好壞影響民風厚薄，而樂風可以反映民風，因爲"和順積中，而英華發外，唯樂不可以爲僞"③，所以《樂記》"曰'樂觀其深矣'"④，亦即《吕氏春秋·音初》"是故聞其聲而知其風，察其風而知其志，觀其志而知其德。盛衰、賢不肖、君子小人，皆形於樂，不可隱匿，故曰'樂之爲觀也，深矣'"⑤。政風→民風→樂風，政風影響民風，民風影響樂風，政風與樂風相互對應。反之亦然，政風←民風←樂風，樂風反映民風，民風反映政風，這正是"審樂以知政，而治道備矣"⑥的先秦樂道思維。

（一）功能性學説

先秦樂道理論，爲"樂"賦予道德、社會、政治之内涵與外延。《樂記》："昔者舜作五弦之琴以歌《南風》，夔始制樂以賞諸侯。故天子之爲樂也，以賞諸侯之有德者也。德盛而教尊，五穀時孰，然後賞之以樂。故其治民勞者，其舞行綴遠；其治民逸者，其舞行綴短。故觀其舞，知其德；聞其謚，知其行也。《大章》，章之也。《咸池》，備矣。《韶》，繼也。

---

① 【按】可參"緒論"之"研究意義"。
② 《管子校注》卷一《牧民第一·國頌》，第 2 頁。
③ 《禮記集解》卷三十八《樂記第十九之二》，第 1006 頁。
④ 《禮記集解》卷三十七《樂記第十九之一》，第 1000 頁。
⑤ 《吕氏春秋集釋》卷六《季夏紀第六·音初》，第 143 頁。
⑥ 《禮記集解》卷三十七《樂記第十九之一》，第 982 頁。

《夏》,大也。殷、周之樂盡矣。天地之道,寒暑不時則疾,風雨不節則饑。教者,民之寒暑也,教不時則傷世;事者,民之風雨也,事不節則無功。然則先王之爲樂也,以法治也,善則行象德矣。"①因爲"德盛而教尊","樂章德",所以"觀其舞,知其德",即"樂行而民鄉方,可以觀德矣",亦即上引"樂終而德尊"之義。而"《大章》,章之也。《咸池》,備矣。《韶》,繼也。《夏》,大也",所論歷代大舞,皆觀舞知德,猶如聞諡知行,樂舞作爲上古民族史詩,與後世以諡號蓋棺論定類似,皆具有"紀念碑"性質②,只不過樂舞感性生動、諡法理性冷静而已,所謂"殷、周之樂盡矣",即殷、周之德盡矣,則此樂即德之義,"先王之爲樂也,以法治也,善則行象德矣",最終將"樂"與道德倫理、社會政治都緊密結合起來。而在康德哲學體系之中,美是打通天人之際的樞紐關鍵,其《論人類的崇高與優美的一般性質》有"對人性之美和價值的感覺",又可謂"樂終而德尊"之美學印證,即康德所謂"完成成其爲德行美的那種高貴的形態"③。

由此可見,先秦樂道之藝術性服從於功能性,既是内在審美觀念,又是外在治國方法,審美觀念可以爲治國方法服務,治國方法反過來塑造審美觀念。從此種意義上看,先秦樂道理論,都屬於價值功能性學説:儒家主張,用樂來"同民心而出治道"④;墨家主張,"非樂"以"節

① 《禮記集解》卷三十七《樂記第十九之一》,第 995—997 頁。

② 可參〔美〕巫鴻著,李清泉、鄭岩等譯:《中國古代藝術與建築中的"紀念碑性"》,上海人民出版社,2017 年。

③ 【按】康德《論人類的崇高與優美的一般性質》:"因而真正的德行只能是植根於原則之上,這些原則越是普遍,則它們也就越崇高和越高貴……唯有當一個人使他自己的品性服從於如此之廣博的品性的時候,我們善良的動機纔能成比例地加以運用,並且會完成成其爲德行美的那種高貴的形態。"(〔德〕康德著,何兆武譯:《論優美感和崇高感》第二節,商務印書館,2001 年,第 14 頁)

④ 【按】《禮記》:"禮、樂、刑、政,其極一也,所以同民心而出治道也。"(《禮記集解》卷三十七《樂記第十九之一》,第 977 頁)儒家論樂主旨,在於教化而非享樂,在於社會而非感官,與其説是藝術學,毋寧説是藝術社會學。如《荀子·富國》"古者先王分割而等異之也,故使或美或惡,或厚或薄,或佚或樂,或劬或勞,非特以爲淫泰誇麗之聲,將（轉下頁）

用"①;道家主張,純任"自然"而使民自化②;法家主張,去除禮樂"文麗"而注重實效③。雖然態度各不相同,但是殊途同歸,皆務於治道,具

(接上頁)以明仁之文,通仁之順也"(《荀子集解》卷六《富國篇第十》,第179頁),可知儒家重視禮樂之動機原因,並不是特意用來製造荒淫、驕傲、奢侈、華麗,而是要明確重視禮法、尊重賢人的禮樂等級制度,並且貫徹這種禮樂等級背後的社會秩序。《荀子·富國》"故爲之雕琢、刻鏤、黼黻、文章,使足以辨貴賤而已,不求其觀;爲之鐘鼓、管磬、琴瑟、竽笙,使足以辨吉凶,合歡定和而已,不求其餘"(《荀子集解》,第180頁),又《樂記》"是故樂之隆,非極音也","是故先王之制禮樂也,非以極口腹耳目之欲也,將以教民平好惡而反人道之正也"(《禮記集解》卷三十七《樂記第十九之一》,第982—983頁),所論皆此原理。荀子所謂"使足以辨吉凶,合歡定和而已",正道出先秦樂道之兩大社會功能:樂觀其深,審樂以知政,可辨吉凶;合歡定和,使人們彼此愉快和諧,所以同民心出治道。《荀子·富國》:"爲之宮室臺榭,使足以避燥濕,養德辨輕重而已,不求其外。《詩》曰'雕琢其章,金玉其相,亹亹我王,綱紀四方',此之謂也。"(《荀子集解》卷六《富國篇第十》,第180頁)考《詩經·棫樸》所謂"追琢其章,金玉其相",爲文爲飾,盛爲儀容,所謂"勉勉我王,綱紀四方"(《詩經注析·大雅·棫樸》,第768頁),不在於靡費享樂,而務於治也。

① 《墨子閒詁》卷八《非樂上第三十二》,第251—252、254—255頁。
② 【按】《老子》:"人法地,地法天,天法道,道法自然"(《老子彙校新解·上篇·二十五章》,第28頁),"是以聖人處無爲之事,行不言之教"(《老子彙校新解·上篇·二章》,第3頁)。《莊子·齊物論》:"子游曰:'地籟則衆竅是已,人籟則比竹是已,敢問天籟。'子綦曰:'夫吹萬不同,而使其自己也,咸其自取,怒者其誰邪?'"(《莊子集釋》卷一下《齊物論第二》,第49—50頁)《人間世》:"無聽之以耳而聽之以心,無聽之以心而聽之以氣","夫徇耳目内通而外於心知,鬼神將來舍,而況人乎!是萬物之化也,禹、舜之所紐也,伏戲、几蘧之所行終,而況散焉者乎"。(《莊子集釋》卷二中《人間世第四》,第147、150頁)此即道家至樂無聲之謂也。而《馬蹄》"夫至德之世,同與禽獸居,族與萬物並,惡乎知君子小人哉!同乎無知,其德不離;同乎無欲,是謂素樸;素樸而民性得矣……澶漫爲樂,摘僻爲禮,而天下始分矣……道德不廢,安取仁義;性情不離,安用禮樂;五色不亂,孰爲文采;五聲不亂,孰應六律。夫殘樸以爲器,工匠之罪也;毀道德以爲仁義,聖人之過也"(《莊子集釋》卷四中《馬蹄第九》,第336頁),《在宥》"故君子不得已而臨莅天下,莫若無爲。無爲也而後安其性命之情。故貴以身於爲天下,則可以托天下;愛以身於爲天下,則可以寄天下。故君子苟能無解其五藏,無擢其聰明;尸居而龍見,淵默而雷聲,神動而天隨,從容無爲而萬物炊累焉。吾又何暇治天下哉"(《莊子集釋》卷四下《在宥第十一》,第369頁),《應帝王》"汝游心於淡,合氣於漠,順物自然而無容私焉,而天下治矣"(《莊子集釋》卷三下《應帝王第七》,第294頁)。由此可見,老莊之學看似與聽治無關,實則亦屬治國哲學。
③ 【按】《商君書·去強》:"國強而不戰,毒輸於内,禮樂虱官生,必削;國遂戰,毒輸於敵,國無禮樂虱官,必強。"(《商君書錐指》卷一《去強第四》,第29頁)《慎子》逸（轉下頁）

有將"樂"功能化之價值取向。只不過,在功能化取向基礎上,又有"正功能"(儒家)與"反功能"(墨家、道家、法家)之分。無論價值取向正反,諸子都將"樂"視作功能性媒介,"樂"本身不是目的,目的在於社會管理、治國安民,此乃先秦樂道道德論之根本所在。

對於"樂"本身所包含的純藝術屬性、藝術欣賞價值,先秦樂道思維認爲,藝術欣賞用於教化功能,則謂之古樂、和樂,子夏曰"今夫古樂,進旅退旅,和正以廣,弦、匏、笙、簧,會守拊、鼓,始奏以文,復亂以武,治亂以相,訊疾以雅。君子於是語,於是道古,修身及家,平均天下,此古樂之發也"①,所謂"和正以廣",亦即和樂,如《樂記》"正聲感人而順氣應之,順氣成象而和樂興焉"②;然而,獨立於教化功能之外的純藝術屬性,則斥諸"淫樂",如《樂記》"凡奸聲感人而逆氣應之,逆氣成象而淫樂興焉"③。事實上,就"樂"本身而論,並無正、邪之分,將"樂"人爲區分正、邪,也就是將藝術欣賞道德化,這有利於構築藝術社會學思想,進而熔鑄中華文化之中和品格,但不利於發揮"樂"本身的藝術屬

(接上頁)文:"魯莊公鑄大鐘,曹劌入見曰:'今國褊小而鐘大,君何不圖之?'"(《慎子集校集注·慎子逸文》,第 74 頁)又《韓非子·亡徵》"喜淫刑而不周於法,好辯說而不求其用,濫於文麗而不顧其功者,可亡也"(《韓非子集解》卷五《亡徵第十五》,第 110 頁),即反對過度追求華麗文采而不顧實際功效。《商君書·農戰》:"善爲國者,官法明,故不任知慮;上作壹,故民不偷營,則國力摶。國力摶者強,國好言談者削。故曰:農戰之民千人,而有《詩》《書》辯慧者一人焉,千人者皆怠於農戰矣。農戰之民百人,而有技藝者一人焉,百人者皆怠於農戰矣。國待農戰而安,主待農戰而尊。"(《商君書錐指》卷一《農戰第三》,第 22 頁)《韓非子·和氏》:"商君教秦孝公以連什伍,設告坐之過,燔《詩》《書》而明法令,塞私門之請而遂公家之勞,禁游宦之民而顯耕戰之士。孝公行之,主以尊安,國以富強。"(《韓非子集解》卷四《和氏第十三》,第 97 頁)需要說明的是,法家是愚民政策,而儒家是和民政策。物質與精神不可偏廢,將整個國家綁縛在勞苦戰車之上,即使"主以尊安,國以富強",而民之情性無所安置,外在法令畢竟不能解決內在情感和諧問題。法家以利害懸於法令,以耕戰追逐功名,將人變成逐利機器,民情隔離而社會失和。民之情性,好比治河,只可疏導不可堵塞,如果無處宣泄,最終潰決而爆發,後果不可收拾,此其癥結所在。

① 《禮記集解》卷三十八《樂記第十九之二》,第 1013 頁。
② 《禮記集解》,第 1003 頁。
③ 《禮記集解》,第 1003 頁。

性,從而制約純藝術形式美感之正常發展,可謂有得有失,我們應當全面認識。

（二）王者功成作樂

"王者功成作樂"①之樂道價值觀念,論其形成原因,本質在於歌功頌德。如《左傳·文公七年》:

> 晉郤缺言於趙宣子曰:"日衛不睦,故取其地,今已睦矣,可以歸之。叛而不討,何以示威? 服而不柔,何以示懷? 非威非懷,何以示德? 無德,何以主盟? 子爲正卿以主諸侯,而不務德,將若之何?《夏書》曰:'戒之用休,董之用威,勸之以《九歌》,勿使壞。'②九功之德,皆可歌也,謂之《九歌》。六府、三事,謂之九功。水、火、金、木、土、穀,謂之六府。正德、利用、厚生,謂之三事。義而行之,謂之德、禮。無禮不樂,所由叛也。若吾子之德,莫可歌也,其誰來之? 盍使睦者歌吾子乎?"宣子説之。③

《夏書》所謂"《九歌》",來源於夏后啓之歌,如《楚辭·離騷》"啓《九辯》與《九歌》兮"④,《楚辭·天問》"啓棘賓商,《九辯》《九歌》"⑤。

---

① 《禮記·樂記》:"王者功成作樂,治定制禮。其功大者其樂備,其治辯者其禮具。干戚之舞,非備樂也;孰亨而祀,非達禮也。五帝殊時,不相沿樂;三王異世,不相襲禮。樂極則憂,禮粗則偏矣。及夫敦樂而無憂,禮備而不偏者,其唯大聖乎。"(《禮記集解》卷三十七《樂記第十九之一》,第 991 頁)

② 【按】後世《僞古文尚書·大禹謨》亦輯有此語,《左傳·文公七年》是其原始來源。

③ 《春秋左傳詁》卷九《傳·文公七年》,第 367—368 頁。

④ 《楚辭補注》卷一《離騷經章句第一》,第 21 頁。

⑤ 《楚辭補注》卷三《天問章句第三》,第 98 頁。

夏后啓時代,承大禹時代之後,是從"公天下"到"家天下"轉變之關鍵歷史時期,以頌德爲特色的《九歌》隨之興起,"九功之德,皆可歌也,謂之《九歌》",此處"歌",就是歌頌的意思,歌頌之内容,正是"德"。所謂"無禮不樂",無禮即無德,此處用"禮"兼括"德",下文"若吾子之德,莫可歌也,其誰來之? 盍使睦者歌吾子乎?"可以爲證,由此見之,頌德成爲先秦樂道之價值取向。又如《左傳·襄公三十一年》:

> 《周書》①數文王之德,曰:"大國畏其力,小國懷其德。"言畏而愛之也。《詩》②云:"不識不知,順帝之則。"言則而象之也。紂囚文王七年,諸侯皆從之囚,紂於是乎懼而歸之,可謂愛之。文王伐崇,再駕而降爲臣,蠻夷帥服,可謂畏之。文王之功,天下誦而歌舞之,可謂則之。文王之行,至今爲法,可謂象之。有威儀也。故君子在位可畏,施舍可愛,進退可度,周旋可則,容止可觀,作事可法,德行可象,聲氣可樂,動作有文,言語有章,以臨其下,謂之有威儀也。③

《荀子·議兵》云"故湯之放桀也,非其逐之鳴條之時也,武王之誅紂也,非以甲子之朝而後勝之也,皆前行素修也,此所謂仁義之兵也"④,所謂"前行素修",即周文王有功勛於天下,所以天下百姓"誦而歌舞之",因贊頌"文王之功"而歌舞,由此可見,歌功也成爲先秦樂道之價值取向。值得注意的是,先秦樂道之價值取向,由頌神到頌德再到歌功⑤,從神壇走向人事,功能性對象越來越具體化,由冥冥的神靈到

---

① 【按】此爲《尚書》逸篇。
② 【按】見於《詩經·大雅·皇矣》。
③ 《春秋左傳詁》卷十四《傳·襄公三十一年》,第630頁。
④ 《荀子集解》卷十《議兵篇第十五》,第281頁。
⑤ 【按】《左傳·襄公二十四年》:"'太上有立德,其次有立功,其次有立言。'雖久不廢,此之謂不朽。"(《春秋左傳詁》卷十三《傳·襄公二十四年》,第567頁)樹德建　(轉下頁)

普遍的德行再到具體的功業，將德行與功業緊密聯繫，如"文王之德"
"文王之行""文王之功"並舉，有功亦有德。"樂"從神靈世界轉移到
現世功德，其目的在於"則而象之也"，後代子孫追慕先輩德行偉業，將
其作爲準則，加以仿效。之所以"可謂則之""可謂象之"，是因爲"有威
儀也"，威儀即威容儀表，且有以身作則、立教垂訓之義①，而禮有儀容，
樂有舞容。舞容之盛者，"動作有文""容止可觀"，即《樂記》所謂"樂
觀其深矣"②。是以可知"王者功成作樂"，通過盛大舞容，"其功大者
其樂備"，既可以達到歌功頌德、向祖先致敬的祭祀效果（價值取向），
進而又起到激勵後人努力的現實功用（教化功能）。是以可見，樂道道
德論即樂道價值觀，而樂道價值觀又蘊涵於教化功能之中。

　　《荀子·儒效》"武王之誅紂也"，"反而定三革，偃五兵，合天下，立
聲樂"③，可知偃兵息武、天下底定，然後作歌、樂、舞，以紀功業，也就是
説，在功業未成之時，不可作樂。爲什麽會出現此種樂道價值觀念呢？
因爲先秦樂舞內容，有記憶功業之作用，類似世代傳承的民族"史詩"，
將民族創業精神貫注於樂舞，從而發揮凝聚族群之社會功能，成爲後世
緬懷先祖功業、瞭解族群歷史的有效途徑，誠《樂記》所謂"君子於是

（接上頁）功，著書立説，皆永生之道。先秦樂道道德論强調對先祖"歌功頌德"，所真正
　關注的對象，不是逝者彼岸之頌歌，其實是活人現世的努力。先祖之功德懿行，都成爲激
　勵後人的榜樣，即《詩經·民勞》所謂"敬慎威儀，以近有德"（《詩經注析·大雅·民
　勞》，第839頁），《抑》"敬慎威儀，維民之則"（《詩經注析·大雅·抑》，第856頁），《泮
　水》"敬明其德。敬慎威儀，維民之則"（《詩經注析·魯頌·泮水》，第1006頁），這些與
　宗教相較，立意完全不同。
① 【按】《左傳·襄公三十一年》："《詩》云'敬慎威儀，惟民之則'，令尹無威儀，民無則焉。
　民所不則，以在民上，不可以終"，"有威而可畏，謂之威。有儀而可象，謂之儀。君有君
　之威儀，其臣畏而愛之，則而象之，故能有其國家，令聞長世。臣有臣之威儀，其下畏而愛
　之，故能守其官職，保族宜家。順是以下皆如是，是以上下能相固也。"（《春秋左傳詁》卷
　十四《襄公三十一年》，第629—630頁）
② 《禮記集解》卷三十七《樂記第十九之一》，第1000頁。
③ 《荀子集解》卷四《儒效篇第八》，第134、136頁。

語,於是道古,修身及家,平均天下,此古樂之發也"①,正由於先秦樂舞
具有紀功職能,所以"王者功成作樂"。而且,中華文化之憂患意識,使
得在天下底定以前,有識之士總是心懷謹慎,目的在於防止鬆懈,如
《荀子·王霸》"國危則無樂君,國安則無憂民。亂則國危,治則國安。
今君人者急逐樂而緩治國,豈不過甚矣哉!譬之是由好聲色而恬無耳
目也,豈不哀哉"②,此乃"王者功成作樂"之樂道價值觀念形成的文化
原因。

　　先秦樂道道德論之教化功能③,正是"王者功成作樂"的直接動機,
如《荀子·儒效》"於是《武》《象》起而《韶》《護》廢矣。四海之内,莫不
變心易慮以化順之",樂使四海之内盡皆轉變思想,心悦誠服,順從於
周,由此可見樂舞之教化效果,王者雖以武得天下,而必以文治天下,化
之使順也。其具體效果如何?"故外闔不閉,跨天下而無蘄"④,因此可
以實現外户不閉,四海一家,土地廣闊無垠,所謂"溥天之下,莫非王
土"⑤,這正是王者作樂所看重的教化效用。《荀子·强國》:"應侯問
孫卿子曰:'入秦何見?'孫卿子曰:'……入境,觀其風俗,其百姓樸,其
聲樂不流汙,其服不挑,甚畏有司而順,古之民也。'"⑥荀子所言,即樂
道道德論之本旨,此與《樂記》"審聲以知音,審音以知樂,審樂以知政,
而治道備矣"同理,"使親疏、貴賤、長幼、男女之理,皆形見於樂,故曰

---

① 《禮記集解》卷三十八《樂記第十九之二》,第 1013 頁。
② 《荀子集解》卷七《王霸篇第十一》,第 210 頁。
③ 【按】《樂記》有云,"德盛而教尊","故觀其舞,知其德","樂也者,聖人之所樂也,而可
　以善民心。其感人深,其移風易俗,故先王著其教焉"(《禮記集解》卷三十七《樂記第十
　九之一》,第 995、998 頁);"德音之謂樂。《詩》云'莫其德音,其德克明。克明克類,克長
　克君。王此大邦,克順克俾。俾于文王,其德靡悔。既受帝祉,施于孫子',此之謂也"
　(《禮記集解》卷三十八《樂記第十九之二》,第 1015 頁)。
④ 《荀子集解》卷四《儒效篇第八》,第 136—137 頁。
⑤ 《詩經注析·小雅·北山》,第 643 頁。
⑥ 《荀子集解》卷十一《强國篇第十六》,第 303 頁。

'樂觀其深矣'"①，即觀風俗之謂也。又如《荀子·王制》"論禮樂，正身行，廣教化，美風俗，兼覆而調一之②，辟公之事也"，"國家失俗，則辟公之過也"③，樂風既反映風俗，樂風又影響風俗，先秦樂道道德論之教化功能，即來源於"樂"的風俗導向作用。風俗之厚薄，體現社會教化，而教化關乎國運，不可不察，"樂"正是風俗與教化相互聯繫的橋梁紐帶。《禮記·樂記》云"樂者，通倫理者也"④，"故樂行而倫清，耳目聰明，血氣和平，移風易俗，天下皆寧"⑤，所以先秦時代盛行采風制度，天子藉此掌握各地民情與治理狀況，輿情物議寓於歌謠土風，此乃先秦樂道道德論之具體實踐措施。

（三）荀子與樂道道德論

關於樂道道德論，荀子有精彩論述，涉及目的論、心理基礎、修養論與認識論角度，業已構成完整學術體系，可以作爲先秦樂道哲學的代表，今人對其不甚瞭解，有必要略作論證。

《荀子·大略》云"三王既已定法度，制禮樂而傳之"，將禮樂與法度相聯繫，可見"樂"具有制度性。樂道本乎情性，先王緣情而制度，既然符合情性，於是天下之人"有所共予"⑥。但是如《荀子·樂論》"人

---

① 《禮記集解》卷三十七《樂記第十九之一》，第982、1000頁。
② 【按】"論禮樂"，即"序其禮樂"之義（見於《禮記集解》卷四十六《祭義第二十四》，第1211頁；亦見於《禮記集解》卷四十九《仲尼燕居第二十八》，第1269頁）；"美風俗"，使風俗淳樸敦厚；"兼覆而調一之"，普遍地養育百姓，使之步調一致，此乃教化之功效。
③ 《荀子集解》卷五《王制篇第九》，第170—171頁。
④ 《禮記集解》卷三十七《樂記第十九之一》，第982頁。
⑤ 《禮記集解》卷三十八《樂記第十九之二》，第1005頁。
⑥ 【按】《荀子·大略》："天下之人，唯各特意哉，然而有所共予也。言味者予易牙，言音者予師曠，言治者予三王。三王既已定法度，制禮樂而傳之，有不用而改自作，何以異於變易牙之和，更師曠之律？無三王之法，天下不待亡，國不待死。"（《荀子集解》（轉下頁）

不能不樂,樂則不能無形,形而不爲道,則不能無亂"①,又如《荀子·性惡》"從②人之性,順人之情,必出於爭奪,合於犯分亂理而歸於暴"③,這就需要制定法度,管理情性,於是纔能樂而不流,揚長避短,達於治道,即《荀子·樂論》"先王惡其亂也,故制《雅》《頌》之聲以道之,使其聲足以樂而不流"④。既依據情性(緣情),又制定法度(制度),因此,先秦之"樂"能夠成爲一種通行天下的制度,作爲德治手段,促進精神文明建設,最終達到治理國家之目的,即上引《樂記》"故樂行而倫清,耳目聰明,血氣和平,移風易俗,天下皆寧"。

《荀子·樂論》云"樂⑤者,聖人之所樂也,而可以善民心,其感人深,其移風易俗,故先王導之以禮樂而民和睦","凡奸聲感人而逆氣應之,逆氣成象而亂生焉;正聲感人而順氣應之,順氣成象而治生焉。唱和有應,善惡相象,故君子慎其所去就也"⑥,此乃樂道道德論之目的論。因爲"唱和有應,善惡相象","樂"具有影響心志的潛在力量,"逆氣成象而亂生焉""順氣成象而治生焉",所以"君子慎其所去就",務於治道而已矣。目的何以能夠實現?《樂論》云"夫民有好惡之情而無喜怒之應則亂,先王惡其亂也,故修其行,正其樂,而天下順焉"⑦,此乃樂道道德論得以產生的心理基礎,即上文所論緣情而制度。荀子從"化性而起僞"⑧出發,《樂論》提出"故齊衰之服,哭泣之聲,使人之心

（接上頁）卷十九《大略篇第二十七》,第 518 頁）天下之人,雖然各有不同認識與看法,但是也有共同贊許的,此乃樂道道德論之"教化"成爲可能的心理學基礎。

① 《荀子集解》卷十四《樂論篇第二十》,第 379 頁。

② 【按】此"從"通"縱"。

③ 《荀子集解》卷十七《性惡篇第二十三》,第 434—435 頁。

④ 《荀子集解》卷十四《樂論篇第二十》,第 379 頁。

⑤ 【按】此"樂",特指禮樂制度之"樂"。

⑥ 《荀子集解》,第 381 頁。

⑦ 《荀子集解》,第 381 頁。

⑧ 【按】《荀子·性惡》:"若夫目好色,耳好聲,口好味,心好利,骨體膚理好愉佚,是皆生於人之情性者也,感而自然,不待事而後生之者也。夫感而不能然,必且待事而後然者,謂之生於僞。是性、僞之所生,其不同之徵也。故聖人化性而起僞,僞起而生禮（轉下頁）

悲①;帶甲嬰軸,歌於行伍,使人之心傷②;姚冶之容,鄭衛之音③,使人之心淫;紳端章甫,舞《韶》歌《武》④,使人之心莊。故君子耳不聽淫聲,目不視女色,口不出惡言。此三者,君子慎之"⑤,此乃樂道道德論之修養論,"樂"既然是依據情性而制定法度,則"舞《韶》歌《武》,使人之心莊"即"制《雅》《頌》之聲以道之,使其聲足以樂而不流",導之以正,所謂"正聲感人而順氣應之,順氣成象而治生焉","樂"也就具有內在修養之功效。

　　除了先秦樂道道德論之目的論、心理基礎與修養論,還有一個更爲

（接上頁）義,禮義生而制法度。然則禮義法度者,是聖人之所生也。故聖人之所以同於眾,其不異於眾者,性也;所以異而過衆者,偽也。"（《荀子集解》卷十七《性惡篇第二十三》,第437—438頁）如英國約瑟夫·艾迪生（Joseph Addison）格言所論:"What sculpture is to a block of marble, education is to a human soul."（*English poet, dramatist, and essayist: The Spectator no.215*, 6 November 1711）教育（education——偽）之於心靈（human soul——性）,猶如雕刻（sculpture——偽）之於大理石（a block of marble——性）,此與荀子化性起偽之本旨相合。

① 【按】《荀子·禮論》"三年之喪,哭之不文也"（《荀子集解》卷十三《禮論篇第十九》,第354頁）,哭聲直號,不加文飾。既爲三年之喪,逝者至親也,心中悲傷不已,直發胸中痛楚即可,何暇飾其哭聲,此同於斬衰之義。所謂哭之文,今猶有哭靈者,多爲家屬所請喪儀人員,並非逝者至親,此與功麻之義類似,哭聲依循簡單曲調,可謂哭調之歌。

② 【按】《周禮·樂師》"凡軍大獻,教愷歌,遂倡之"（《周禮正義·春官宗伯第三下·樂師》,第1812頁）,倡即領唱,愷歌即軍旅行伍之歌,激勵士氣,振作昂揚。而《左傳·哀公十一年》"將戰,公孫夏命其徒歌《虞殯》"（《春秋左傳詁》卷二十《傳·哀公十一年》,第866頁）,《虞殯》屬於送葬挽歌,此乃特例,哀兵之聲也。

③ 【按】此指與"古樂"相區別的"新樂"。樂道道德論認爲,"古樂"與"新樂"有雅、俗之分,甚至將"樂"之範疇專屬於"古樂",如《樂記》魏文侯問古樂與鄭衛之音之區別,子夏答曰"今君之所問者樂也,所好者音也。夫樂者,與音相近而不同"（《禮記集解》卷三十八《樂記第十九之二》,第1015頁）,卜商已將鄭衛之音排除出"樂"之範疇,稱其爲"音"。《樂記》明確區分"聲""音"與"樂",如"知聲而不知音者,禽獸是也;知音而不知樂者,衆庶是也。唯君子爲能知樂",其目的是"審聲以知音,審音以知樂,審樂以知政,而治道備矣"（《禮記集解》卷三十七《樂記第十九之一》,第982頁）。因此,先秦樂道之著眼點,在於思想內容,而不在形式美感。

④ 【按】"舞《韶》"（原文作"無","無"通"舞"）與"歌《武》",兩者互文,《韶》《武》也是用來代表古樂。所謂"舞《韶》歌《武》",意指古樂之歌舞内容。

⑤ 《荀子集解》卷十四《樂論篇第二十》,第381頁。

根本的理論問題需要解決,哲學體系纔能得以圓滿,即：人認識"樂"何以可能? 這是樂道道德論的認識論原理。可根據《荀子·正名》,表而出之,揭示其中要旨。

《荀子·正名》云"所以知之在人者謂之知",人本來就具有認識客觀世界的能力,叫作智能①;"知有所合謂之知",先天認識能力與客觀世界相接觸所産生的認識,叫作智識;"所以能之在人者謂之能"②,人本來就具有掌握事物的能力,叫作潛能;"能有所合謂之能",人本來就具有的掌握事物的能力與客觀世界接觸後,最終所形成能力叫作才能。荀子認爲,人性具有先驗理性與潛能,"明藏於心","遇物而形"③,這與《樂記》之"樂本論"相比較,"樂者,音之所由生也,其本在人心之感於物也"④,人心之所以能夠"感於物",正由於知("所以知之在人者")與能("所以能之在人者"),兩處適足相發。

《荀子·正名》又說"然則何緣而以同異? 曰：緣天官",即根據人類感官來區別名稱同異;"凡同類、同情者,其天官之意物也同"⑤,即有關所有人類,其感官對於同一事物之總體印象相同,例如馬匹,此人看後與彼人看後,皆爲馬之印象,不會此人爲鳥,彼人爲魚,這是人類交流之可能性;"故比方之疑似而通",可以通過各種比方、模仿得大體相似的手段,使彼此互相瞭解,"名"正是人類交流之中介;"是所以共其約名以相期也",此乃人類共同約定名稱用來交流思想的原因,反之,如果天官之意物不同,則人類絶無交流之可能;"聲音清濁、調竽奇聲以

---

① 【按】類似於康德哲學之先驗理性。
② 《荀子集解》卷十六《正名篇第二十二》,第413頁。
③ 【按】《荀子集解》王先謙案語："在人者,明藏於心。有合者,遇物而形","二'知'、二'能',並有虛實動静之分。'知',皆讀智。'能',皆如字,不分兩讀"。(《荀子集解》卷十六《正名篇第二十二》,第413頁)
④ 《禮記集解》卷三十七《樂記第十九之一》,第976頁。
⑤ 《荀子集解》卷十六《正名篇第二十二》,第415頁。

耳異"①，這些都需要通過耳朵來區別；"心有徵知，徵知則緣耳而知聲可也"，人類具有感知、驗證事物的能力，感知、驗證事物的能力又需要依據聽覺器官，纔能夠知道聲音；"然而徵知必將待天官之當簿其類，然後可也"②，人類所具有感知、驗證事物的能力，一定要等感官接觸到外界事物以後，纔可以發揮作用；"五官簿之而不知③，心徵之而無説"④，徵即召，言心能召萬物而知之，心徵於五官而後有知，感知、驗證事物的能力通過感官發揮作用，這種能力居於内在，本身無法言説表達，感官接觸外界事物後，可以獲得事物信息，然而感官本身却不能認識，需要内在感知、驗證事物的能力加以判斷。由此得見，"徵知則緣耳而知聲可也"，正可供解釋《樂記》之所謂"樂由中出"，又《樂記》關於"樂"之著名定義，"凡音之起，由人心生也。人心之動，物使之然也。感於物而動，故形於聲。聲相應，故生變；變成方，謂之音。比音而樂之，及干戚羽旄，謂之樂"⑤，其中存在一個哲學認識論問題，即如何"感於物而動"，《樂記》却没有解釋，根據筆者分析，所謂"感於物而動"，感於物者，感官也；所以動者，徵知也。

綜上所述，《荀子·正名》之理論闡釋，"所以知之在人者"與"所以能之在人者"，可以説明《樂記》"人心之感於物"的可能性；"徵知則緣耳而知聲可也"，可以解釋《樂記》"樂由中出"與"感於物而動"，從而爲樂道道德論提供認識論依據，這對於先秦樂道哲學之理論提升，可謂至關重要。

---

① 《荀子集解》卷十六《正名篇第二十二》，第 416 頁。
② 《荀子集解》，第 417 頁。
③ 【按】所謂"五官"，眼(視覺)、耳(聽覺)、鼻(嗅覺)、口(味覺)、身(觸覺)；"簿"，猶記録之義。
④ 《荀子集解》，第 418 頁。
⑤ 《禮記集解》卷三十七《樂記第十九之一》，第 987、976 頁。

（四）先秦樂道價值取向

　　先秦樂道道德論認爲，"樂"與推行教化關係極大①，《呂氏春秋·察傳》載"昔者舜欲以樂傳教於天下"，"夔於是正六律，和五聲，以通八風，而天下大服"②，從虞舜時代開始，就利用樂舞把教化傳布到天下，上古樂官即教官③，將"樂"看作移風易俗的道德工具④，《禮記·樂記》："是故情見而義立，樂終而德尊，君子以好善，小人以聽過。故曰：'生民之道，樂爲大焉。'"⑤既然是工具論，目的便不在"樂"本身，而在於道德論，焦點在思想內容，而不在形式美感。

　　古人眼中的"樂"，最初是通神途徑，後來是治國手段⑥，而欣賞享

---

① 【按】"樂"與推行教化之關係，中西相通，例如英國著名樂評人萊布雷希特（Norman Lebrecht），曾經研究過所有關於亨德爾（Georg Friedrich Handel，與 Johann Sebastian Bach 同爲歐洲巴洛克音樂之集大成者）的英文、德文版著作，他在接受《愛樂》雜誌訪談時，論及亨德爾音樂觀，說"《彌賽亞》（Messiah，1741）演出後，有人祝賀亨德爾寫了這麼好聽的音樂，而亨德爾回答說：我的上帝告訴我，寫這個音樂不是爲了愉悦人，而是讓人變得更好"（賈曉偉采訪，盛韵譯：《與萊布雷希特先生對話》，《愛樂》雜誌 2007 年第 2 期，生活·讀書·新知三聯書店，第 178 頁）。正如上文引黃宗炎《周易尋門餘論》所謂"東海西海，心理攸同"，中西文化確有許多相通之處。

② 《呂氏春秋集釋》卷二十二《慎行論第二·察傳》，第 618 頁。【按】"傳教"，即傳布教化，教之使化也，亦即道德論範疇。

③ 【按】《尚書·舜典》"（舜）帝曰'夔，命汝典樂，教冑子'"（《尚書正義》卷三《舜典》，第 276 頁）。又今本《禮記》篇序，《學記第十八》與《樂記第十九》前後相承。

④ 【按】《尚書·益稷》舜對禹說"予欲聞六律、五聲、八音，在治忽"（《尚書正義》卷五《益稷》，第 298 頁），又《僞古文尚書·大禹謨》"（禹）帝乃誕敷文德，舞干羽於兩階，七旬有苗格"（《尚書正義》卷四《大禹謨》，第 288 頁），亦可供參考。

⑤ 《禮記集解》卷三十八《樂記第十九之二》，第 1007 頁。

⑥ 【按】《禮記·郊特牲》"《武》，壯而不可樂也"，"所以交於神明者，不可以同於所安樂之義也"（《禮記集解》卷二十六《郊特牲第十一之二》，第 700 頁），《大武》舞風格雄壯，却不可提供娛樂，因爲先秦樂舞既獻給神明（通神途徑），又用於教化（治國手段）。

樂之因素,被視爲俗樂邪音,"先王貴禮樂而賤邪音"①,所貴者是德音雅樂,當時稱作"古樂":"魏文侯問於子夏曰:'吾端冕而聽古樂,則唯恐臥;聽鄭衛之音,則不知倦。敢問古樂之如彼何也? 新樂之如此何也?'子夏對曰:'今夫古樂,進旅退旅,和正以廣,弦匏笙簧,會守拊鼓,始奏以文,復亂以武,治亂以相,訊疾以雅。君子於是語,於是道古,修身及家,平均天下。此古樂之發也。今夫新樂,進俯退俯,奸聲以濫,溺而不止,及優、侏儒,獶雜子女,不知父子。樂終,不可以語,不可以道古。此新樂之發也。今君之所問者樂也,所好者音也。夫樂者,與音相近而不同。'"②"古樂"雖然形式古拙,但具有教化作用,子夏甚至認爲只有"古樂"纔稱得上"樂"③,而"新樂",即以"鄭衛之音"爲代表的新興樂風,根本稱不上"樂",只是"音"而已。由此亦可見,樂道道德論重視"樂"之思想内涵而忽視形式美感。

所謂"鄭衛之音",歌唱現實愛情等細膩情感,抒發個性化情緒,與"古樂"史詩教育之道德價值取向,可謂格格不入。今天我們認爲,音樂舞蹈用來抒發情感,此乃基本要求,不僅允許,而且必要,所以對"鄭衛之音"的價值評定,就會與古人迥異。但是,不可據此鄙夷先秦樂道道德論,即陳寅恪所謂"應具瞭解之同情"④。

樂道道德論崇尚"古樂",其立意在於追懷往昔,紀念祖先功德,在文字記載之歷史尚未出現或不甚發達的上古時期,先秦歷代樂舞,實質上具有道德教育之社會職能。在先輩傑出人物事迹與精神感召下,後

---

① 《荀子集解》卷十四《樂論篇第二十》,第381頁。
② 《禮記集解》卷三十八《樂記第十九之二》,第1013—1015頁。
③ 【按】《樂記》"樂者,心之動也。聲者,樂之象也。文采節奏,聲之飾也。君子動其本,樂其象,然後治其飾。是故先鼓以警戒,三步以見方,再始以著往,復亂以飭歸,奮疾而不拔,極幽而不隱,獨樂其志,不厭其道,備舉其道,不私其欲"(《禮記集解》卷三十八《樂記第十九之二》,第1006—1007頁)。
④ 陳寅恪:《金明館叢稿二編·馮友蘭〈中國哲學史〉上册審查報告》,生活·讀書·新知三聯書店,2001年,第279頁。

人學習修身,積極進取,即《樂記》"修身及家,平均天下,此古樂之發也"。作爲後世追慕的對象,榜樣力量是無窮的,更何況"古樂"講述的是本族群祖先之偉大功業,更加具有感染力與奮發作用,熏陶教化,浸染影響,自然會移風易俗,此乃"古樂"之道德屬性,即所謂"人道之正",《樂記》"是故樂之隆,非極音也","清廟之瑟,朱弦而疏越,壹倡而三嘆,有遺音者矣","是故先王之制禮樂也,非以極口腹耳目之欲也,將以教民平好惡而反①人道之正也"②,最終達到凝聚族群、統一認識、奮發向上、國家安定的社會與政治目的。

如此看來,先秦樂道道德論之"古樂"觀,可謂用心良苦,體現出先人卓越智慧。雖古今變異,但道理相通,今世倡導構築和諧社會,先秦樂道可以起到凝聚與融合的社會功用,具有重大現實價值。每逢國慶周年大典,全國上下一片紅歌聲,其實從形式美感上看,某些老歌曲不免粗糙,其藝術性甚至不及現代創作的歌曲,但正是這些紅歌,陪伴幾代中國人成長,記錄時代變遷,銘記新中國建立者與建設者的偉大業績,其道德教育價值毋庸置疑,這也是努力提倡之原因所在。當今中國社會逐漸步入現代化,早已走過那些歌曲所反映的歷史階段,在周年同慶之際,老歌再現,並且紅遍全國,這不就是樂道道德論之現代版嗎?因此可以説,先秦樂道道德論之價值取向,是走向和諧社會的一大助力,仍然具有顯著實踐意義。

考察周代以前樂舞,遠古萬物有靈,樂舞獻給神靈,用於溝通天人關係,夏商開始英雄崇拜,但樂舞還是一片巫風,"樂"之目的不是教化,而是營造人神交通的神秘宗教氛圍。而周人總結前代,特別是吸取殷商亡國教訓,將"樂"之價值取向,從神拉到人身上,突出樂道之道德教化功能。周代樂舞在形式上,雖然還有祭祀痕迹,但其主要意圖不是

---

① 【按】此"反"通"返"。
② 《禮記集解》卷三十七《樂記第十九之一》,第 982—983 頁。

獻給神靈,而是教育人民,這在中國思想史上,真可謂一大跨越,先秦樂道道德論之"古樂"觀,在其中便起到轉折性作用,不僅不守舊,而且舊瓶裝新酒,誠可謂"周雖舊邦,其命維新"①,幫助實現上古文化之重大轉型②,具有深遠歷史意義。

最後,我們再來具體談談先秦樂道之價值取向,如《左傳·襄公二十九年》:

> (季札)見舞《象箾》《南籥》者,曰:"美哉! 猶有感③。"見舞《大武》者,曰:"美哉! 周之盛也,其若此乎!"見舞《韶濩》者,曰:"聖人之弘也,而猶有慚德,聖人之難也。"見舞《大夏》者,曰:"美哉! 勤而不德,非禹,其誰能修之?"見舞《韶箾》者,曰:"德至矣哉! 大矣,如天之無不幬也,如地之無不載也,雖甚盛德,其蔑以加於此矣。觀止矣,若有他樂,吾不敢請已。"④

季札之樂舞價值觀,如《文心雕龍·樂府》所論"'好樂無荒',晉風所以稱遠;'伊其相謔',鄭國所以云亡。故知季札觀辭,不直聽聲而已"⑤,其認爲先秦樂舞三大階段⑥,萬物有靈之神靈樂舞(自然崇拜時代),勝於歌頌首領之神聖樂舞(英雄崇拜時代),又勝於尊祖敬宗之祭祖樂舞(祖先崇拜時代),這既表達出周人的德樂觀念,又體現趨於天人合一之審美體驗⑦,"如天之無不幬也,如地之無不載也,雖甚盛德,

---

① 《詩經注析·大雅·文王》,第 746 頁。
② 可參洪修平:《殷周人文轉向與儒學的宗教性》,《中國社會科學》2014 年第 9 期。
③ 【按】此"感"通"憾"。
④ 《春秋左傳詁》卷十四《傳·襄公二十九年》,第 612—613 頁。
⑤ 《增訂文心雕龍校注》卷二《樂府第七》,第 82—83 頁。
⑥ 【按】先秦樂舞之三大階段,詳見"樂道應用論"之"樂舞源流及其系統"。
⑦ 【按】"德樂觀念"與"天人合一之審美體驗",兩者其實相通,皆合乎樂道道德論之"古樂"觀。

其蔑以加於此矣",而認爲天人相分以後的樂舞"美哉！猶有憾","猶有慚德"。

孔子又對季札樂舞價值觀加以繼承與發展,如《論語·八佾》:"子謂《韶》:'盡美矣,又盡善也。'謂《武》:'盡美矣,未盡善也。'"①《樂記》載,孔子問:"聲淫及商何也?"賓牟賈對曰:"非《武》音也。"子曰:"若非《武》音,則何音也?"對曰:"有司失其傳也。若非有司失其傳,則武王之志荒矣。"子曰:"唯！丘之聞諸萇弘,亦若吾子之言是也。"②孔子認爲,《武》樂之所以不如《韶》樂,不在於藝術形式(美),而在於道德精神(善)。至於美與善之關係,如威廉·莎士比亞《維洛那二紳士》③第四幕第二景之歌,*Who is Silvia*④(西爾維婭之歌)第六句與第七句,據 W. J. Craig 所編牛津本,原文爲"Is she kind as she is fair? For beauty lives with kindness",朱生豪譯本作"伊人顔色如花濃,伊人宅心如春柔"⑤,梁實秋譯本作"她的好心能和她的美貌相比? 因爲美貌和善心常是並存"⑥(For 表原因),亦即美(beauty)寓於善(kindness, virtue, bounty)之義,猶如西方經典諺語"Beauty without virtue is a flower without perfume","Beauty without bounty avails nought"之類,可見中西賢哲思維,本有相通之處。

---

① 《論語集釋》卷六《八佾下》,第 222 頁。

② 《禮記集解》卷三十八《樂記第十九之二》,第 1022 頁。

③ 【按】*The Two Gentlemen of Verona*,爲莎士比亞早期喜劇,創作於文藝復興時期,此劇故事來源於葡萄牙詩人 Jorge De Montemayor(豪爾赫·德·蒙特馬約爾)所作西班牙文田園傳奇《多情的戴安娜》(*Diana Enamorada*),其中有關 Felix and Felismena 之情節。

④ 【按】奥地利作曲家弗朗茨·舒伯特(Franz Schubert)據此創作藝術歌曲 *An Silvia*,可參:〔奥〕迪特里希·菲舍爾-迪斯考(Dietrich Fischer-Dieskau)、艾爾瑪·布德(Irma Budde)整理,周正譯:《舒伯特藝術歌曲集第四卷: 歌曲Ⅲ》,上海音樂出版社,2013 年,作品編號 Op.106, No.4(D. 891)。

⑤ 〔英〕威廉·莎士比亞(William Shakespeare)著,朱生豪等譯:《莎士比亞全集》,第一册,人民文學出版社,1994 年,第 150 頁。

⑥ 〔英〕威廉·莎士比亞(William Shakespeare)著,梁實秋譯:《莎士比亞全集》中英對照本,第二册,中國廣播電視出版社遠東圖書公司,1995 年,第 128—129 頁。

　　《韶》樂是萬物有靈時代的藝術產物,虞舜代表性樂舞,《尚書·益稷》:"夔曰:'戛擊鳴球、搏拊,琴、瑟以咏!'祖考來格,虞賓在位,群后德讓。下管鼗鼓,合止柷敔,笙鏞以間。鳥獸蹌蹌,《簫韶》九成,鳳皇來儀。夔曰:'於!予擊石拊石,百獸率舞,庶尹允諧!'"①而《韶》樂並不是舜時首創,其來源更爲古遠,如《呂氏春秋·古樂》云"帝嚳命咸黑作爲聲,歌《九招》《六列》《六英》;有倕作爲鼙、鼓、鐘、磬、笭、管、塤、篪、鼗、椎、鐘,帝嚳乃令人抃,或鼓鼙、擊鐘磬、吹笭、展管篪;因令鳳鳥、天翟舞之。帝嚳大喜,乃以康帝德"②,《九招》即《簫韶》九成,"帝舜乃令質修《九招》《六列》《六英》,以明帝德","故樂之所由來者尚矣,非獨爲一世之所造也"③。從以上記載可知,《韶》樂起源於更爲遥遠的帝嚳時代,《韶》樂與《武》樂相比,更具原始性。帝嚳時代的《九招》,明顯具有自然崇拜特徵,虞舜"令質修《九招》",既有繼承,也有發展,承繼性體現在《韶》樂之"鳥獸蹌蹌""鳳皇來儀""因令鳳鳥、天翟舞之",扮演舞蹈具有巫術性質,這與帝嚳《九招》具有一致性;發展性表現於"祖考來格,虞賓在位,群后德讓""庶尹允諧",開始注意人文色彩,但是在整個樂舞過程中,只將其作爲樂舞的感染效果,《韶》樂舞之核心,還是神人溝通的神秘儀式,並不歌頌英雄或祖先,而是獻給自然神靈,帝嚳《九招》"乃以康帝德",虞舜《九招》"以明帝德",其本質目的還是自然崇拜。虞舜"令質修《九招》"開始注意人文色彩,但仍然處於過渡階段,直到大禹時代,《呂氏春秋·古樂》"禹立,勤勞天下,日夜不懈,通大川,決壅塞,鑿龍門,降通漻水以導河,疏三江五湖,注之東海,以利黔首。於是命皋陶作爲《夏籥》九成,以昭其功"④,纔真正擺脱與超越自然崇拜,步入英雄崇拜時代。《呂氏春秋·古樂》云"湯於

① 《尚書正義》卷五《益稷》,第303頁。
② 《呂氏春秋集釋》卷五《仲夏紀第五·古樂》,第124—125頁。
③ 《呂氏春秋集釋》,第126、128頁。
④ 《呂氏春秋集釋》,第126頁。

是率六州以討桀罪,功名大成,黔首安寧。湯乃命伊尹作爲《大護》,歌《晨露》,修《九招》《六列》[《六英》],以見其善"①,可見《韶》樂從帝嚳到虞舜再到殷湯,代有修訂,從帝嚳時代自然崇拜,到虞舜時代開始加入人文,到殷湯時代爲英雄崇拜所用,最終完成《韶》樂之性質轉變,實現先秦樂舞由神到人的思想史跨越。

《韶》樂所蘊涵的"萬物有靈"觀念,與後世所注重的"天人合一"思想相比,原始特徵更爲突出,兩者在思想上,存在血緣關係,特別是神人溝通的樂舞精神,由先秦天道觀一脉相承而來,後世雖用"自然天"置換"人格神",但其思維模式還是具有一貫性,因此春秋季札樂評對《韶》樂大加推崇。

《武》樂是尊祖敬宗時代的藝術產物,注重歌頌祖先功績,如《樂記》"且夫《武》,始而北出,再成而滅商,三成而南,四成而南國是疆,五成而分,周公左,召公右,六成復綴,以崇天子。夾振之而駟伐,盛威於中國也。分夾而進,事蚤濟也。久立於綴,以待諸侯之至也"②,其目的在於,以樂舞作爲叙事載體,生動記載武王克商的歷史功績,講究歷史情境之藝術再現,具有史詩歌舞性質③。周代《武》樂,歌頌祖先功業,換言之,即重視人自身的力量,具有天人相分之後,英雄崇拜與祖先崇拜的雙重內涵。從思想史方面來分析,《武》樂與《韶》樂相比,更能體

---

① 《呂氏春秋集釋》卷五《仲夏紀第五·古樂》,第 126 頁。
② 《禮記集解》卷三十八《樂記第十九之二》,第 1024 頁。
③ 【按】中華史詩性歌舞傳統,功成作樂,道德教化,不僅源遠,而且流長,直到現代以後,還出現一系列大型音樂舞蹈史詩。如新中國成立十五周年,《東方紅》誕生,可謂紀念開國之史詩歌舞,承載建國記憶,影響遍及幾代人;新中國成立三十五周年,《中國革命之歌》出現,可謂撥亂反正之史詩歌舞,衆多領袖人物得以歷史再現;新中國成立六十周年,《復興之路》上演,可謂繼往開來之史詩歌舞,從晚清到當代之民族奮鬥歷程,經提煉概括,藝術地呈現於現代樂舞,弘揚新時代主旋律;近來慶祝建黨一百周年,文藝演出《偉大征程》可謂情景史詩之集大成者,實乃思想性與藝術性高度融合,而且慶祝建黨百年文藝演出列入電影拍攝計劃,更是中華史詩性歌舞在新時代的大衆傳播載體。由此可見,史詩性歌舞傳統之道德教化功能,至今仍發揮重要社會作用。

現人的價值與人性覺醒,更趨於人文審美,在思想史上具有進步性。

至於上文所論,季札與孔子之樂舞評説盡皆推崇《韶》樂,似乎與思想史進步方向相違,其實在哲學本質上,他們已經將先秦樂舞之自然崇拜屬性,轉化爲天人合一的藝術精神,體現出審樂知政之價值取向。這一價值目標與取向性,正是先秦樂道道德論的理論基石,對於今天倡導和諧文化,既是歷史淵源所在,也具有顯著現實價值,學者當深措意焉。由教化德育作用衍生而來的凝聚與融合,以德音爲大樂,所謂"樂至則無怨","過作則暴","暴民不作,諸侯賓服,兵革不試,五刑不用,百姓無患,天子不怒,如此則樂達矣"①(此乃樂道道德論);所謂"樂由中出,故静","大樂必易","樂者,天地之和也","和,故百物皆化","樂由天作","明於天地,然後能興禮樂也"②(此乃樂道起源論),從而促使樂道道德論復歸於樂道起源論。

---

① 《禮記集解》卷三十七《樂記第十九之一》,第 987、990 頁。【按】"如此則樂達矣",所謂"樂達",乃樂之功能得以實現,即樂道應用論向道德論之升華。
② 《禮記集解》,第 987、990 頁。【按】"樂由中出",所"出"即樂之起源,所謂"大樂必易","大樂"即樂之起始,"樂由天作","能興禮樂",所"作"所"興",亦樂之起源。所謂"過作則暴","樂由天作","樂者,天地之和也","和,故百物皆化","明於天地,然後能興禮樂也",即樂道道德論向起源論之回歸。

主要參考文獻（音序排列）

班固：《漢書》,北京：中華書局,1962 年

陳奇猷：《呂氏春秋新校釋》,上海：上海古籍出版社,2002 年

程俊英、蔣見元：《詩經注析》,北京：中華書局,1991 年

程樹德：《論語集釋》,北京：中華書局,1990 年

方向東：《大戴禮記彙校集解》,北京：中華書局,2008 年

郭慶藩：《莊子集釋》,北京：中華書局,2012 年

洪亮吉：《春秋左傳詁》,北京：中華書局,1987 年

胡培翚：《儀禮正義》,南京：江蘇古籍出版社,1993 年

黃懷信等：《逸周書彙校集注》,上海：上海古籍出版社,1995 年

蔣禮鴻：《商君書錐指》,北京：中華書局,1986 年

焦循：《孟子正義》,北京：中華書局,1987 年

柯林武德：《歷史的觀念》,北京：商務印書館,1997 年

黎翔鳳：《管子校注》,北京：中華書局,2004 年

劉文典：《淮南鴻烈集解》,北京：中華書局,2013 年

呂思勉：《呂思勉讀史札記(增訂本)》,上海：上海古籍出版社,2005 年

錢穆：《現代中國學術論衡》,北京：生活‧讀書‧新知三聯書店,2001 年

秦嘉謨等輯：《世本八種》,北京：中華書局,2008 年

阮元校刻：《十三經注疏》,清嘉慶刊本,北京：中華書局,2009 年

沈括:《夢溪筆談》,北京:中華書局,2015 年

司馬遷:《史記》,北京:中華書局,1982 年

孫希旦:《禮記集解》,北京:中華書局,1989 年

孫星衍:《尚書今古文注疏》,北京:中華書局,2004 年

孫詒讓:《墨子閒詁》,北京:中華書局,2001 年

孫詒讓:《周禮正義》,北京:中華書局,2013 年

王先謙:《荀子集解》,北京:中華書局,1988 年

王先謙:《莊子集解》,北京:中華書局,1987 年

王先慎:《韓非子集解》,北京:中華書局,1998 年

徐元誥:《國語集解》,北京:中華書局,2002 年

楊伯峻:《春秋左傳注(修訂本)》,北京:中華書局,1990 年

永瑢等:《四庫全書總目》,北京:中華書局,1965 年

于天寶點校:《宋本周易注疏》,北京:中華書局,2018 年

余嘉錫:《古書通例》,上海:上海古籍出版社,1985 年

張舜徽:《張舜徽學術論著選》,武漢:華中師範大學出版社,1997 年

朱彬:《禮記訓纂》,北京:中華書局,1996 年

朱謙之:《老子校釋》,北京:中華書局,1984 年

後記與致謝

　　涵泳古學,情符曩哲,誠人生一大樂事。筆者究心中華樂道思想與文獻領域,從 2004—2007 年歷史文獻學碩士階段關注《樂經》學術史始,2007—2010 年歷史文獻學博士階段進行樂學系統考察,2011—2013 年四川大學中國史博士後出站深入樂教主題考證,歷獲 2010 年教育部人文社科基金"先秦樂學研究"(結項號 2014JXZ0232)、2013 年中國博士後科學基金"先秦樂文獻解讀與和諧文化探源"(編號 2013M531960)、2015 年國家社科基金"先秦樂道思想體系與文獻研究"(結項號 20220322)項目資助,持續開展中華樂道課題研究;拓寬領域由《樂經》而樂教,深化主題從樂教到樂道,浸潤其間,至今二十年矣。暑日揮汗,寒夜孤燈,廿載光陰,無一日虛度;目疾腰突,體魄謂之苦,故國神遊,魂靈以爲樂,多情應笑我,華髮生蒼然。

　　課題原書稿 Word 檔逾 70 萬字,於先秦樂道作會通研究,注重經典文本,切實從考證入手,既整理文獻彙編,深化先秦樂道之實在根據,又提煉思想體系,把握先秦樂道之文化精神,此乃寫作初衷。全書因出版篇幅所限,謹選取"思想體系篇"之論旨,先行付梓,至於"思想體系篇"之展開、"文獻考證篇"之整體,容俟後續,特此說明焉。感謝華中師範大學劉韶軍教授、王玉德教授,四川大學舒大剛教授,河南大學苗書梅教授悉心指導與紹介提携！感謝上海古籍出版社余鳴鴻先生、秦嫺女士精心審閱與大力支持！感謝四川大學社會科學研究處資助部分出版經費。感謝父母與妻兒一直以來的默默付出，學術之路漫漫，寂寞若是美學的必要，是你們給我温暖與動力！

　　未盡之處，在所難免，方家通人，敬請教正！

田　君

2010 年 5 月成稿於武漢

2024 年 8 月定稿於成都

圖書在版編目(CIP)數據

先秦樂道思想體系研究 / 田君著. -- 上海：上海
古籍出版社, 2024. 10. -- ISBN 978-7-5732-1341-9

Ⅰ. K892. 9

中國國家版本館 CIP 數據核字第 2024PW3923 號

先秦樂道思想體系研究

田　君　著

上海古籍出版社出版發行

（上海市閔行區號景路 159 弄 1-5 號 A 座 5F　郵政編碼 201101）

（1）網址：www.guji.com.cn

（2）E-mail：guji1@ guji.com.cn

（3）易文網網址：www.ewen.co

啓東市人民印刷有限公司印刷

開本 890×1240　1/32　印張 7.625　插頁 3　字數 198,000

2024 年 10 月第 1 版　2024 年 10 月第 1 次印刷

印數：1—1,100

ISBN 978-7-5732-1341-9

B·1421　定價：58.00 元

如有質量問題,請與承印公司聯繫